本书为教育部人文社会科学重点研究基地项目“中国传媒人才体系构建研究”（编号 19JJD860001）项目成果

新时代传媒创新书系

中国故事的媒体产制

视听节目类型研究

陈欣钢 著

CUCP 中国传媒大学出版社

·北京·

序言

媒介产制与社会现实的互动关系一直以来都是媒介研究领域的焦点问题。改革开放以来，我国社会发展和进步的动力主要来自国家推动的一系列制度改革。大众媒体在社会结构中以组织机构的形式存在，是社会在与自身沟通过程中的一个必要的联结与中介系统。它既能够反映和呈现社会现实图景，也具有推动社会向着更好方向发展的结构性功能。因此，想要建立媒介与社会之间实实在在的关联，就不能生搬硬套西方理论和范式，而应聚焦媒介产制过程中的具体问题。近年来，党的十九大胜利召开、改革开放四十年、新中国成立七十周年等“焦点时刻”的宣传和新闻实践，以及2020年新冠肺炎疫情期间的报道和内容产品，为相关理论和实务研究积累了大量经验材料。“媒介—社会”视野也是我们看待新技术、新产品、新现象应当具有的格局。

2020年9月26日，中共中央办公厅、国务院办公厅印发了《关于加快推进媒体深度融合发展的意见》，明确了下一阶段媒体融合纵深推进的目标和方向，也为新闻传媒领域的理论与实践研究带来了新视野和前瞻性议题。

节目类型研究处于广播电视学理论与实务相交叉的十字路口，亦是我国媒介改革发展与宣传工作创新的“前沿阵地”。这一领域在新的媒介环境下具有必要性和紧迫性，与从中央到地方各级广播电视媒体深入转型息息相关。2019年11月《新周刊》将其第20次发布的视听节目排行榜由“中国电视榜”更名为“中国视频榜”。电视与视频一词之差，恰恰昭示了传统广电向融媒体、跨平台、视频化的转变进入更加深入的新阶段。同时，也能有效解决各级传统广播电视媒体在竞争中寻求差异化发展的问题。

对视听内容产品形态的讨论脱胎于传统的“广播电视节目类型”研究领域，是媒体机构、生产者、研究者观照内容产制和运营管理的分类体系。在新媒体环境下，用户进行媒介阅听的屏幕终端日益多元，以视听内容为载体的节目正从传统广播电视向移动媒体、融合媒体、智能媒体逐渐转移。节目的视听呈现方式、叙事手段、叙事模式在一定程度上延续了传统广播电视的经典做法，同时持续利用新兴的平台、技术和渠道实现话语方式的转变。从这个意义上看，“万物皆媒”生态下的任何媒介视听内容产品都可以被纳入广义的“节目”研究范畴。这为我们研究、分析和评价提供了海量的案例资源。

与单纯聚焦内容产制的研究不同，类型研究立足“模式”，具有显著的可持续性和可推广性，亦关注本土节目的国际化突破路径，是“努力打造全媒体对外传播格局，讲好中国故事，传播中华文化”的抓手。近年来的节目生产实践为继续研发中国原创节目、开展本土化的节目类型研究提供了充分材料。在彰显中国历史、中国文化的“大会系列”“国宝系列”等节目取得成功之后，应及时从理论和业务层面进行梳理、总结，继续策划制作高质量的视听节目产品，把优秀传统文化中具有当代价值、世界意义的文化精髓体现出来。

本书在新闻传播学视野下，运用田野调查、深度访谈和案例研究相结合的方法，研究视听节目类型发展与创新的问题，以视听传播和媒体融合相关理论为支撑，厘清新环境下节目类型创新的动因、行动和策略，探寻讲好中国故事、提升主流媒体传播力的路径。《中国故事的媒体产制：视听节目类型研究》共包括正文六章及绪论、结语共八部分。全文采用了总、分、总的结构：绪论和第一章总述研究背景、研究对象、研究范围，并论述了新环境下节目类型研究的理论和实践意义。第二章至第六章分别以新闻、纪录片、真人秀、网络综艺、微视频等为主题展开论述。结语对视听节目的社交化发展趋势进行论证。在二至六章每一种节目类型的论证分析中，又引入了与之相关的热点议题，作为节目类型创新理论分析的抓手。如新闻节目讨论传媒公共性，真人秀讨论视听节目本土化，综艺节目探讨其在网络时代的变迁，等等。

本书的成稿，得益于中国传媒大学对教师科研工作的支持和托举，特别是新闻传播学部、科研处、出版社在科研管理、立项申报、学术资源等方面的全方位服务。也要感谢电视学院的7位研究生，他们是任毅立、周祺、王卓婕、刘振坤、姚宇、袁楚晨和雷尔佳佳。为了保证资料翔实、案例新颖，他们在疫情期间不舍昼夜地进行着线上和线下的工作。期待本书带给读者更加多元的视角和更为开放的思维空间。

2020年10月

目录

绪 论

2020年4月，中央广播电视总台新闻主播朱广权与90后网红主播李佳琦在央视新闻平台做了一场长达两小时的“谢谢你为湖北拼单”公益“带货”直播。节目中两位主播隔空连线，超过1000万网民在线收看，累计观看人次达到1.2亿，共售出总价值约4014万元的湖北商品。《新闻联播》在报道该直播时引用网民的话:“没机会为湖北拼命，现在就为湖北拼个单，用这样的方式为湖北经济复苏贡献一份力量。”可以说，被称为“小朱配琦”的这次直播，具有非常显著的媒体融合内容产制特征，呼应了社会关切，体现出新时代主流媒体的责任担当。作为传统主流媒体的中央广播电视总台“打破门户之见”，纳入新媒体带货的形式，策划并推动了这场新闻主播与新媒体主播的云上连线活动。同时，在国内新冠疫情防控阻击战取得阶段性胜利、脱贫攻坚战处于决胜时刻之际，媒体行动者调动各方力量和社会资源，践行着国家、民族发展的时代需求。“小朱配琦”的案例是当前媒体变革和社会发展大环境下，分析和评价我国媒体内容产制的一个典型样本。

媒体融合的发展趋势和讲好中国故事的明确目标，是当前我国主流媒体内容产制的主要生态特征。习近平总书记在中央政治局第十二次集体学习中指出，“一张图、一段视频经由全媒体几个小时就能形成爆发式传播，对舆论场造成很大影响”，“这种影响力，用好了造福国家和人民，用不好就可能带来难以预见的危害”。这一论述表明，新的视听节目形态生产和传播问题已进入全媒体时代媒体融合发展的顶层设计，相应的技术与方法也为主流媒体把握主流舆论、回应时代挑战提供了创新路径。在深度融合环境下，主流媒体循着讲好中国故事的目标方向进行了卓有成效的探索，生产出一系列优秀的原创节目，为“好节目”“好故事”研究提供了丰富的样本。

第一节 问题缘起与研究背景

故事来源于人们对于自身记忆的回顾与总结。一个民族乃至一个国家的故事，最能反映其悠久的文化传统与价值观念。习近平总书记在 2018 年全国宣传思想工作会议上对宣传工作提出了重要的要求：讲好中国故事，传播好中国声音。

“讲好中国故事”的概念一经提出，便引发了很大的反响。从人民群众到党员干部，从个体传播到大众传播，每个人、每个团体都在用自己的方式，用心践行和诠释着“讲好中国故事”的要求。这其中不乏大批视听节目创作者的身影。中央广播电视总台在《讲好中国故事　传播好中国声音》一文中这样说道：“我们要加快资源整合、优势聚合，精心策划制作质量上乘的文化节目产品，以最佳内容、最高艺术水准，把优秀传统文化的精神标识提炼出来、展示出来，把优秀传统文化中具有当代价值、世界意义的文化精髓提炼出来、展示出来，在交流交融中彰显中华优秀文化的强大魅力，彰显新时代中国人的精气神。”[①] 这是媒体人对于如何讲好中国故事这一问题的回答。在媒体融合与“互联网 +”的背景之下，创新节目类型成为许多节目创作者讲好中国故事的重要方式，而注入了中国故事血液的视听节目，也焕发出了新的生机。

一、节目类型：讲好中国故事的路径创新

在以往的视听节目中，中国故事的身影从未缺席。无论是《百家讲坛》引发的国学热，还是每年《感动中国》带给千万中国人情感上的共鸣，基于中国五千年文化与日新月异的现实的中国故事，都使得视听节目的内容与

① 中央广播电视总台 . 讲好中国故事　传播好中国声音［EB/OL］.（2019-02-22）［2020-02-18］http://www.qstheory.cn/llqikan/2019-02/22/c_1124151067.htm.

形式更加丰富多彩。随着总书记“讲好中国故事”要求的提出，仅仅在节目当中植入中国故事元素，已经无法较好地展现中国当下的人民生活与优秀传统文化。因此，利用中国故事创作出一批新类型的节目，就成为视听生产领域讲好中国故事的重要方式。这一方式，不仅仅是中国故事本身价值的体现，也是当前视听节目类型求变的切实需求。

（一）中国故事的价值

与其把中国故事当作具有中国特色的故事集合，不如将其看作传统文化与新中国价值体系的载体。中国的经济实力不断增长，本应与之相匹配的文化软实力却仍显羸弱。无论是对内唤起文化自信，还是对外传播中国声音，缺乏“讲故事”意识，流于生硬理论宣传的文化传播，往往难以深入人心。

而中国故事的出现，恰好弥补了“软实力不足”这一短板。美国哈佛大学约瑟夫·奈教授提出的“软实力”概念，强调真正的文化实力来源于文化的吸引力而非强制力。故事拥有的文学色彩与趣味性，能很好地提升润物细无声式的文化吸引力。

“文化自觉”作为文化自信的前提，由费孝通先生于 1997 年在北京大学社会学人类学研究所开办的第二届社会文化人类学高级研讨班上首次提出，是指生活在一定文化历史圈子的人对其文化要有自知之明，并对其发展历程和未来有充分的认识，要进行文化的自我觉醒、自我反省、自我创建，目的是应对全球一体化的形势发展。费孝通先生从而提出了解决人与人关系的方法[①]，其中就强调了对于中国文化发展历程认识的重要性。

作为一个具有悠久历史，且在近现代历经多场文化思想变革的国家，我们的文化发展长河中的璀璨结晶数不胜数，也正是由于文化历史的厚重，才需要我们用一种大家听得懂的方式，对这些文化精华进行再创造、再传播，用兴趣引导自觉，最终树立起文化自信。

环顾当前传媒界，有许多回味悠长的艺术正在以全新的面貌呈现在我

① 邱柏生．论文化自觉、文化自信需要对待的若干问题［J］．思想理论教育，2012(01)：14-19.

们面前。2017年，作为国内具有较高人气与影响力的移动手机游戏，《王者荣耀》在上线两周年之际为其游戏角色“甄姬”推出了全新皮肤“游园惊梦”。腾讯官方资料显示，此次“游园惊梦”主题皮肤的创作灵感，来源于昆曲《牡丹亭》中的曲目之一《游园惊梦》。《牡丹亭》中，大家闺秀杜丽娘与书生柳梦梅亦真亦幻的爱情故事令人动容。因此在设计皮肤时，制作方力图还原杜丽娘大家闺秀的形象，以粉色为主色调，人物手持团扇，婀娜多姿，尽显闺阁女子的温婉大方；同时将梅花元素放入人物形象中，配以昏黄的月亮、凋零的梅花和江南水乡的场景，表现女子在梅树下思念着梦中人的无奈心情，再配合昆曲唱段，充分演绎了杜丽娘以及她“生者可以死，死者可以生”的爱情故事。同时，为了让千万玩家享受到原汁原味的昆曲艺术，制作方还邀请了北方昆曲剧院国家一级演员、第21届中国戏剧梅花奖获得者魏春荣为角色语音献唱。玩家每次在使用此角色进行游戏时，都能够在“不到园林，怎知春色如许”等角色语音中，不自觉地领略到昆曲艺术的魅力。

借由大众喜闻乐见的媒介产品去传播逐渐式微的传统文化艺术，是一种非常有效的“讲故事”的手法。曾经我们总说要寓教于乐，如今让电子竞技产品助力传统文化的保护与留存，用虚拟形象作为人们文化自信的具象载体，能够强化全民尤其是年轻人对于文化发展历程的认识，让他们在闲暇娱乐中潜移默化地了解传统艺术。

当然，除了对内树立文化自觉与文化自信，讲好中国故事同样能够助力中国文化的对外传播。

1954年4月20日，周恩来总理率领中国代表团参加日内瓦会议，随团同去的还有新编越剧《梁山伯与祝英台》。然而，这个在中国家喻户晓的凄美爱情故事，却让同行的代表团成员有些犯难。“外国人能看懂《梁山伯与祝英台》吗？需不需要改个名字？”他们将自己的担忧告诉了周恩来总理，但是周恩来总理却毫不担心，他笑着说道：“你们只需要在请柬上写上‘请您欣赏一部彩色歌剧电影——中国的《罗密欧与朱丽叶》’就可以了。”果然不出周总理所料，演出结束后，外国友人的掌声雷动，所有人都被这个中国故事所打动。[1]尽管观众面对的是来自遥远东方的古老故事，但是梁祝故事和莎翁的文学共鸣，最终还是打破了国界，真正做到了文化意义上的“天涯共此时”。

不难看出，一个好的故事能够让素不相识的人心灵共通，而一个好的中国故事更是可以塑造我国的国家形象、提升文化吸引力。因此，对于视听从业者来说，重视中国故事的价值与作用，构建新的节目类型，既是节目创新的要求，也是时代的要求。

（二）视听节目求变的切实需求

早在2011年，国家新闻出版广电总局便下发了《关于进一步加强电视上星综合频道节目管理的意见》。意见中指出，从2012年1月1日起，34个电视上星综合频道要提高新闻类节目播出量，同时对部分类型节目播出实施调控。同时，广电总局新闻发言人表示，对节目形态雷同、过多过滥的婚恋交友类、才艺竞秀类、情感故事类、游戏竞技类、综艺娱乐类、访谈脱口秀、真人秀等类型节目实行播出总量控制。[2]

随着视听节目制作市场化，每一个热门节目类型的出现，总会伴随着同类型节目的泛滥。而基于简单的游戏规则、选秀规则等制作的节目，其同质化内容由于缺乏文化内涵的支撑，最终往往流于低俗化。

因此，受众与管理部门对于视听节目优质内容的需求与要求，成为视听节目类型求变的动力。而在求变之路上，中国故事这一“广而深”的文化土壤，便成为节目类型创新的源泉。

（三）节目类型跨国流动的中国路径

由于不同历史时期社会建设的重点不同，中国电视节目相较于全球尤其是发达国家来说，起步较晚。这就导致在节目的跨国流动中，我国媒体长

① 周恩来为熊向晖支招：将梁祝翻成“中国罗密欧”［N/OL］. 人民政协报，2010-12-30［2020-03-17］. http://www.chinanews.com/cul/2010/12-30/2758688.shtml.

② 让电视荧屏更加丰富多彩健康向上：国家广电总局新闻发言人就《关于进一步加强电视上星综合频道节目管理的意见》答新华社记者问［J］. 中国广播电视学刊，2011(11)：8-10.

期扮演被动输入者的角色。随着经济、文化的不断发展，近些年来，我国电视逐渐从“节目类型输入”转为“节目类型输出”，而这些输出到国外的中国节目，正是国内节目创作者对外讲好中国故事的重要实践经验。

曾经，节目类型的跨境流动总体呈现出“欧美—日韩—港台—内地”的流动路径。在这一路径中，我国的节目模式从观摩、模仿、借鉴逐步走向购买版权、合作制作。综艺方面，在21世纪初，国内许多综艺节目都有国外知名节目的影子，如湖南卫视推出的《超级女声》在创意期受到了《美国偶像》的影响。在经历了一段时间对欧美节目的模仿、借鉴之后，国内媒体的节目创作开始转向购买版权以及合作制作模式。在这一阶段，尽管欧美节目依然是国内节目制作者首选的合作对象，但有着亚洲文化烙印的日韩节目异军突起。2013年湖南卫视引进韩国MBC电视台《爸爸！我们去哪儿》节目版权，制作中国版《爸爸去哪儿》节目，受到广泛关注。除此之外，在以上两个阶段变化过程中，港台节目也通过《我猜我猜我猜猜猜》《康熙来了》等成为内地观众心中优质节目的代表。

相较于综艺节目，纪录片等节目类型的中外合作起步更早。1972年，意大利著名导演安东尼奥受周恩来总理的邀请，前往中国拍摄了纪录片《中国》，在产生了轰动的同时也引发了巨大的争议。20世纪80年代，中国和日本联合拍摄了《话说长江》与《望长城》，成为中国纪录片史上里程碑式的作品。

当前，虽然港台节目呈现衰落之势，但欧美和日韩依然是全球节目创意研发的高地，例如国内近些年流行的慢综艺，在一定程度上借鉴了挪威慢电视（Slow TV）节目的模式与美学追求。

随着管理部门对外国节目版权引进的限制增加，以及少数抄袭节目引发的负面舆情，视频网站等平台能够收看的“进口节目”对用户的吸引力有所下降，观众对本土原创节目的期待有所提升。在此背景之下，节目类型创作走出一条自主原创、对外传播的中国路径，就成为提升国内节目整体质量与国际影响力的重要举措。

近些年，以电视纪录片和部分综艺节目为代表的国产节目类型，就曾成功走出国门，用既包含丰富文化底蕴又具有现代审美特征的表达方式，对外讲述了当今的中国故事。

其中,《舌尖上的中国》作为电视纪录片口碑与市场双丰收的作品,在斩获国内多项大奖的同时,也在海外发行中取得了不俗的成绩。据中国广播电影电视节目交易中心总裁马润生透露,《舌尖上的中国》的海外销售额已达226万美金。目前该片已被译成6种语言文字,销售到75个国家和地区,其中包括美国和欧洲一些主要国家。①

除此之外,2018年,中国原创演技类竞技节目《我就是演员》与美国Is Or Isn't Entertainment(简称IOI)公司签署模式授权协议。IOI联合其合作方Hollow Men Productions(简称HMP),与浙江卫视共同开发制作《我就是演员》的国际版 *I Am the Actor*。

电视纪录片与综艺节目海外输出的尝试,从侧面反映了"欧美—日韩—港台—内地"的节目流动路径已经松动。如果说曾经囿于经济等因素,中国节目走出国门,讲好中国故事还有一定的实力上的欠缺,那么《舌尖上的中国》与《我就是演员》的成功经验让我们看到了一条正在形成的,关于节目类型跨国流动的中国路径。

二、中国故事在节目类型中的体现

"中国故事"从广义上来说,可以涵盖古今的方方面面。它既可以是传统文化中的经典著作,也可以是新中国成立之后政治、经济、军事等方面卓越的成就。但如果仅从节目类型层面来看,中国故事一般更强调节目从形式到内容的"中国特色"。于丹曾经从信息表达的角度,提出了中国故事的三种表达方式,分别是中国的语言文字、中国的艺术形式、中国的生活方式。而视听节目作为手段丰富的信息载体与艺术形式,其对中国故事的表达同样也绕不开"中国特色"这一根本特征。

① 搜狐传媒《舌尖上的中国》海外销售额已达226万美金[EB/OL].(2013-01-30)[2020-02-18]. http://media.sohu.com/20130130/n365081724.shtml.

(一)节目形式中的中国特色

视听节目诞生之初，其形式往往脱胎于舞台、剧场中的舞蹈、戏剧、声乐、相声等传统表演艺术。同样，依托于中国故事进行创新的节目类型，也需要从具有中国特色的文化土壤中寻求创新的母体。

在《红楼梦》中，最具文学特色的便是诗会。小说中出现的多场节日诗会，不仅仅刻画了人物形象，更是诞生了一批优秀的诗歌作品。而诗会这种中国传统文人活动，也通过《红楼梦》被更多人所熟知。《中国诗词大会》正是借鉴了“诗会”这一活动形式，将其搬上电视屏幕，制作成极具中国特色的视听节目。

基于节目形式进行的类型创新，本质是现实活动与虚拟影像的对话与交融。

回顾千年的中华文化，曾经诞生了非常多的带有“游戏”性质的集会活动，这些活动有固定的结构、流程，定期举办，并且具有一定的竞争属性。这一系列特征，恰恰与视听节目的构成遥相呼应。

这种偶合，无意中打开了节目类型创新的边界。过去，中国的视听节目往往都是在借鉴西方的节目形式。这种借鉴具有成熟度高、风险低等优点，但是碍于受众群体的不同，需要对引进的形式进行改良，而这些改良往往既没能迎合中国观众的兴趣，也失去了原有节目的文化特色，最终可能生产出“四不像”的节目。

但是，根据中国传统活动进行的形式创新，则很好地解决了适应性问题。从飞花令到射覆，大家耳熟能详甚至儿时常见的游戏形式，在节目中一经推出，便引发许多共鸣，这就是中国故事独有的适应性优势。中国故事通过这些精彩的传统活动，融入众多创新节目当中，从形式的角度丰富了当前中国的节目类型。

(二)节目内容中的中国特色

如果说中国故事为节目提供的创作来源是一汪清泉，那么贯穿古今的鲜活故事，便是节目内容创新的蓝海。

从方寸之间展映的京剧、昆曲到电视文学对经典作品的呈现，“中国故事”一直都是节目内容的重要来源，深受观众喜爱。但值得注意的是，早期视听节目对于中国文化的借用，往往呈现出简单照搬的特点。这其中尽管有制作技术的原因，但是“讲好中国故事”意识的缺乏，也是不可忽视的原因之一。

讲好中国故事要求的不仅仅是讲的形式，更强调要用正确的方法整合所讲述的故事。以电视文学为例，早期的电视文学更加偏向于对文学作品本身的呈现，忽视了文学背后的人文延伸与价值拓展，使得这一节目类型在后期逐渐淡出了人们的视野。尤其是电视散文节目，尽管在初期，视觉、听觉与文学的结合给观众带来了极高的艺术享受，但是由于对文学作品的解构工作的不足，电视散文节目的创作空间非常狭小，编导在制作过程中只能通过不断提高声音与画面的美感，达到提升节目审美价值的目的。相较于当前部分节目对文学作品进行解构再创作的讲故事方法，电视散文吸引力的下降离不开其自身模式的局限性。

而脱胎于电视文学的新文学节目，通过筛选与改编文学内容，掀起了新的文学热潮。无论是《朗读者》中对经典书籍的访谈诵读，还是《见字如面》中对一封封书信的再度呈现，中国故事在当下的节目类型中，已经从知识内容的“填充品”，转为了“主心骨”。这一改变，意味着视听节目对中国故事的表达逐渐趋于整体化与主题化。通过筛选改编，将众多的中国故事凝练成具有中心思想、风格完整的节目类型，是视听节目在内容层面讲好中国故事的有效方法。

除了文学类节目，历史文物类节目与国粹非遗类节目的发展，也是不断改进讲故事方法的过程。早期，以《国宝档案》《鉴宝》为代表的历史文物类节目的创作重心基本都放在历史故事以及文物鉴赏层面。不可否认，这一类节目在很长一段时间里，激发了观众对于中国历史文化的兴趣，并且普及了文物知识，但是从讲好中国故事与传播中国声音的角度来说，基于历史讲历史的方式，很难承载观点性、态度性内容的输出，因此这类经典节目对年轻人来说少了一些生活化、现代化的气质，对民族文化与国家认同的促进能力相对较弱。

而对于国粹非遗类节目，中央电视台戏曲频道直到现在依然是大众了解中国传统戏曲的一个重要窗口。国粹非遗类节目的制作本身具有相当大的难度，许多戏剧、曲艺以及非遗项目都是其所处时代的大众文化，相较于文学、历史内容的历久弥新，许多非遗国粹脱离了其适合的时代与社会，吸引力便会下降许多。这就给节目制作者提出了更高的要求。直到现在，虽然"大会系列"推出了戏曲专题，但从整体来说，国粹非遗类节目的创作还有很大的提升空间。

形式与内容作为节目类型的主要构成，对于"中国故事"的运用与借鉴，从正面证明了视听节目可以讲好中国故事，而中国故事也同样能够为视听节目的发展提供强大的助力。

第二节　基于中国故事创新的优秀节目类型

在"讲好中国故事"的道路上，视听节目产业及其从业人员不仅在意识上逐渐将"中国特色"作为节目制作的原则之一，更是在实践中创作出一批优秀的讲述中国故事的原创节目。这其中有以竞赛为主题的"央视大会系列"，以"国宝"为主体的多渠道、多产品制作的"国宝系列"，还有以"文学"为核心的新文学节目。

一、彰显中国传统故事的"央视大会系列"

在众多基于中国故事研发的新节目中，成熟度最高、观众反响最为热烈的当属中央电视台各频道制作的"大会系列"。从 2013 年至今，中央电视台已经研发出多个以汉字、成语、诗词等为主题的"大会"节目，分别为《中国汉字听写大会》(2013)、《中国成语大会》(2014)、《中国谜语大会》(2014 元宵节)、《中国民歌大会》(2016)、《中国诗词大会》(2016)、《中国民歌大会》(2016)、《中国戏曲大会》(2017)，以及《中国地名大会》(2019)。

在制作主体上，中央电视台科教频道(CCTV-10)承担了绝大部分"大会系列”的研发工作，并通过中央电视台综合频道（CCTV-1）进行多频道播出，扩大、提升了传播的范围与力度，一度成为全民热议的优秀节目形式。

“大会系列”在形式与内容上既借鉴了多种中国传统文化与民俗活动，也结合了以往一些优秀节目的特征，做到了取之于中国故事，用之于中国百姓。

在形式上，“大会系列”脱胎于传统的益智类综艺节目。2000年，由央视主持人王小丫主持的益智类综艺节目《开心辞典》火遍全国，掀起了一股知识答题的热潮。由于节目既有益智类节目的科教功能，又有竞赛类节目的紧张刺激感，因此深受观众的喜爱。

“大会系列”部分节目的框架并没有与传统益智类节目形成巨大的差别。无论是“擂主制度”还是“百人团”制度，都是益智类节目或竞技类节目的常用赛制，但“大会系列”之所以独树一帜，是因为其对于传统文化概念的引入。以《中国诗词大会》与《中国谜语大会》为例，前者在竞技形式上引入了传统“诗会”与“飞花令”的竞赛规则，后者则直接套用了传统元宵节“猜灯谜”的游戏形式，这就与《开心辞典》单纯的“答题模式”形成了区分。在缺乏文化基因的赛制中，观众的期待与选手的参与动力往往都是最后的“胜利奖励”，这使得整体的节目气氛过于紧张刺激，胜负的悬念感较重，容易使观众失去对知识本身的兴趣。但在《中国诗词大会》中，具有中国文化特色的比赛形式本身就极具吸引力，并且内循环的赛制削弱了比赛的竞争感，使益智类节目回归文化传播基调，将观众关注点从选手间的博弈引导到诗词文化这一传播主体上。[①]

在内容上，相较于传统的益智类节目，“大会系列”将相当比重的节目段落留给了点评嘉宾，这是其节目形态创新的重要元素之一。在“大会系列”中，一道道题目并不只是填充赛制的工具，而是一个个文化知识点的索引。通过专家学者组成的点评嘉宾团对题目的文化背景的解读，观众能够感知的节目内容就不仅仅是答题的对与错，而是一个又一个精彩纷呈的中国故事。这样的内容补充，实现了文化的延伸与意义的拓展。

---

① 贾月，武煜．原创文化类节目《中国诗词大会》的多元创新思考［J］．现代传播（中国传媒大学学报），2016，38（12）：156-157.

二、跨平台讲故事的“国宝系列”

回望灿烂的中华文明时，博物馆里形态各异、精美绝伦的文物是我们与古人对话必不可少的媒介之一。因此，中国故事的讲述也一定离不开这些“会说话的宝藏”，“国宝系列”由此而诞生。

2017年，中央电视台综合频道推出文博探索节目《国家宝藏》，节目联合全国九大博物馆，为观众展开了一幅波澜壮阔的历史画卷。与“大会系列”丰富的节目体系不同，“国宝系列”在中国故事的讲述上，除了对节目本身进行了形式与内容上的创新外，也在传播路径上借势新媒体，将中国故事讲给更多年轻人听。

文博探索节目作为科教节目的重要组成部分，一直是观众了解中国历史文化的途径之一。但无论是《寻宝》还是《国宝档案》，以往的文博探索节目还是以浓厚的历史感作为节目的主要基调，在形式与内容上都略显沉闷，对年轻观众的吸引力不够。但是以《国家宝藏》为代表的“国宝系列”，通过融合多种节目样态，极大地丰富了节目的形式与内容。

《国家宝藏》节目整体由两条叙事线构成，一是时间维度的“前世今生”，二是形式维度的“虚实结合”。每一期节目都先通过纪录片展现文物的“今世”，再通过舞台剧重现文物的“前世”，这样的架构实现了《国家宝藏》节目内部的板块化。节目内部的板块化对于节目的多渠道传播有着重要的意义，相较于传统的线性叙事，板块化叙事能够将一个长时段的节目拆解成一个个短视频，便于节目在新媒体上传播。

除了对单个节目“讲故事”方式的改编外，《如果国宝会说话》《我在故宫修文物》《国家宝藏》成功地在新媒体平台上联合构成了“国宝系列”节目矩阵。《如果国宝会说话》与《我在故宫修文物》都是纪录片节目，前者以短时为特色，后者以个体视角见长，两者都很好地迎合了当前互联网传播的特点。央视通过在哔哩哔哩上设立官方账号，与年轻用户直接交流，成功实现了文博探索节目在年龄和平台上的下沉。

以往面对文物这样的“中国故事”，视听节目习惯采用严肃化的手段，对其进行讲述与介绍。但是“国宝系列”的出现，解开了传统的基于讲述对象特征架构节目的桎梏，将具有深厚底蕴的文物用年轻化、艺术化、短视频化的方式重新解构，用观众听得懂、感兴趣的语言讲好这些古老的“中国故事”，这是“国宝系列”对于“中国故事”的一次崭新诠释，其背后对于节目类型建构理念上的创新，是“讲好中国故事”的一次成功探索。

三、以情动人的“新文学节目”

视听艺术作为一门博采众长的艺术形式，其艺术形式与价值有相当一部分来源于文学，甚至直到今天，依然有部分学者认为视听艺术的本质是文学。

同时，文字与文学作为中国故事的重要载体，记录了中国从古至今来自于国家、集体、个人的记忆，而文学节目的诞生用生动的方式为我们重现了这些记忆。

传统的视听文学节目一般指电视文学节目，包括电视小说、电视散文、电视诗乃至电视纪录片等多种电视节目类型。除电视纪录片以外，电视小说等电视文学节目由于形式内容过于简单，逐渐从人们眼中消失，但这并不代表以节目的形式讲述文学已经落伍。2016 年黑龙江卫视制作的《见字如面》以及 2017 年央视制作的《朗读者》，就通过视角、叙事以及主题的创新，创作出一批新文学节目。

受限于技术原因，曾经的文学节目只是简单地采用“读文学”的方式进行文学呈现，导致了节目类型美感有余而情感不足。但新文学节目摒弃作品视角，将关注点放置于“人”的身上，真正达到了用文学感动观众的目的。

董卿主持的《朗读者》节目，其节目架构主要由个体故事与文学故事共同构成。每一期节目都会邀请一位朗读嘉宾，通过分享他的人生故事，帮助观众更好地理解其朗读的文学作品。

在濮存昕作为嘉宾的一期《朗读者》节目中，他先是谈及了自己曾患小儿麻痹症的故事，然后朗读了老舍先生的《宗月大师》。儿时的濮存昕因为疾病，被同学嘲笑为“瘸子”，但一位医生的出现，帮助他摆脱了疾病的困扰。

同样地，对于少年老舍来说，宗月先生如同那个医生一样，在他的帮助下，老舍才能够进入学堂念书。

可以说濮存昕的个人经历，能帮助我们更好地理解老舍《宗月大师》所寄托的感激之情，也可以说老舍的文字让我们感慨原来助人的美德一直流淌在中国人的血液之中，这种个人故事与文学故事的互文，是新文学节目最鲜明的特征之一。

视听节目想要通过中国故事引发情感共鸣，就要引入个人视角。脱离了个体经历的文学是缺乏温度与感染力的，同样，没有文学凝练的美感，或许我们对于生活的感悟又会淡薄一些。只有当两者相互碰撞时，才能真正激发文学中闪耀的人性光芒。不仅《朗读者》如此，以书信为主题的《见字如面》的节目定位同样强调文学情感的表达。

从"以文学为本"，到"以人为本"，新文学节目在讲述中国故事的探索中，找寻到了化解文学疏离感的方法，这样的创新与尝试，也让中国故事走进更多人的心里。

无论是"大会系列"还是"国宝系列"，抑或是"新文学节目"，其对于中国故事的讲述的尝试都是成功且值得借鉴的。从形式到内容，中国故事就像是一个宝库，里面包含了太多可以被视听节目利用的内容，而对于视听节目制作者来说，只有不断解构与再造，才能更好地讲述中国故事。

第三节　中国故事与节目类型的交光互影

节目类型与中国故事，是视听节目研究视野中的两个概念，两者具有相辅相成的作用，在媒介产制实践中巧妙呼应。中国故事的讲述有赖于媒体融合环境下视听节目的助力与传播，而融合媒体平台的视听节目创新也离不开中国故事提供的内容土壤。同时，随着政府与公众越来越重视视听节目所带来的社会影响与社会价值，中国故事的融入能够帮助视听节目脱离市场化带来的低俗、同质趋势。

一、中国故事拓展节目类型创新的内容土壤

“限娱令”[①] 的背后，是中国的视听节目由于受到海外版权引入的影响，逐渐陷入畸形的创作环境。一方面，传统电视台不断模仿已经引入的海外版权节目；另一方面，网络自制节目通过突破审美底线、设置争议话题的方式吸引了一大批观众的关注。

无论是传统电视台还是网络制作单位，面对海外优质内容的缺失，都陷入短暂慌乱之中，这种慌乱背后其实是内容土壤的“贫瘠化”。荷兰、美国、英国等优质节目输出大国的节目研发，并非是制作者的异想天开，而是基于本国文化传统与受众喜好进行的深度改编。作为拥有丰富文化资源与社会基础的国家，中国视听节目制作者想要研发出高质量、高收视率的节目，同样也离不开对中国文化的探索与挖掘。

从“大会系列”对中国传统竞技模式的借用，到“新文学节目”对文学作品中故事和情感的汲取，中国故事在一定程度上为节目类型的创新提供了优质的内容土壤。

对于节目类型的创新来说，中国故事的引入实现了视听节目内容取向的平衡。以电视媒体为例，电视节目的发展经历了从无到有、从少到多的发展历程。在发展初期，电视节目资源稀缺，因此形成了以编导为核心的创作模式。随着电视节目“生产力”的提高，以创作者为核心的模式逐渐转变为以观众为核心的模式。但客观地说，这两种模式都存在着不足：一方面，以编导为核心的模式忽视了大众的需求，制作出来的节目难以深入人心；另一方面，以观众为核心的模式导致了电视节目“媚俗化”的倾向。因此如何在创作与受众之间找到一个第三方的内容平衡点，就成为节目制作亟须解决的问题。

“中国故事”概念的提出，很好地回应了“节目内容平衡度”的问题。无论是诗词、成语，抑或是书信，其背后的中国故事都来源于人民的生活，是

① “限娱令”指 2011 年出台的《广电总局将加强电视上星综合节目管理》及 2013 年出台的《关于做好 2014 年电视上星综合频道节目编排和备案工作的通知》等文件。

千万中国人生活的结晶，因此以中国故事为内容基础的节目能够深入人心，避免落入低俗化和媚俗化的陷阱。同时，中国故事又具有高度凝练的特点，这种抽象化的特征给予了创作者较大的创作空间，使其可以利用不同的创作手法对中国故事进行再诠释、再呈现，充分发挥视听从业人员在艺术与价值把握上的优势，提高节目的审美性与社会价值。

二、视听节目彰显中国故事的社会价值

优秀的中国故事具有先进性，因此能够给社会带来正面的影响。这与我国视听节目始终将社会效益放在第一位的要求不谋而合。同时，视听节目本身的传播特征，使得其对于中国故事的正面效应来说，起到了“放大镜”与“引路牌”的作用。

视听媒介作为大众传播的介质之一，对于节目中反映的正面价值具有“放大镜”的作用。在过去的文博领域，《盗墓笔记》与《鬼吹灯》等热门盗墓题材小说的影视化，导致大众对文物的认知呈现金钱化、娱乐化乃至巫魅化的特点，而文物本身承载的文化价值与民族记忆却被忽略。对于这一现状，简单的限制与规范尽管可以避免对文物价值的贬损，但是却无法消除已经在大众脑海中产生的负面认知。想要改变现状，就要通过同类视听产品的价值输出，突破大众的既有认知。“国宝系列”就是一次很好的实践。《国家宝藏》为历史文物构建的具有文化价值“前世今生”，替换了原来盗墓语境下文物泛娱乐化的形象，通过多种艺术形式放大文物背后的文化价值，最终形成文物自身具象化的价值体系，守护文物不被干扰和侵蚀。

除此之外，视听节目类型与中国故事的融合，还为社会的“正能量”的传递提供了“引路牌”。谷疏博认为，以《中国诗词大会》为代表的节目利用“启动效应”，让公共理性回归文学阐释空间。[①] 中国故事和文学一样，置于个体可以是情绪化的，但是置于大众则应该更多地通过文学阐释唤起公共理性。这也是视听节目为中国故事提供的社会价值之一。作为大众媒介的

① 谷疏博．公共阐释：论文化类综艺节目对文学经典的再建构［J］．现代传播（中国传媒大学学报），2019，41（4）：113-116.

电视与互联网能够有效地引导受众认知和阐释某一事物，而对于中国故事来说，如何讲故事与故事本身同等重要。诗词节目中对诗词的时代价值、艺术价值，新文学节目中对文学中人性光辉的彰显，无一不体现着视听节目引导公众良性解读中国故事的作用。

中国故事所蕴含的庞大内容库，为视听节目的创作提供了优质、丰富的创作土壤。而视听节目自身所具有的媒介属性，也帮助中国故事凝练精神、升华价值，用大众看得懂、听得清的视听语言讲述中国故事，最终实现积极价值与正能量在社会中的扩散。

同时还应看到，媒体融合趋势为当前视听节目发展创新提供了新的生态环境。与西方媒介融合（media convergence）显著不同，我国的媒体融合是以主流媒体应对传媒新生态为目标进行的全面和深化改革，在相关政策和制度设计中上升到国家战略层面。因此，媒体融合的发展趋势和讲好中国故事的明确目标，是当前我国主流媒体内容产制的主要生态特征。习近平总书记在中央政治局第十二次集体学习中指出，“一张图、一段视频经由全媒体几个小时就能形成爆发式传播，对舆论场造成很大影响”“这种影响力，用好了造福国家和人民，用不好就可能带来难以预见的危害”[①]。这一论述表明，新的视听文本生产和传播问题已进入全媒体时代媒体融合发展的顶层设计，相应的技术与方法也为主流媒体把握主流舆论、回应时代挑战提供了创新路径。

---

① 习近平．加快推动媒体融合发展　构建全媒体传播格局［J］．求是，2019（6）：1．

第一章

节目分类与发展研究

第一节　节目类型研究的价值

一、何谓"节目类型学"

类型或者分类的概念广泛应用于人文社科以及自然科学当中，以生物学来说，生物学上的"分类"是研究生物的一种基本方法，主要是根据生物的相似程度（包括形态结构和生理功能等），把生物划分为种和属等不同的等级，并对每一类群的形态结构和生理功能等特征进行科学的描述，以弄清不同类群之间的亲缘关系和进化关系。而在媒介层面，"genre"来源于法语，意思是"类型"，专指媒介产品的类型或亲属[①]，是基于具体节目的共性与差异进行划分与分类。

对此，英国学者大卫·麦克奎恩认为，节目类型的划分基于节目使用的特殊程式，这些特殊程式是一种重复出现，并且是观众在重复接触之后能够识别的元素。这些程式包括人物、情节、场景、服装道具、音乐、灯光、

① 麦克奎恩．理解电视：电视节目类型的概念与变迁［M］．苗棣，赵长军，李梨丹，译．北京：华夏出版社，2003:27.

主题、对话、视觉风格等，不同节目依据相似的程式，被划分到某一节目类型当中。[①]

综合以上学说，我们可以认为节目类型学是通过研究节目特殊模式，并依据模式的相似性对节目进行划分与归类的一门学科。在媒介产制的业务实践和管理探索中，节目类型建构具有两种模式：一种是自下而上自然形成的类型建构，一种是自上而下人为设定的类型模型。这两种模式都具有各自的特点。

在自下而上自然形成的类型建构中，当具有足够数量的节目以供分类，节目制作终端以及受众就会在脑海中依据自身熟悉的程式，形成一套节目类型模板。这是一个动态过程——随着新的节目出现，这个模板会依据现状的变化进行自我更新。同时也因为其不断动态更新的特点，形塑的节目类型往往缺乏概括性，甚至会出现类型边界模糊的情况，例如在家用机顶盒以及视听节目网站上，真人秀往往被划分到综艺节目的门类之下。这是不了解相关节目的历史渊源、发展脉络，并缺乏权威引导和界定所致。

这一弊端在自上而下人为设定的类型模型中，能被较好地巩固和区分。尽管自上而下的人为设定类型模型依然是基于现有的节目进行的类型抽象，但由于参与者往往为研究者或行政管理部门，在进行类型区分时较为关注类型标准的可延续性，自觉避免频繁的更正而导致研究、管理与交易的混乱。但“规定”和“界说”式的分类模式也同样存在短板，当视听节目市场发展速度较快时，这两种分类模式易与市场脱节，导致大量新节目难以找到自身的定位，为节目的相关研究与管理造成一定的困扰。如近年来出现的《向往的生活》等自制综艺节目，到底是学界定位的“慢综艺”，还是部分分析评论者认为的电视真人秀？这就需要回到节目模式的本源上，针对节目元素展开分析从而予以认定了。

总体而言，对纷乱的节目文本进行类型划分和研究，是针对视听内容产品进行的抽象性与概括性描述，兼具理论价值和现实意义。在媒体融合深入推进的环境下，节目类型研究更为讲好中国故事提供了中观的视野和路径。

---

① 麦克奎恩．理解电视：电视节目类型的概念与变迁［M］．苗棣，赵长军，李梨丹，译．北京：华夏出版社，2003:27.

二、广播电视节目的发展脉络

在进行节目类型研究之前，梳理广播电视这一视听节目制作传播主体的发展脉络，能够帮助我们理解不同时期节目特定模式的特征及变化。

广播电视节目的发展脉络本质上展现的是视听技术的发展。一般认为，广播电视通过无线电波、线缆系统（包括电缆、光纤及将来可能发展的其他传输介质）向广大地区或一定区域有规律地传输含有节目内容的视频、音频信号，上述机构、传输的内容以及传输过程本身，可统称为广播系统①，包含声音广播与电视广播两种类型。

在人类的五次"革命"中，无线电传输是人类传播史上的第四次革命。随着美国匹兹堡大学教授费森登与"无线电之父"李·德福雷斯特利用无线电波实现了声音传输，1920 年，威斯汀豪斯公司在美国匹兹堡正式成立了世界上第一家无线广播电台——美国匹兹堡 KDKA 电台。此后无线电台如雨后春笋般在全球各个国家相继设立。

1922 年，伦敦 ZLO 广播站开播，这座无线电台就是英国广播公司（BBC）的前身。1936 年，英国广播公司在英国设立世界上第一家正式电视台，并于同年正式播送黑白电视节目。从有声广播到黑白电视，视听语言上的进步依赖的是光电转换技术的发明与成熟。1925 年，苏格兰科学家约翰·贝尔德在尼普科夫发明的机械扫描盘基础之上，第一次成功得到了木偶的图像。这一实验的成功标志着电视的诞生。

此后，随着技术的不断进步，彩色电视制式逐渐取代了黑白电视制式，观众从此进入了彩色的世界。电视图像之所以会呈现出缤纷的色彩，是基于对红、绿、蓝三基色的综合利用，而电视制式是一种彩色电视图像扫描、传输与接收的技术制式②。在彩色电视的发展过程中，世界各国逐渐形成了三种彩色电视制式，分别为 NTSC、PAL 和 SECAM。时至今日，由于种种原因，世界各地的彩色电视制式依然未能统一，当前中国大陆与香港、澳门

---

① 陆晔，赵民．当代广播电视概论［M］．上海：复旦大学出版社，2010：1-2.
② 陆晔，赵民．当代广播电视概论［M］．上海：复旦大学出版社，2010：19.

地区使用的是 PAL 制式，中国台湾地区使用的是 NTSC 制式。

至此，广播电视节目的视听特点已经趋于成熟，时至今日视听节目主要的艺术特征依然是声音 + 彩色画面的模式。尽管广播电视技术近年来没有出现颠覆式的技术革命，但是 AR、VR、4K 乃至 8K 技术的出现，依然为我们的视听世界增加了许多新的体验。

AR 是增强现实（Augmented Reality）的缩写，是一种将虚拟信息与真实世界巧妙融合的技术。它通过使用 3D 建模、智能交互等技术，拓展现实空间的使用边界。AR 为观众带来“一步一景”的特殊观看体验，极大地提高了广播电视节目视听元素的拟真度。

VR 是虚拟现实技术（Virtual Reality）的缩写，通过计算机模拟虚拟环境，给人以环境沉浸感。由于对接收端硬件要求较高，目前 VR 技术在广播电视节目等大众传播媒介制作中的运用还较少，但可以预见的是，随着 VR 终端设备的普及，在未来利用 VR 制作的拟真新闻报道以及参与式综艺节目，将会成为广播电视节目的新成员。

4K、8K 都是分辨率标准，其中的 K 是二进制之下对像素数量的指代，$1K=2^{10}=1024$，$2K=2^{11}=2048$，$4K=2^{12}=4096$。4K 是一种定义，但不是标准，由“数字影院创导（DCI）”组织提倡的 4K 分辨率指的是 4096×2160，其总像素数达到了 885 万。同理，8K 是相较于 4K 更加清晰的分辨率标准，其总像素数可以达到 3300 万。无论是 4K 还是 8K，其对于广播电视节目的制作来说，都是提高节目画面清晰度与细腻程度的技术手段。与 VR 技术一样，观众想要获得 4K 乃至 8K 带来的视觉体验，需要同时满足 4K 内容与 4K 显示器两个条件，但当下由于传输技术以及经济等原因的制约，广播电视领域对于 4K 和 8K 技术的运用还处于局部使用的阶段。

在广播电视的发展过程中，除了技术带来的创新，互联网的出现也引发了广播电视节目制作与传播理念的革新。在尼古拉斯・尼葛洛庞帝提出“媒体融合”之后，融媒体的观念便逐渐深入各个国家的视听产品制作中。现如今，台网联动、跨平台播放已经是广播电视文艺节目制作的常态，从初期电视台利用自制节目填充互联网平台，再到如今互联网平台形成成熟的节目制作产业，电视作品已经完全具备了融合媒体节目制作的理念。

而在新闻领域，传统媒体纷纷在互联网平台上设立官方账号，其中人民日报“中央厨房”的内容分发模式被许多媒体效仿。除此之外，短视频的兴起促使传统新闻媒体组建短视频制作团队，在网络平台上制作短、平、快的新闻内容。无论是制作，还是与受众交互，依托互联网进行的融媒体尝试，使得传统新闻节目呈现出新的面貌。

三、节目分类的意义与价值

通过对广播电视发展脉络的梳理，可以看出视听节目随着技术与观念的发展，其自身也形成了新的节目样态与节目特点。在《电视节目类型学》一书中，编者将节目分类的意义阐述为学界、业界、历史与精神的共鸣选择。概括起来，可以将节目分类的意义分为研究意义与实践意义。

在研究意义的层面，节目分类主要解决了节目脉络梳理与节目研究界限的问题。从广播电视节目的脉络梳理来看，清晰的技术发展历程对于研究广播电视节目阶段性特征具有重要的意义。而作为节目特征属性的重要指标，节目分类标准混乱会让研究者在分析某一具体节目的时候，难以对其“前世今生”有清晰的了解。同时，无秩序的分类会导致各种“新名称”的出现，这些“新名称”从纯粹语言的角度来看，区别于以往任何一种节目，而数量过于庞大且没有进行归纳的“新名称”，容易令研究者无法进行比较研究，难以找寻节目创作与传播的一般性规律。

以《非诚勿扰》为例，其自身的定位为“生活服务类节目”，但同是孟非主持的《新相亲大会》则被冠以“代际相亲节目”的标签，除此之外还有婚恋节目等多种称呼，这就致使研究者难以将其放置于一个门类中进行比较研究，但事实上无论是《非诚勿扰》还是《新相亲大会》，其节目程式都极为相近，仅仅因为分类不清晰，造成了研究上的困难。

除此之外，节目分类还有助于确定研究的边界。在没有固定坐标轴与划分逻辑的情况下，节目类型往往呈现散点重合的特点，即多个分类标准产生重合。以电视纪录片为例，由于其既区别于传统新闻报道，又与电视剧有艺术特征上的本质不同，因此会被单独列为一种节目类型。但在电视文学的节目分类标准之下，以解说词为核心的电视纪录片的确具有强烈的文学色彩，因此在相当长一段时期里，电视纪录片被划归到电视文学的门类之下，但很显然，电视纪录片的节目特点已经超越了电视文学所涵盖的艺术特征，这种边界重合带来的矛盾，使得纪录片的研究陷入两难的境地。

而在实践层面，节目分类有助于更好地对节目生产与传播进行管理。在当前的节目市场中，大量节目为了规避审查而采用新的节目定位。以此前腾讯视频出品的《创造营》节目为例，其前身《创造 101》被划分为“组合青春成长节目”，而第二季《创造营》则变成了“青年团训节目”。从自我分类的变化可以看出，此类选秀节目为了规避有关部门的监管，往往借用“正能量名词”来方便过审。但事实上，不变的选秀内核使其与传统选秀节目一样，会引发一系列社会问题。

这种在节目分类上打“马虎眼”、玩“擦边球”的行为给节目的审核与管理造成了不便。当然这并不意味着对节目进行分类是为了限制甚至是禁止一些节目，清晰的节目类型划分在本质上是为了给管理者一个清晰且准确的节目定位，只有从源头上正视节目类型，才能够避免因为混乱归类而对节目管理一刀切的问题。

第二节　节目类型研究综述

在节目类型学领域，不同的学者及从业人员都基于理论与实践，对节目类型的划分提出了自己的标准，其中不乏清晰、概括性较高的分类标准。依照不同的出发点，节目类型的划分可分为学术分类、管理分类及其他分类三种类别，下文将分别进行论述。

一、基于研究需求的分类

节目类型的学术分类主要指的是相关研究者基于广播电视史、广播电视学、广播电视艺术学等学科，从历史与既有研究的脉络中梳理得出的节目类型分类。在这一研究领域，既有专门论述节目类型的著作，也有对节目类型进行的相关概述，以及对其划分标准的界定。

(一)《当代广播电视概论》对节目分类的概述

陆晔教授与赵民教授在《当代广播电视概论》中，对类别与类型进行了区分。在专门论述广播电视节目“类型化策略”的章节中，作者指出，“类型化”并非是节目分类上的概念，而是指节目编排的一种方式。其认为“类型化”的节目构成，指的是媒介主动通过市场调查和研究来明确界定具有不同社会价值、文化品位、生活态度与行为准则的目标受众的人口学特征，然后再通过恰当的节目类型来聚合和培养起对这一类节目最感兴趣的一群人。[①]可以看出，作者认为节目类型最终观照的是不同受众的社会价值、文化品位、生活态度与行为准则。

但在类别的论述当中，作者对整体节目类型划分给出了较为清晰的标准。[②]

1. 大体分类

(1)新闻类：消息类新闻节目、新闻专题节目、新闻评论节目、电视新闻类纪录片、广播电视新闻深度报道和新闻杂志、广播电视新闻类谈话节目。

(2)文艺娱乐类：分为广播文艺与电视文艺。广播文艺包含广播剧以及其他搬上广播的艺术样式，如音乐、评书等；电视文艺包含电视综艺、电视晚会、游戏节目、真人秀、娱乐类谈话节目。

(3)教育服务类：教学节目、社会教育节目、对象性节目、服务类节目、电视纪录片。

2. 其他分类方式

(1)按照播出方式划分，可分为直播类、录播类。

(2)按照传播和覆盖市场划分，可分为本地节目、全国市场节目、区域/

① 陆晔，赵民．当代广播电视概论[M].上海：复旦大学出版社，2010:173.
② 陆晔，赵民．当代广播电视概论[M].上海：复旦大学出版社，2010:160-164.

国际市场节目。

（3）按照受众定位划分，可分为一般综合性节目、特定对象节目。

（4）按照节目来源划分，可分为自办节目、联播节目、交换节目、转播节目、购买节目。

（5）按照节目形式划分，可分为主持人节目、非主持人节目、受众参与性节目、非参与性节目。

作者指出，由于广播电视节目内容繁多，涉及的领域十分广泛，要给节目归类并不容易，因此其对于节目类别的划分综合考量了多方面。但值得注意的是，除了传统新闻、文艺、教育服务的大体分类之外，其他分类方式诸如对播出方式的分类，过于笼统，概括性较弱。尽管这样的大体分类有助于我们理解传统媒体时代广播电视节目的类别样态，但在融媒体时代，这样的分类方式显然会磨灭一些新样态节目的特点与价值。

除此之外，在大体分类当中，作者也表示，有些节目由于创意的原因，很难被划分到某一种类别之中，例如在一些电视相亲节目中，游戏是其重要的内容之一。

（二）《电视学导论》基于栏目形态的节目划分

《电视学导论》作为一本电视学的专著，其所关注的分类对象主要为电视节目。相较于传统分类方式，《电视学导论》在分类的伊始便将“栏目形态”作为分类的初始界限，具体分类如下。[①]

1. 栏目形态的电视节目

（1）电视新闻节目，包括消息类新闻（综合新闻消息、分类新闻消息）、深度报道（电视连续报道、电视系列报道、电视专题新闻、电视新闻调查、电视新闻评论）。

（2）电视文艺节目，包括电视文艺晚会、专题文艺节目、音乐电视、电视诗歌散文、电视综艺节目（表演类、游戏类、益智类、真人秀类）。

---

① 黄会林，等．电视学导论［M］．北京：高等教育出版社，2008：44-128.

（3）其他电视节目，包括电视娱乐节目（电视综艺节目、电视真人秀节目、电视体育节目）、电视教育节目、电视服务节目、电视谈话节目、电视特别节目。

2. 非栏目形态的电视节目

（1）电视剧，包括电视短剧、电视单本剧、电视连续剧、电视系列剧。

（2）电视电影。

（3）电视纪录片，包括商业纪录片、宣传纪录片、独立纪录片。

（4）电视动画片。

在理解以栏目形态为划分逻辑之前，需要对栏目进行定义。电视栏目指的是有固定的播出时间与时长、内容主体和形式风格统一、定期播出的节目单元。基于此，《电视学导论》中非栏目形态的电视节目的特征便为播出时间与时长不固定，有多种内容主体和形式风格，不定期播出。这一大分类就从根本上为庞杂的节目类型提供了划分的主心骨。按照栏目形态这一清晰的标准，能够很容易地对节目进行初筛，并且体现出节目在播送方式上的特点。

由于栏目形态分类标准依照的是电视媒介中的节目，而我国的电视台运行体制大体相同，因此其生产与播出的节目基本可以被纳入栏目形态分类法当中。但随着网络平台自制节目的出现，栏目制的播送方式逐渐发生了变化，出现了季播等新的播送方式，部分文艺节目也出现了非栏目形态的特征，因此存在一定的模糊地带。

（三）《电视文艺学导论》的三种分类方法

《电视文艺学导论》的论述对象为电视文艺节目，因此在书中，作者在确立文艺节目的定位时，对节目类型的划分进行了阐述。具体分类标准如下：[①]

（1）内分法：依据电视节目的内容来划分，可分为新闻类、教育类、文

① 王艳玲 . 电视文艺学导论［M］. 成都：四川大学出版社，2006:76-79.

艺类、服务类。

（2）外分法：依据电视节目的外在形式来划分，可分为综艺节目、主持人节目、受众参与节目。

（3）平分法：依据电视节目的实用性来划分，可分为一般型、综合型、专题型、对象型。

内分法、外分法、平分法其实依照了纵向与横向两种标准。在节目内部的纵向剖析中，内分法与外分法分别代表了节目的内容与形式。而在节目与社会的横向截面上，平分法则依据了节目的实用性。这三种分类方式均有各自的优势，内分法更倾向于传统的大体分类方式，使用这种分类方式，研究者能够很好地发掘节目内容的特点；而外分法相对于内分法来说，更能够展现节目在结构上的特征；根据平分法进行的分类，则有效地提供了节目社会价值分析的角度。

从整体来看，这三种分类方法与其说是对节目类型的分类，不如说是对节目这一播送单元的分析方法。的确，在很长一段时间内，许多创新的节目都无法跳脱出这三种分类法的范畴，但也正是由于概括性过强，使得具体节目的分类名称的代表性不足，因此这三种分类法只能反映节目在内容、形式、实用性上的某一基础性特征。

（四）《理解电视：电视节目类型的概念与变迁》对节目类型去中心化的反思

《理解电视：电视节目类型的概念与变迁》是英国学者大卫·麦克奎恩撰写的著作。大卫·麦克奎恩以电视的发展历程与英国电视编年史作引，阐述了电视节目类型的分类核心与价值，并且在书的最后阐述了意识形态以及符号学等内容。其对于电视节目类型的分类如下：[①]

（1）肥皂剧

（2）情景喜剧

（3）游戏节目

① 麦克奎恩．理解电视：电视节目类型的概念与变迁［M］．苗棣，赵长军，李梨丹，译．北京：华夏出版社，2003：27.

（4）警察系列剧

（5）电视新闻

（6）纪录片

大卫·麦克奎恩的分类方式一眼看上去非常凌乱与随意。相较于中国学者基于某种逻辑进行的概括性分类，大卫·麦克奎恩的分类更像是对于典型电视节目的一次分析。在肥皂剧中，作者介绍了其与系列剧的区别，并且分析了肥皂剧吸引电视机构购买和播出的原因。在情景喜剧中，作者阐述了非主流情景剧与主流情景剧的区别，BBC 与独立电视制作上的差异。在游戏节目与警察系列剧中，作者仅仅分享了其特征。而在新闻与纪录片中，作者分别阐述了不同的新闻理念与现实主义。

这一分类方式有明显的“去中心化”特征，为节目类型的分类研究提供了一个非常独特的思路：诞生于“融合”的电视节目及其他视听节目，它们自身的发展就是一个打破现有类型的过程。

无论是曾经视觉的引入，抑或是色彩、高清、互联网等诸多技术因素的引入，新的节目之所以具有价值和创新性，就是因为它打破了现有的类型标准，从而才具有研究的意义与价值。理解了电视类型“破、立”的特征，就能够理解为什么对于节目类型，大卫·麦克奎恩更多提及的是节目内部的特殊程式，而非节目体系当中的分类标准。

二、基于管理需求的分类

在我国，视听节目管理部门与行业协会基于维护视听行业秩序的要求，出台的相关法规与条例中也涉及了分类的标准。

（一）国家广播电视总局相关管理意见及通知

2011 年至 2013 年，广电总局依次下发了《关于进一步加强电视上星综合频道节目管理的意见》《关于做好 2014 年电视上星综合频道节目编排和备案工作的通知》，对当前各节目类型的编排及备案做了规定，通过表 1–1 和表 1–2 可以大致了解视听节目管理部门对当前节目类型的认知。

表 1–1　国家广播电视总局管理文件中涉及的节目类型①

《关于进一步加强电视上星综合频道节目管理的意见》(2011 年)	
需要扩大比例的节目类型	**过多过滥的节目类型**
新闻类	婚恋交友类
经济类	才艺竞秀类
文化类	情感故事类
科教类	游戏竞技类
少儿类	综艺娱乐类
纪录片类	访谈脱口秀
—	真人秀

表 1–2　国家广播电视总局管理文件涉及的节目类型②

《关于做好 2014 年电视上星综合频道节目编排和备案工作的通知》(2013 年)	
需要丰富的节目类型	**需要加强管理的节目类型**
新闻类	新闻类
经济类	才艺竞秀类
文化类	情感故事类
科教类	游戏竞技类
生活服务类	综艺娱乐类
动画与少儿类	访谈脱口秀
纪录片类	真人秀
对农类	道德建设类
—	歌唱选拔类
	晚会类
	引进境外版权模式节目

① 整理自国家广播电视总局《关于进一步加强电视上星综合频道节目管理的意见》。
② 整理自国家广播电视总局《关于做好 2014 年电视上星综合频道节目编排和备案工作的通知》。

(二)中国网络视听节目服务协会制订的《网络综艺节目内容审核标准细则》

中国网络视听节目服务协会作为我国网络视听节目服务领域唯一的国家级行业性组织，受国家广播电视总局业务指导和监督管理。

2020年2月21日，中国网络视听节目服务协会发布《网络综艺节目内容审核标准细则》。基于制定行业规范的目的，《网络综艺节目内容审核标准细则》按照不同的节目类型制订了相关细则，其对节目类型的分类如下：[①]

(1)访谈及脱口秀类

(2)选秀及偶像养成类

(3)情感交友类

(4)少儿亲子类

(5)生活体验类(旅行、美食等)

(6)专业竞技类(益智、体育、科技、艺术等)

(7)游戏比赛类

(8)有角色扮演的故事推理、演绎类

(9)游戏改编类

《网络综艺节目内容审核标准细则》由于其规范对象仅为网络综艺节目，因此并没有涉及新闻等传统广播电视节目类型。但从实际意义上来看，综艺节目是当前节目分类争议较大的综合门类，此细则的出台为其提供了较为详细的标准。同时，由于当前广播电视综艺节目与网络综艺节目的类型逐渐趋同，《网络综艺节目内容审核标准细则》对于广播电视节目的分类也具有借鉴意义。

除此之外，《网络综艺节目内容审核标准细则》也体现出较强的概括性与时效性。近年来，在真人秀的基础上，视听节目制作人员创作出一批具有真人秀特征与综艺特征的节目，例如芒果TV制作的季播节目《明星大侦探》。此节目采取“剧本杀”(一种角色扮演的剧本演绎游戏)的游戏规则，

① 中国网络视听节目服务协会.网络综艺节目内容审核标准细则[EB/OL].(2020-02-21)[2020-03-17].http://www.cnsa.cn/index.php/infomation/dynamic_details/id/100/type/2.html.

让明星扮演剧本预设角色，对相关案件进行侦破，并做实时记录。可以看出，《明星大侦探》既有真人秀的艺术特征，也有传统室内游戏类节目的特征，因此传统的节目类型分类方式难以给予此类节目一个准确的定位。而在《网络综艺节目内容审核标准细则》中，中国网络视听节目服务协会依照此类节目的创意来源，划分出"有角色扮演的故事推理、演绎类"这一类型，让此类节目有了规范的类型依据。

同时，《网络综艺节目内容审核标准细则》的时效性优势也对节目类型的分类工作提出了更高的要求。我国综艺市场依然处在高速发展与变化的过程中，每一年都涌现出许多新样态的节目，这就要求相关管理部门每年对节目分类进行更新。从发展的眼光看，这样的动态分类方法或许会成为行政管理者进行节目类型分类的常态。

第三节　以纪实追求为标准的类型划分

传统媒体产品很大程度上符合"功能-类型"逻辑，即相应的媒介功能对应一定的产品类型。信息和资讯功能主要通过消息报道来实现；宣传教育功能通过专题、广告来实现；舆论监督功能通过深度报道、新闻调查来实现。欧美等西方媒介产制中更多地采用非虚构（non-fiction）和虚构（fiction）的二分法来进行分类，这未免"简单粗暴"，且无法解释介于二者之间的新型样态。由于不同逻辑、不同产制背景下的节目类型划分不尽相同，对制度、生产、管理等方面的侧重点不同，因此产生了表述不一、相互交叉的混乱图景。

一、分类体系与分类标准

为了便于分析本土语境下的节目生产和形态创新，在借鉴中外过往经验的基础上，本书采用以纪实追求为标准的一级分类体系（见图 1-1），以及以节目元素为标准的二级分类体系。

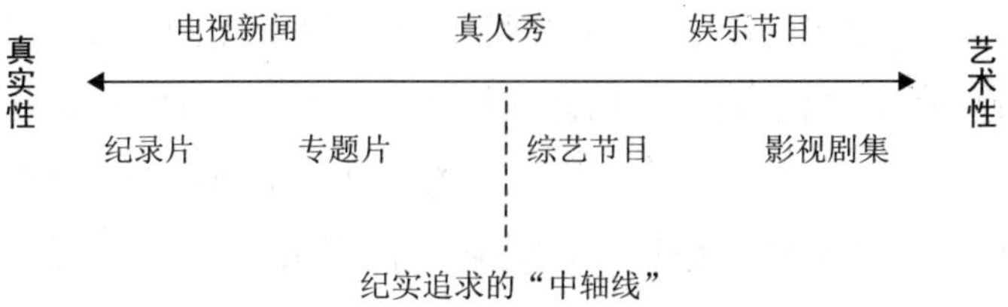

图 1–1　以纪实追求为标准的一级分类体系

一级分类体系单纯考察节目真实性追求和艺术性追求的程度。这一体系观照“大类”，即电视在发展历程中作为大众媒体早期出现并延续至今的纪录片、电视新闻、专题片、真人秀、综艺节目、娱乐节目、影视剧集七大节目类型。对真实性与艺术性追求的考察在西方电视媒体中虚构和非虚构的视野基础上，增加了纪实追求的“程度”这一维度。在“讲好故事”的框架中，视听内容产品是对现实的原生态记录，还是对现实的创造性阐释，抑或是对现实的艺术化加工，都由不同的节目类型来完成。

一级分类体系充分考虑了视听节目发展的国际普遍性和我国媒介属性的特殊性。在国际上，电视新闻作为一种与社会制度和媒介属性高度一致的节目类型，在国家媒体、市场化媒体和公共媒体中都有不同表现；对于我国而言，纪录片和专题片在定位、功能、媒介产制和节目评价等方面也会有明显区分。而在世纪交替阶段出现的新的节目类型——电视真人秀（reality show），由于兼具真实性和艺术性追求，且具有显著区别于各类节目形态的元素特征，因而以较为独立的状态存在和发展。

一级分类的优势在于，暂时剔除对其他节目元素的考虑，单纯考虑节目的纪实追求。实际上，我国广播电视媒体的部门频道设置、行政管理体系和评奖评价系统大多是在这个层面进行分类的。

针对具体的一类节目形态，我们本着易操作和实用性原则，将节目元素作为二级分类体系标准，通过叙事元素、场景元素、角色元素、运营元素、媒介–社会功能元素等划分节目的子类型。例如，电视新闻节目的子类型既有按照体裁等叙事元素划分的消息、评论、深度报道，也有按照运营元素划分的杂志、直播、对象节目等。二级分类体系更为灵活，力求兼顾该形态下的各种子类型。

二、社会议题的节目形态呼应

在以主题划分的节目类型研究视野中，医疗健康节目与教育、养老、环境、农村等其他社会议题相比，具有明显的特殊性。它是人人相关的社会议题，涉及最广泛的社会利益群体。当健康议题经过“编码”进入传媒领域后，受众和用户的“解码”或多或少掺杂着利己化、主观化、情绪化、暴力化等特点。作为重要的信息传播和宣传教育阵地，广播电视与新媒体在党的十九大提出的“实施健康中国战略”中将发挥举足轻重的作用。

“中国故事”聚焦的是改革与发展语境下的热点话题。以“健康和医疗”议题为例，在节目类型的一级分类体系中都能找到与之对应的节目形态，分别为非虚构节目、医疗新闻、典型报道、医疗真人秀、健康服务节目和医疗影视剧等（见图 1–2）。

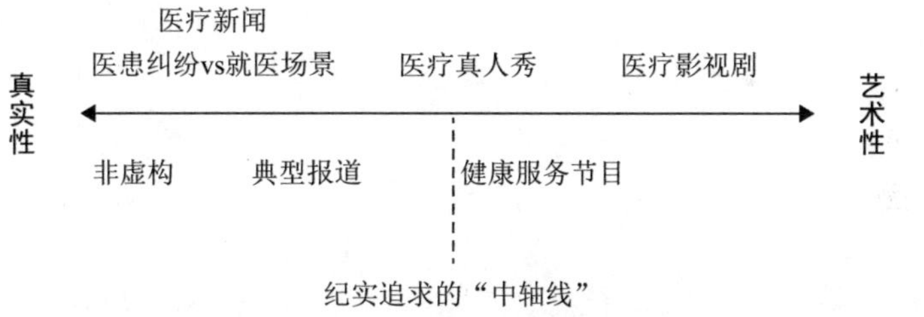

图 1–2　“健康和医疗”议题的节目类型

从非虚构到影视剧，尽管节目形态迥然不同，但都承载了媒体对国家和社会发展的关切。在政策制度的推进下，我国医疗卫生事业与大众传媒之间的互动更趋频繁；人们也越来越多地通过新的媒介形态了解医疗和健康信息。视听节目领域近年来涌现出《人间世》《生门》等非虚构医疗节目，以及《急诊室故事》这个让人耳目一新的“医疗真人秀节目”。这些优秀节目打破了以往医疗健康议题“不是医患纠纷，就是树典型报道”“不是白衣天使，就是披着羊皮的狼”的话语分裂的困局，一经播出便好评如潮，卓有成效地实现了主流媒体健康传播的导向功能。上述案例，都是我们在媒介–社会视野中研究节目类型的丰富样本。

同时我们也应该了解，节目类型研究是一个发展的概念。在不同的研究、分析目的中，电视节目类型可能有着完全不同的划分，节目之间也并没有绝对不可逾越的界限。电视媒介的后现代趋向也使节目类型间的界限变得模糊，新的节目形态层出不穷。随着媒体融合的深入推进和人工智能的迅速发展，节目元素之间相互交融和叠加的情况时有发生。这些变化与特征，都为我们讲好中国故事、传播好中国声音提供了更加多元的契机和可能性。

第二章

电视新闻与传媒公共性

“秋风日日望归装，忽报来期喜欲狂。”当陆游落笔写下这句诗时，他不会想到，在近千年后的今天，“忽报来期”成为一种常见的社会现象并经历了数代的历史沿革。依靠技术支撑，电视的出现成就了一次视听传播的革命。电视拥有声音和图像的多元素传播方式，这种形象生动的内容产品迅速“飞入寻常百姓家”，成为大众获取信息的重要途径。以传递信息为主要功能的电视新闻由此应运而生。随着时代的发展，电视新闻的功能和作用日益凸显，其类目和形式也逐渐丰富。

“新闻立台”是主流媒体彰显社会责任的重要体现。在很大程度上，新闻节目是广播电视媒体的支柱和脊梁，是广播电视进行舆论引导的基石。电视新闻节目的水平直接决定一个电视台的声望、影响力和收视率，尤其是在电视事业发达的国家。[①]

在以纪实追求为标准的节目类型划分中，电视新闻节目无疑是最具真实性的电视节目之一。电视新闻秉承真实客观的要义，报道对象也都是社会现实，但不可忽视的是，不同国别、不同类型的新闻媒体具有不同的属性，因此存在呼应其本质属性的产制倾向。无论是政党-国家所有制媒体，还是商业媒体或公共媒体，都服务于相应的主体或资本，在新闻生产中毋

① 叶子. 电视新闻：与事件同步［M］. 北京：北京师范大学出版社，2007:7.

庸置疑地体现出各自的意识形态特征。因此我们可以说，电视新闻趋近真实性，但与完全意义上的“客观真实”还存在间隔。在更大程度上，电视新闻的真实性是一种追求和目标。

如今，电视新闻节目作为视听节目中不可忽视的组成部分，对于公众生活和社会发展的意义都非同小可，其影响也遍布政治、经济、文化、社会等各个领域。这种“牵一发而动全身”的意味在如今的电视新闻业似乎有着更为深刻的体现。尽管伴随着互联网的飞速发展，纸媒、广播、电视看上去似乎凛冬将至，唱衰传统媒体的论调时有出现，但皮尤研究中心报告显示，虽然电视的使用率自 2016 年有所下降，但它仍然是最受欢迎的新闻消费平台。[①] 可见，电视新闻仍有在新环境中创新发展的必要性。

2019 年 6 月 6 日，工信部正式向中国联通、中国移动、中国电信、中国广电发放 5G 商用牌照，中国正式进入 5G 商用元年。5G 技术凭借其高速率、大容量、低延时的特点将不断赋能电视媒体，重新定义电视新闻的生产和呈现。

与此同时，大众传媒的公共性一直备受关注且颇具争议。回顾新闻史可以发现，早期报刊普遍以赢利为目的，而后报纸被用作政治斗争的工具。1833 年，《纽约太阳报》的诞生开辟了商业媒体的道路，它发布大众传播信息的主要目的是赢利，而非宣传。与此同时，媒体公共性开始引发关注。20 世纪 80 年代，英国、法国、德国都存在公营或国有媒体，以“服务公共利益”为原则。但仍需明确的是，媒体只要服务于公共事务，为公众创造理性思辨的讨论空间，它就具备传媒公共性。随着受众本位观念的不断深入，我国媒体、媒体人和研究者对大众传媒公共性的认知随着社会的发展不断加深，公共性这一概念越发重要，电视新闻如何秉承公共性成为学界和业界亟待思考的问题。

---

① 全媒派．电视依旧是获取资讯大入口，年轻人更依赖社交平台［EB/OL］.（2018-12-21）［2021-02-18］. https://new.qq.com/omn/20181221/20181221B07I1V.html.

第一节　电视新闻的发展与变迁

一、电视新闻的概念界定与功能特性

在探究电视新闻的相关内容前，有必要先厘清新闻以及电视新闻的概念。自新闻诞生之初，其定义就众说纷纭。正如一百个观众眼中有一百个哈姆雷特，一百个记者就有一百种新闻定义。而电视新闻的传播手段为电视而不是其他媒介，自然具有其独特的价值和意义，因此明确电视新闻的概念有一定的必要性，也为后续讨论电视新闻相关内容打下基础。

（一）新闻的概念界定

《新唐书》记载，“孙处玄，长安中征为左拾遗。颇善属文，尝恨天下无书以广新闻”。这反映了早在初唐，人们就有着了解时事的迫切愿望，这里的“新闻”更多指的是与时事政治相关的内容。而随着新闻传播事业的不断发展与变革，新闻的内涵不断被扩充，进而衍生出大量定义。

第一类：强调信息属性，例：

（1）“新闻是向公众传播新近事实的信息。”（宁树藩）

（2）“新闻是及时公开传播的非指令性信息。”（项德生）

（3）“新闻是信息的一种，它是传播新近变动事实的信息。”（刘卫东）

第二类：强调活动特质，即将新闻看作一种报道或传播活动。例：

（1）“新闻是新近发生的事实的报道。”（陆定一）

（2）“新闻是已经发生和正在发生的事实的报道。”（约斯特）

（3）“新闻是新近变动的事实的传播。”（王中）

（4）“新闻是经过记者选择以后及时的事实报道。”（乔治·穆托）

第三类：强调事实属性，即突出新闻的本质属性，将新闻看作一种事实或现象。例：

（1）“新闻者，乃多数阅者所注意之事实也。”（徐宝璜）

（2）“新闻者，最近时间内发生，认识一切关系人生兴味、实益之事物现象也。”（邵飘萍）

（3）“新闻就是广大群众欲知、应知而未知的重要事实。”（范长江）

（4）“新闻是一种新的，重要的事实。”（胡乔木）

（5）“新闻是新近发生的，能引人兴味的事实。”（布莱尔）

（6）“新闻是刚发生和刚发现的事物。”（贝尔纳·瓦耶纳）

第四类：强调功能特性，即从新闻的功能和作用入手。例：

“新闻是新近报道或评述最新的重要事实以影响舆论的特殊手段。”（甘惜分）

第五类：强调其他特质。例：

（1）“新闻是三个W，女人、金钱和罪恶的记录。”（斯坦利·瓦利克）

（2）“狗咬人不是新闻，人咬狗才是新闻。”（约翰·博加特）

从以上定义可以看出，随着新闻传播事业的不断发展，人们开始从不同角度审视新闻一词。尽管众说纷纭，但仍旧可以看出人们在努力依据社会以及新闻传播现象的特点来把握新闻。

目前来看，新闻学界大多采用陆定一于1943年在《我们对于新闻学的基本观点》一文中的定义，即“新闻是新近发生的事实的报道”。这一定义以唯物主义为依据，明确了事实是新闻的本源。但随着互联网以及新媒体的发展，新闻的播发效率、公众对时效性的追求较以往都有了大幅度的提升，以往强调TNT（即Today’s News Today），如今已到了NNN（即Now News Now）时代，直播、社交媒体爆料等形式可以将观众第一时间带到事件现场。显然，“新近发生”这一描述似乎不能概括当下的新闻传播现象，这一概念经过延伸，逐渐发展成为“新闻是新近发生或正在发生的事实的报道”。

（二）电视新闻的概念界定

电视新闻自然拥有电视媒介所赋予的新的特点。对于电视新闻的定义，学界和业界已提出诸多说法。例如：

“电视新闻是凭借电视媒介传播的新闻。”（张君昌）

“电视新闻是利用电视传播工具，对新近发生或发现的事实进行的报道。”（任远）

“电视新闻是一种报道消息的形式，是通过无线电波传递图像和声音，观众通过电视荧光屏收看的一种形象新闻。”（刘洪斌）

“电视新闻使用电视作为传播媒介，对新近发生或正在发生的政治事件和社会事件的报道。”（杨秉林）

“电视新闻是电视台传播的新近或正在发生的事实的信息。”（庞啸）

从上述定义来看，张君昌、任远、杨秉林的定义更多强调电视媒介作为一种手段进行传播；刘洪斌认为电视新闻首先是一种形式，然后从其传递和接收信息的特点进行定义；庞啸从传播机构出发，从电视台的角度进行定义。种种定义可谓角度繁多，但它们也有着共通的地方。第一，定义都更强调电视媒介在新闻传播中的作用；第二，学界和业界在对电视新闻进行概念界定时更加强调时效性，“正在发生”成为关键词。

1990 年 7 月，中国广播电视学研究委员会和中央电视台研究室牵头组织电视新闻理论工作者和实践工作者，依据电视新闻的发展，结合当下特点，对电视新闻这一概念进行了界定。他们通过不断讨论和修改最终确定了如下定义：

“电视新闻是以现代电子技术为手段，以声音、画面为传播符号，对新近发生或正在发生、发现的事实的报道。”①

这一概念在陆定一的新闻定义的基础上，结合电视媒介的特点进行了补充。其一，定义强调了新闻的共性——“新近发生或正在发生、发现的事实的报道”；其二，定义以技术发展为背景，对传播方式的不同进行了论述。

确实，科学技术的进步为电视新闻的发展提供了条件，电子摄录系统、卫星传送可以使记者、观众同步“进入”事件现场，事件的即时播报得到了实现和保证。

从传播方式上看，声音和画面的多重传播赋予了电视新闻形象性和生

① 杨伟光．电视新闻分类与界定［M］．北京：中国广播电视出版社，1994:3.

动性，这种来自新闻现场的视觉冲击会使观众产生心理认同，也就是所谓的“眼见为实”。而这种体验，在电视新闻直播中更加明显。例如，在抗击新冠肺炎疫情期间，央视《战疫情》特别报道中，主持人直播连线身处武汉的前方记者，进行医疗物资运输情况报道，直观的画面更具说服力。

同时，这一定义除“发生”之外，还强调了“发现”。第一层面是对具有新闻特质的事实的发现；第二层面是对新闻进行深度挖掘后的发现。自电视新闻产生以来，其类型不断发展分化，除简单的新闻资讯报道外，深度报道也逐渐崛起，甚至成为电视新闻的一种特色。以《新闻调查》为例，对新闻现象进行深度探访和追问，揭示“新闻背后的新闻”成为其栏目特色，也增强了节目的理性思辨色彩。

（三）电视新闻的功能特性

尽管今日公众获取新闻的途径越来越多，但电视新闻依旧是最重要的新闻来源和观众最多、最具影响力的媒介。人们发现，在重大政治、社会事件和突发公共事件发生时，面对互联网上良莠不齐、真假难辨的消息，电视新闻的权威性依旧被公众所认可。电视新闻的渗透力和传播力极强，对于大众生存和社会发展有着非同小可的意义，其功能不容小觑。

1. 传递信息，传播知识

电视新闻最首要的目的，是向公众传递信息，满足公众的信息需求，进而指导民众对生活做出调整，这是它的第一功能。以 2020 年新冠肺炎疫情报道为例，各地电视新闻节目第一时间通报疫情实时情况，并滚动播出预防疫情的注意事项，发挥了重要作用（见图 2–1、图 2–2）。要知道，人们收看电视新闻最根本的目的就是获取信息。如此一来，衡量一则电视新闻作品是否优秀的首要标准，即它所包含的信息量的大小。

除此之外，电视新闻节目在向观众播报新闻的同时，还会传播知识，从而辅助人们的工作、学习和生活。

图 2–1　2020 年 2 月 7 日央视新闻频道《朝闻天下》
有关新冠肺炎疫情的实时报道（图片来源：节目截图）

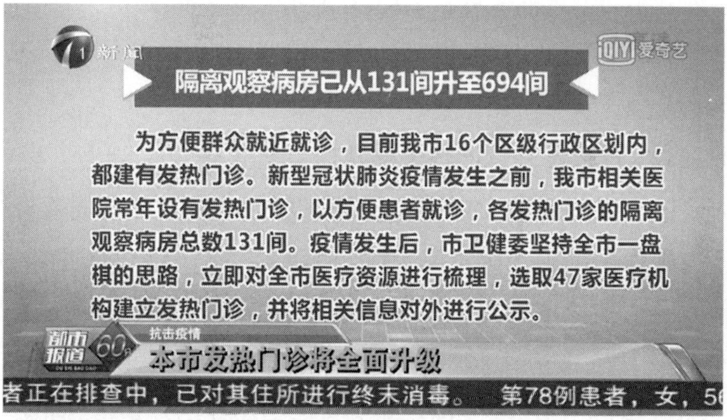

图 2–2　2020 年 2 月 6 日天津电视台新闻频道《都市报道 60 分》
对天津市疫情的相关信息的发布（图片来源：节目截图）

2. 反映舆情，引导舆论

舆论是最直观的民意表达，它直接体现了公众对社会时局和社会事件的评价。电视新闻节目作为上下沟通的重要桥梁，自然肩负着反映民众态度和诉求的责任。除此之外，电视新闻节目通过设置议题、发表评论等多种形式进行舆论引导，使社会舆论有利于国家发展。

二、中国电视新闻节目发展历程

（一）如日方升——起步期

1958 年 5 月 1 日 19 时整，北京上空出现了中国电视节目信号。北京仅有的 50 台电视接收机的屏幕上，出现了一幅以广播大楼模型为背景图案、写有“北京电视台”字样的电视画面。新华社为此发出电讯：“中华人民共和国第一座电视台——北京电视台（中央电视台前身——笔者注）已于 5 月 1 日开始试验广播。”从此，中国有了自己的电视事业。伴随着电视的诞生，电视新闻节目也应运而生，但受到当时技术的限制，“图片报道”是中国电视新闻的最初形态，它将来自新华社的新闻图片分切组合，再加上解说，形成一种新的报道形式。[①]1958 年 5 月 15 日，北京电视台第一次自制新闻节目《图片新闻——东风牌小轿车》，时长为 4 分钟。

在此之后，我国还尝试进行实况转播。1958 年 6 月 29 日，北京电视台在北京体育馆实况转播了“八一”男女篮球队与北京篮球队的友谊赛。这是中国体育电视史上的第一次实况转播。同年 10 月 1 日，北京电视台使用我国第一辆自主研制生产的黑白电视转播车，进行了国庆庆典的第一次电视实况转播。

除实况转播外，早期的电视新闻节目形态还有图片报道、简明新闻、口播新闻等，这些新闻节目主要运用摄影机和电影胶片拍摄，形式也较为单一，大多采用画面配解说词的形式。

在电视新闻的初创期，我国还尝试播发国际新闻。1958 年 5 月 7 日，北京电视台播出德意志民主共和国寄来的电视新闻片，这是我国首次播出国际新闻节目。1959 年，我国创办《国际新闻》栏目。

（二）步入正轨——发展期

1960 年，中央电视台开办了每晚固定播出的《电视新闻》栏目，当时的

① 叶子. 电视新闻：与事件同步［M］. 北京：北京师范大学出版社，2007：13.

新闻报道重点是正面宣传报道以及一些重大事件的报道。1978 年以降，伴随着改革开放带来的快速发展，我国电视新闻事业也进入新的发展期。在这一阶段中，来自西方的电视新闻理念和实践经验大量传入，电子摄录设备（ENG）也被广泛应用于各大电视台。1978 年 1 月 1 日，《新闻联播》开播，各省级卫视频道和部分地方台进行转播，成为消息类电视新闻资讯节目的样板。1980 年起，中央电视台率先使用电子摄录设备摄录新闻，它可以将记者在事件现场采访、报道的活动直接呈现在观众面前，大大提高了新闻的时效性和效果。1980 年 7 月，中央电视台创办了第一个新闻评论性栏目《观察与思考》，在新闻节目中首次起用主持人。1987 年 7 月 1 日，上海电视台的《新闻透视》正式开播，这是中国第一个新闻杂志类节目，也成为当时上海电视节目的“三驾马车”之一。①

（三）百花齐放——扩张期

20 世纪 90 年代，“新闻立台”理念得到确立。自 1993 年开始，电视新闻节目逐渐成为各大电视台的节目主体。新闻是电视媒体中最为重要的组成部分这一观点得到普遍认可，新闻中心成为电视机构中最重要、最核心的部门。1993 年 3 月 1 日，中央电视台开办《早间新闻》，每天 12 次滚动播出。同年 5 月 1 日，早间新闻节目《东方时空》开播。可以说，《东方时空》的播出改变了中国人早晨不看新闻的习惯。《东方时空》对电视新闻语态的革新、对不同板块节目的归纳，赢得了观众的一致好评，被认为是中国电视新闻改革的开端。随后而生的《焦点访谈》强化了电视新闻舆论监督的社会功能，《新闻调查》通过深度挖掘还原新闻背后的新闻，《实话实说》开创了电视谈话节目的先河，这些节目不仅成为当时电视新闻事业的名片，而且在今天仍有着广泛的影响。

这一时期，分类新闻节目大量涌现。1994 年 4 月 1 日，中央电视台《世界报道》开播，节目聚焦于国际新闻报道；1996 年 7 月 1 日，中央电视台财经频道推出了《经济半小时》《环球经济》等一系列经济新闻栏目；1999 年 7

① 徐舫洲，徐帆．电视节目类型学［M］．杭州：浙江大学出版社，2006：20.

月 1 日,《中国娱乐报道》开播，开创了国内电视娱乐新闻的先河。

（四）同步见证——走向成熟

1997 年被称为中国电视直播年，这一年中，中央电视台对重大事件进行了一系列的直播。日全食、香港回归、三峡水利工程截流、中共“十五大”开幕式等事件借助直播都在历史的长河中留下了宝贵的印记。在此之后，电视新闻直播不断深入、不断革新，电视新闻也由此得到了推动与发展。

进入 21 世纪后，电视新闻趋于成熟。2002 年 1 月 1 日，江苏电视台城市频道《南京零距离》开播，这是一档日播类新闻直播栏目，是全国第一个内容完全自采的电视新闻资讯类直播栏目，一经创立就受到了观众的一致好评，甚至引发了民生新闻的热潮。曾有学者认为，“在 2003 年中国电视新闻改革浪潮中,《南京零距离》扮演了领跑者的角色”。2003 年 5 月 1 日，中央电视台新闻频道正式开播。这是中国第一个国家级的新闻频道，是我国电视新闻发展史上的里程碑事件。

（五）日新月异——媒介融合与技术支撑

随着新媒体的诞生，我国电视新闻事业又换上了崭新的面纱。2014 年 8 月 18 日，中央全面深化改革领导小组第四次会议审议通过了《关于推动传统媒体和新兴媒体融合发展的指导意见》。这意味着媒体融合被提到了国家战略层面，为电视以及电视新闻的转型升级指明了方向，电视新闻以及两微一端成为新型传播矩阵。

借助技术的发展，超宽大屏、VR、AR 等表现技术及手段出现在电视新闻节目中。2019 年 10 月 16 日，中央广播电视总台新闻频道正式告别了方楼 250 演播室，搬入中央广播电视总台总部圆楼 7 号演播室，结束了在 250 演播室直播 10 年的历程。正午 12 时,《新闻 30 分》率先使用该演播室，并同步启用新背景和新包装，新闻频道的形象也变得焕然一新（见图 2–3 至图 2–5）。

图 2–3　超宽背景屏逐渐成为电视新闻节目的标配（图片来源：节目截图）

图 2–4　2019 年 10 月 17 日新包装后的《新闻 30 分》（图片来源：节目截图）

图 2–5　2019 年 10 月 16 日新包装后的《新闻直播间》（图片来源：节目截图）

另外，受众本位观念拉近了电视机构与观众之间的距离，新闻节目互动感日益增强。民众爆料来电、UGC（用户生产内容）提高了观众在新闻节目中的参与度，同时节目中也融入了对话机制，借助现代化的媒介技术，主持人可以与屏幕前的观众实时沟通，还可以在微信、微博平台与观众进行互动。如江苏公共新闻频道的《网罗天下》，将网络上全球各地有价值的信息展现在荧屏上，同时通过微信公众号鼓励受众提供内容，参与互动。

三、外国电视新闻节目发展历程

全球最早的电视新闻要追溯到1939年的美国。1939年4月30日，美国播放了一则电视新闻节目。这则新闻记录了美国总统富兰克林·罗斯福在纽约世界博览会开幕式上的讲话，让公众惊叹不已。这尽管不是正式的电视新闻广播，却被公认为是最早有声音和图像的电视新闻。但在此后相当长的时间中，电视新闻的影响力并未得到有效的提升。

二战期间，美国哥伦比亚广播公司（CBS）的著名主持人爱德华·默罗创办了广播新闻节目《现在请听》，逼真的现场新闻播报使其声名显赫。之后，爱德华将这一思路进行拓展，于1951年创办了电视新闻节目《现在请看》，成为当时影响最大的电视时事节目。

那时的人们没有预料到，在1958年的日本，一则结婚消息推动了日本电视新闻业的发展，成为历史性事件。1958年11月27日，日本皇室发布了皇太子与正田美智子结婚的消息。按照以往的惯例，皇太子妃必须出身于旧皇族、显族，但美智子打破了这一惯例，因而成为当时轰动日本的大事件。民众对美智子非常好奇，电视记者对美智子的采访使民众感受到了她的亲切和温柔，美智子成为当时日本著名的新闻人物。1959年4月10日，皇太子结婚典礼如期举行，全日本的电视台使出了浑身解数来实况转播（见图2-6、图2-7）。以NHK为例，该台出动了11辆转播车、8辆电源车、35台摄影机以及一架直升机。皇太子的婚礼甚至引发了日本的电视机购买热潮。以这场婚礼为契机，日本民间各电视会社结成了新闻报道网络。在此之后，日本全国的电视传播网络以东京的电视台为中心得以形成。[①]

图 2-6　1959 年明仁皇太子与正田美智子举行婚礼
（图片来源：哔哩哔哩节目截图）

图 2-7　1959 年明仁皇太子与正田美智子举行婚礼
（图片来源：哔哩哔哩节目截图）

1968 年 9 月 24 日，美国哥伦比亚广播公司（CBS）推出的深度报道节目《60 分钟》成为电视新闻中调查性报道的鼻祖（见图 2-8）。《60 分钟》直面社会问题，深度挖掘，“伏击式”的采访和报道方式一度使其成为美国收视率最高的节目，甚至赢得了美国广播电视业的最高奖——艾美奖。

① 吴信训 . 新编广播电视新闻学[M]. 3 版 . 上海：复旦大学出版社 . 2018：7-8.

图 2-8 《60 分钟》(图片来源：节目截图)

以美国电视新闻为例。20 世纪 50 年代末期以后，美国电视新闻进入“黄金时代”，重大新闻报道热潮兴起：1960 年肯尼迪与尼克松进行电视辩论，1963 年肯尼迪遇刺身亡，1969 年阿波罗登月飞行以及 70 年代的水门事件，这些重大事件使电视成为美国人获取新闻的第一来源。[①]20 世纪 70 年代，新闻脱口秀出现，电视新闻主持人在服装、外貌上有了新的特点，其服装和妆面紧跟当时的流行趋势，令人耳目一新。从 20 世纪 80 年代开始，技术的进步使电视逐渐朝着高清、超薄的方向发展，新闻节目进入内容多元化、传播双向化的时代。

此外，全天候新闻媒体也从欧美等国兴起。1980 年 6 月 1 日，特德·特纳（Ted Turner）在美国亚特兰大开办了世界上第一家 24 小时全新闻频道。在 1991 年的海湾战争中，CNN 迅速、客观的连续报道使其声名大噪。不仅如此，1997 年戴安娜王妃葬礼、2001 年“9·11 事件”都是电视新闻报道的重大事件。2003 年，伊拉克战争爆发，世界上各主要媒体都使出浑身解数来报道这一事件，一度被称为“媒体的狂欢”。

四、融媒体新闻报道的创新发展

俗语说，每一枚硬币都有两面（Every coin has its two sides）。新媒体的

① 李磊．外国新闻史教程［M］．北京：中国传媒大学出版社，2008：371.

到来在打破旧的媒介格局的同时，也为传统媒体发展带来了机遇。习近平总书记强调，传统媒体和新兴媒体要优势互补、一体发展，要坚持先进技术为支撑、内容建设为根本，推动传统媒体和新兴媒体在内容、渠道、平台、经营、管理等方面的深度整合。于是，传统的媒体行业催生出“融媒体”，并迅速成为流行的新概念。而随着媒介融合成为学界和业界的热词，一场新闻的变革也悄悄来临，融媒体新闻应运而生。

新媒体使得新闻生产主体多元化，信息即时化、碎片化，媒介渠道和内容形态多元化。传统的电视新闻的报道模式多为主持人主持节目或者现场直播，但在融媒体新闻报道中，数据新闻，直播新闻，基于 H5、AI 技术等的报道形式充分利用了新媒体的特点，极大地提高了新闻的表现力和传播效果。

目前，大量电视媒体成立了融媒体新闻中心并推出各自的“两微一端”，还有不少媒体开设了抖音账号，构建了新媒体传播矩阵。将目光聚焦于新闻作品上，融媒体时代的新闻报道可谓百花争艳，各放异彩。

一是动态、实时的新闻报道过程。新媒体特别是社交媒体的诞生，极大地改变了人们的信息获取源。当前很多新闻都是先来自社交媒体爆料，随后电视等传统媒体进行追踪报道，并在新媒体平台同步发布消息。在此之后，传统媒体与新媒体平台互动，不断推动事件发展，披露事件过程。马克思曾提出过“报刊的有机运动”，意为新闻真实是一个动态的过程。这个过程在今天融媒体时代有着更鲜明、更深刻的表现。而机器人新闻的产生让实时新闻报道成为可能。2017 年 8 月 8 日 21 时 19 分，四川阿坝州九寨沟县发生 7.0 级地震，而第一时间发布此条消息的是中国地震台网的“地震信息播报机器人”，题为《四川阿坝州九寨沟县发生 7.0 级地震》，消息共 540 字并配有图片。尽管我国机器人新闻起步较晚，但无论是传统媒体还是新媒体都进行了一定的尝试，例如新华社的“快笔小新”、今日头条的“xiaomingbot”等，将实时报道变成了现实。

二是多元化、可视化的新闻报道形式。2018 年正值我国改革开放 40 周年，各媒体纷纷蓄力，不少主流媒体推出的 H5 新闻作品在朋友圈刷屏或是登上微博热搜，传播力十分强大。例如人民日报新媒体中心制作的《幸福

图 2-9　H5 作品《幸福长街 40 号》截图

长街 40 号》广受好评，甚至被誉为“改革开放版清明上河图”。该 H5 作品的微博阅读量超过 4400 万，微信公众号的阅读量也早早突破“10 万 +”，成为彼时当之无愧的“爆款”。

与此同时，数据新闻作为融媒体新闻报道中的新形式近年来也得到广泛应用。数据新闻通过数据挖掘分析和可视化表现方式来呈现新闻，作品直观有趣，有着可观的知识增量和情感增量。《纽约时报》的数据新闻《雪崩》曾获得 2013 年普利策特稿奖，作品以身临其境的文字叙述和宏大的画面记叙了滑雪者罹难的过程（见图 2-10、图 2-11）；2020 年初，随着新冠肺炎疫情不断蔓延，以澎湃、财新为代表的媒体纷纷推出交互性数据新闻，帮助用户获得更精确的信息。财新数据可视化实验室出品了《新冠肺炎定点医院查询》，澎湃出品了《新冠肺炎患者同行查询工具》。这种形式不仅能够帮助读者直观、简单、迅速地了解防疫信息，而且也赋予用户一定的主动性。但我国的数据新闻发展还存在着数据抓取不客观、分析不深入等问题，例如现在许多媒体都选择“一图读懂”的形式来呈现会议信息，尽管直观易懂，但很有可能存在遗漏重点、无法深入分析等缺点。

图 2–10 《雪崩》截图

图 2–11 《雪崩》截图

第二节　电视新闻节目类型

随着新闻事业的不断发展，电视新闻的报道内容、报道形式、节目类型和作用都在不断地拓展。作为视听节目的重要组成部分，电视新闻逐渐分化出各具特色和优势的节目类型，以求用更丰富的形式开拓大众视野。理论界和业界人士曾对电视新闻的分类进行过深入的研讨，较集中的意见是按照内容将其划分为消息类新闻节目、评论类新闻节目、专题类新闻节目。

从目前的业界实践来看，上述分类方式难以囊括当前的电视新闻节目类型。本节依照体裁优先、实用为主的原则，按照电视新闻节目特质及表现，结合当下发展情况，将其划分为消息类电视新闻节目、评论类电视新闻节目、杂志类电视新闻节目、直播类电视新闻节目、对象类电视新闻节目、深度报道类电视新闻节目等六种类型，并结合案例对其加以说明。其中对象类电视新闻节目有囊括其他类目的可能性，但为突出当下部分电视新闻节目的小众化、分众化特点，对其做单独说明。

一、消息类电视新闻节目

（一）概念界定

消息是新闻报道中最常见的形式，也被称作狭义的新闻。它体裁短小精悍，便于写作，符合新闻对时效性的要求。

将消息与电视新闻嫁接，消息类电视新闻节目便应运而生。它简称电视消息，在电视新闻节目中占有重要地位。消息类电视新闻节目包含国内外的大事要闻，能以快速、简明扼要的方式进行报道，因此成为大众了解新闻的典型窗口。有学者将消息类电视新闻节目定义为“以现代电子技术为手段，以多元素的图像、声音为传播符号，迅速、简要、客观地报道新近发生、发现的事实的电视新闻节目”①。《新闻联播》《朝闻天下》《凤凰午间特快》即为典型的消息类电视新闻节目。其中，《新闻联播》是消息类电视新闻节目的典型代表，它传播面广、信息量大、涵盖多个领域、拥有广泛的受众群体，是我国电视新闻节目中收视率最高、影响最大的节目。

（二）节目特质

1. 短小精悍，时效性强

消息类电视新闻节目中，每条消息时长一般为一两分钟，有的新闻甚至在几十秒之内就能结束。消息类电视新闻节目文字简洁、画面典型、篇幅短小、语句凝练，其目的在于对新闻事实进行概要性报道。这类电视新闻节

① 徐舫洲，徐帆．电视节目类型学［M］．杭州：浙江大学出版社，2006:28.

目“麻雀虽小，五脏俱全”，虽然形式简洁，但新闻要素一清二楚。

另外，时效性是新闻报道最为看重的原则之一，消息写作方便，容易编辑，因而能大大节省写作编辑的时间，最大限度地争取第一时间播发。在重大事件、突发事件中，消息这种时效性强的特点极大地满足了受众的信息需求。也正因此，消息类电视新闻节目成为电视新闻中的“轻骑兵”。

2. 题材广泛，生动可视

消息类电视新闻节目囊括国内外新闻，新闻类目繁多，报道领域广泛，涉及政治新闻、经济新闻等各个领域，与群众的社会生活息息相关。同时，消息类电视新闻节目力求在一档节目中汇集较多的消息，这样能够满足不同年龄、不同阶层、不同阅历的观众的新闻需求。这也意味着这类节目要求记者具有一定的机动性，要深入社会生活的不同领域，探求新闻线索，敏锐地发现消息、捕捉消息。

消息类电视新闻节目的生动性体现在构思精巧和表现独特上。事实是新闻的本源，新闻是对事实能动性的报道。面对一律的事实，记者要学会从不同角度切入，在采访报道过程中寻求独特的主题立意，同时综合运用电子技术和新兴表现手法，让事实“生动地说话”。

二、评论类电视新闻节目

（一）概念界定

顾名思义，评论类电视新闻节目的重头在“评”。它的主要任务不光是报道事实，更重要的是发表对某事的态度与见解。评是论的基础，是一种价值呈现，因此，评论是最能体现一家媒体的独特风格和精神特征的。一档好的新闻评论节目、一位好的新闻评论主持人甚至可以成为一家媒体的金字招牌。同时，好的评论还能帮助观众更好地理解新闻，从而更好地引导观众。

我国电视新闻在起步后的很长一段时间里，面临着缺乏深度、浮于表面的困境。1980 年 7 月开播的《观察与思考》是我国新闻评论节目的开端。

1993 年，中央电视台新闻部评论组扩展为新闻评论部。1994 年 3 月，新闻评论部推出评论性栏目《焦点访谈》。该栏目述评结合，将深入报道与新闻评论集于一身，弥补了这一缺陷，为全国上下所称赞。

经过多年的探索和发展，评论类电视新闻节目逐渐形成了区别于其他节目形式的视听语言风格和节目内涵。

（二）子类型

1. 消息节目中带有评论

正如上文所述，消息类电视新闻节目一般是新闻消息的合集，在这类节目中出现的评论，主要有以下几种情况：一是播发新华社、《人民日报》、《光明日报》的评论，这种情形在《新闻联播》中常常可以见到；二是通过主持人连线评论员进行评论，评论员一般为特约评论员或是在特定领域有一定建树的学者或专家；三是播发自己制作的本台短评，这类短评一般直接代表了该媒体机构对此事的意见和见解，具有一定的权威性；四是由主持人直接就事件进行评论。

2. 述评结合式的电视新闻评论

在此类节目中，事实叙述和意见发表比例相当，夹叙夹议。节目一般先以一定的篇幅向观众介绍整件事的来龙去脉，最后集中评论，将前提所述作为评论的基础。记者在向观众展现自己所见所闻的过程中，夹杂自己的切身感受，表明立场和观点，也可以由专家来发表评论，最后由演播室的主持人进行总结，将节目推向高潮。

3. 新闻谈话形式

新闻谈话形式主要是指主持人就某一热点事件或话题，与嘉宾、新闻人物或评论员进行访谈和讨论。例如中央电视台的《新闻 1+1》《今日关注》、凤凰卫视的《锵锵三人行》等。在这类节目中，评论占据节目的绝对比重，在场嘉宾的观点碰撞往往充满了理性思辨的色彩，能够对事实进行深入的挖掘和解读，也经常能够从单一事件的评论延伸到对社会背景的挖掘，具有一定的深度。

（三）节目特质

1. 述评结合

评论类电视新闻节目由两部分构成：事实信息 + 观点评论，二者相辅相成。节目通过评论来表达媒体、社会公众、党和政府的意见，能够加强舆论引导，并提供不同观点，激发思想碰撞，给观众更大的思考空间。目前，电视评论节目也将自身意见融入选题、编排、编辑技巧中，即通过对事实的精心选择，巧妙地表达传播者的立场和观点。

2. 互动性增强

从内容上看，评论类电视新闻节目互动性的增强表现在多元观点的碰撞上。要承认的是，双向甚至多向互动产生的观点，比起单向评教而言，更易让人信服。评论要提供一个平台，让多元观点在其中激荡、碰撞，最终得出结论。在此过程中，观众的思维也被不断拓展，想法愈加丰富。

从形式上看，评论类电视新闻节目的互动性也在逐渐增强。《焦点访谈》会将一些重大事件的反馈追踪结果展现给观众，即所谓的“事有回音”；另外，随着新媒体特别是社交媒体的兴起，评论类电视新闻节目也可以通过微信公众号、微博与观众完成互动，形成良好循环。

3. 调查是别样的评论

评论节目具有舆论监督功能，因此往往需要记者深入一线进行调查，甚至需要通过卧底、隐性采访的方式获得真相。对于观众而言，没有什么比在电视屏幕上看到这些真实生动的调查过程更有说服力的了。这类调查过程本身就是一种别样的评论。

2001 年，《焦点访谈》播出一期节目——《河道里建起商品房》，节目披露了“外滩花园”小区建立在长江武汉江段最狭窄的河道里，这不仅违反《中华人民共和国防洪法》，而且从挖地盖楼到宣传销售，各方面都相安无事，这片建筑群就如此矗立在相关部门的眼皮下。记者抽丝剥茧，调查了这片豪宅所谓的“合法手续”、它与《中华人民共和国防洪法》的矛盾之处，以及它为什么能获得审批，最后得出结论——这个造价 4 亿多元的豪华小区是违法的，但却一路绿灯，获得了省政府的审批。彼时任《焦点访谈》总制片人的孙玉胜称，“舆论监督到这样的级别，过去的焦点访谈还没有过先例”[①]。这期节目一经播出便引起极大轰动，水利部马上派出工作组奔赴湖北，“外滩花园”不久便被拆除。此后，《焦点访谈》继续对“外滩花园”进行追踪报道，完整地体现了其舆论监督的功能，该期节目也获得了 2001 年中国新闻奖一等奖。此后，《焦点访谈》通过对各类社会事件的挖掘与探寻，体现了其舆论监督的深度和力度。

4. 评论个性色彩增强

如前所言，一档好的评论节目和主持人可以成为一家媒体的金字招牌。以央视《新闻 1+1》为例，白岩松以其深入的评论、独到的见解成为权威的代名词，其观点经常得到百姓的认可和称赞，在广大群众中具有广泛的影响力（见图 2–12）。一档评论节目要想保持节目的核心竞争力，就要明确自己的节目特色，有自己明确的涉猎方向和目标受众，从而形成节目的个性。

图 2–12 《新闻 1+1》中，白岩松对话钟南山院士（图片来源：节目截图）

---

① 孙玉胜 . 十年：从改变电视的语态开始［M］. 北京：中信出版社，2012：93.

三、杂志类电视新闻节目

（一）概念界定

杂志类电视新闻节目最早出现在美国，1968 年 9 月，由美国哥伦比亚广播公司创办的《60 分钟》被视为美国杂志类电视新闻节目的鼻祖，此后这类节目形态被各国电视业借鉴使用，发展开来。1993 年 5 月 1 日清晨，中央电视台创办的杂志类电视新闻节目《东方时空》开播。这个 45 分钟的杂志类节目不仅改变了中国人早间不看电视新闻的习惯，而且开辟了中国电视改革的先河。

总的来说，杂志类电视新闻节目是一种借鉴了杂志的编排手法，采用专栏化分类编排方式，由节目主持人串联播讲的综合性电视新闻节目。节目集纳了包罗万象的动态新闻、专题类节目、言论类节目，甚至纪录片、MTV 都会被整合到其中，打包播出。

（二）节目特质

1. 内容丰富充足

杂志类电视新闻节目最突出的特点就是包罗万象，涉猎范围广。节目通常被分割为不同的板块，再用不同的内容来填充不同的板块，通过板块的变换，有效地呼应不同观众的不同兴趣点，避免观众对单一节目板块产生疲惫感。《东方时空》在创办之初，包含“东方之子”“焦点时刻”“生活空间”“东方时空金曲榜”四个板块，内容丰富，涵盖不同受众群体。之后《东方时空》又进行了几次改版，调整板块内容，使节目变得更加符合观众需求。

2. 形式灵活多变

杂志类电视新闻节目较以往的电视新闻节目在形式上有着更多的灵活

性，它的板块设置多样，体裁调动灵活。这类节目不会受体裁的束缚，有时甚至还能把不同体裁的内容整合成一个话题。同时，杂志类电视新闻节目符合电视的线性传播方式，遵循电视传播规律。对于一档杂志类节目来说，如若不能迅速吸引观众注意力，就很容易造成观众流失，于是节目需要综合调动音乐、音响、特效、转场等多种元素为内容服务。以江苏卫视《新闻眼》为例，节目利用电脑特技，运用叠化、淡入、淡出等多种手法来吸引观众注意。另外，主持人串联词灵活生动，也能赋予观众更多的新鲜感和多变感。

3. 局部联结，强强联合

在杂志类电视新闻节目中，每个板块都按照一定的编排逻辑将纷繁的素材串联起来，每个板块都有其独特的编排目的和宗旨，然而，各个板块并非独立存在，它们都围绕节目的总体方针和目标而运行，从而联结成一个有机整体。因此，各个板块彼此独立，却又息息相关，节目整体产生的传播效果和发挥的社会功能往往大于局部之和。

四、直播类电视新闻节目

（一）概念界定

俗话说："耳听为虚，眼见为实"，以直播为主要特色的电视新闻节目赋予了新闻更多的真实感和现场感。如今，技术不断发展，移动终端越来越普及，使用一部手机即可完成直播，这为新闻节目的直播提供了强有力的设备支撑。

直播类电视新闻节目是指利用微波与卫星信号传输系统，将在新闻现场拍摄所得的画面、音响，综合背景资料，通过现场记者与演播室主持人的交谈评论、切换编辑，同步传达给观众的节目形式。这类节目可以将新闻现场全方位、立体化、多角度地呈现给观众，最大限度地还原事件。也正因此，直播类电视新闻节目有着不可替代的地位，也是目前最能体现新闻节目特性的一种报道形态。

(二)子类型

1. 演播室直播

演播室直播指的是在主持人进行新闻播报的过程中将节目信号同步发送出去，即观众的收看、主持人的播报、新闻的合成同步完成。目前，大多数直播类电视新闻节目都采取这一方式，例如中央电视台新闻频道的《新闻直播间》就采用此类方式播出。

演播室直播较以往录播的形式有着明显的优势，它保证了新闻的时效性。新闻事件不可预估，如果采用录播的形式，突发的新闻事件将无法插入节目，而演播室直播能够保证新闻即时播发，使节目编排更加灵活。当然，这对主持人的业务能力提出了更高的要求。

2. 新闻事件现场直播

本章开头提到，总的来讲，电视新闻节目由于所在媒体的属性，不可避免地具有一定的倾向性，但重大事件的现场直播凸显了电视新闻的本质特征，能够带领观众第一时间到达事件现场，是最具生命力和震撼力的新闻节目类型。

这类节目内容可细分为：第一，可预见的重大事件直播，例如国庆 70 周年阅兵游行活动直播、京张高铁通车直播、“两会” 直播报道等；第二，突发事件直播，这类直播更加考验新闻机构、记者、主持人的机动能力和应变能力，例如地震、“9・11” 恐怖袭击、晋城隧道塌方、普吉岛沉船事故等的直播（见图 2-13）；第三，日常新闻事件的直播，例如春运形势直播、操场埋尸案开庭直播等。

图 2–13 浙江日报社关于“7·5”普吉沉船事件的移动直播，
该作品后获得第 29 届中国新闻奖一等奖（图片来源：节目截图）

（三）节目特质

1. 时效性强

直播类电视新闻节目能最大限度地保证新闻的时效性，在受众对时效性要求更高的今天，直播类节目能够保证新闻在第一时间播发，这种新鲜感和悬念感将始终吸引着观众的注意。

2. 自主感受力强

人有好奇心和求知欲，比起单向传播的播报式新闻，直播可以赋权观众来感受现场。观众不再需要他人的转述，转而自主感受新闻现场。感受现场的过程，自然也成为观众自身体验的一部分。在这一刻，电视媒介延伸了人的心理需求。

3. 零信息损耗，零时差理解

直播类电视新闻节目特别是现场直播，能够将观众“送达”事件发生现场，让观众“所见即所得”。记者能看到的即观众能看到的，记者采访探求的过程就是观众获知信息的过程。在此过程中，无需通过记者对信息的选择、编辑，观众即可获得在场记者所获知的信息，实现零损耗传播，甚至在此过程中，观众还可能发现记者没有发现的信息点。

同时，在直播类电视新闻节目中，采访播报过程和观众获知过程是同步发生的，因此，观众可以在获知信息的那一刻产生自己的理解与判断，实现零时差理解。

但仍需注意的是，虽然直播类电视新闻节目是最追求真实性的新闻节目类型，但现场直播并不完全等同于新闻现场。在直播过程中，摄像机的放置、机位的选择、角度的选择、编辑人员对信息的编排其实都是一种重构，因此，观众所看到的现场实际上是经过选择、强化和突出的现场。

五、对象类电视新闻节目

（一）概念界定

对象类电视新闻节目是分众化传播的产物，为适应当下这一传播趋势，本小节将对对象类电视新闻节目做一说明。所谓对象类电视新闻节目，是指面向特定对象播出，并侧重表现特定领域或兼而有之的专门性节目。这类节目一般根据年龄、性别、经济收入、文化政治态度等人口学或社会学特征进行设置，往往有着特定的收视群。[①] 这类电视节目不像电视出现之初那样追求观众的普遍兴趣抑或自说自话，而是更加偏重小众群体，用特定内容增强观众黏性，即“我最了解你的兴趣”。

随着社会转型和社会群体的分化，受众被细分为各种群体，受众对信息的需求更加多样化和个性化。而电视新闻节目不断发展，其内涵和外延也在不断扩展，涉及的领域越来越广泛，在传统时事新闻的基础上，财经、军事、体育、娱乐、生活服务等领域的新闻节目层出不穷。《央视财经评论》《军事报道》《天下足球》《中国娱乐报道》等新闻节目有各自不同的侧重点，力求精准击中目标群体。

① 张健．当代电视节目类型教程［M］．上海：复旦大学出版社，2017：55.

（二）子类型

1. 文体娱乐类

1997年，北京光线传媒股份有限公司推出中国第一档娱乐资讯节目《中国娱乐报道》，报道每天发生在全国各地的娱乐新闻。此后，《每日文娱播报》《音乐风云榜》《综艺快报》《娱乐乐翻天》《娱乐大风暴》等一系列娱乐节目诞生。

与此同时，娱乐新闻也面临着侵犯隐私权、炒作、作假等一系列问题，出于娱乐消遣的需要，相较于严肃新闻的真实性要求，人们对娱乐新闻的容错度往往更大。

1978年，中央电视台恢复了体育节目《体育之窗》，随后又开办了《世界体育》《体坛纵横》等节目；1989年元旦，中央电视台《体育新闻》开播；1995年元旦，中央电视台第五套体育频道开播，至此，体育节目有了蓬勃发展的平台。目前，《体坛快讯》《体育新闻》还在持续播出中。

2. 生活服务类

电视新闻节目在发展中逐渐“接地气”，靠近百姓生活，提供生活服务，体察民情，倾听百姓呼声，孕育了生活服务类节目的雏形。目前，部分电视台开设了生活频道，集中播出生活服务类资讯节目，吸引了大量观众。北京电视台生活频道播出的《快乐生活一点通》《生活气象》获得了良好的收视效果。杭州电视台生活频道也推出了《生活大参考》《生活气象站》等节目。除生活服务资讯外，以消费者为核心受众的消费监督节目也逐渐在生活类节目中占据一席之地。2006年，南京电视台生活频道开办《南京质量报告》节目；中央电视台的《每周质量报告》也因为其对食品等产品质量的监督而备受好评。2020年年初，新冠肺炎疫情期间，《每周质量报告》持续推出《口罩违法典型案例调查》《三无口罩调查》《防疫用品质量调查》《红外测温仪调查》等节目，针对时下最新热点进行深度调查，起到了良好的社会服务作用。

3. 财经金融类

随着我国社会经济的快速发展以及居民生活水平的不断提高，财经金融类新闻节目逐渐分化出来。例如北京电视台的《首都经济报道》以及中央电视台的《经济新闻联播》《天下财经》等栏目，聚焦当下金融资讯和市场趋势，发布重要的经济政策并进行权威解读。《经济新闻联播》更力图打造电视版“中国经济日志”。以中央电视台财经频道为例，从清晨的《第一时间》、中午的《天下财经》以及傍晚的《经济新闻联播》可以看出，为观众传递重要的财经金融资讯已经成为财经频道服务受众的重要任务。此外，《中国证券》《交易时间》等节目面向证券股票交易，为股民提供一手资讯，也有着固定的收视群体。

4. 行业类

例如，农业节目、工人节目等契合目标群体的职业特点，反映职业生活。2019 年 8 月 1 日，中央电视台农业农村频道试播，9 月 23 日正式开播，推出了《乡里乡亲》《乡村振兴资讯》《我的美丽乡村》《攻坚日记》等新栏目，停播了《聚焦三农》《科技链》等栏目，逐渐紧贴自身定位，成为加快推进农业农村现代化发展的交流平台。

同时，以学生、家长和教育工作者为收视群体的教育 1 台推出《教育新闻直播间》《全国教育新闻联播》等栏目，除了集纳各地教育新闻资讯，还深入关注和观察教育热点难点问题，对具有新闻价值的“大教育类”重点新闻进行梳理。

诚然，对象类电视新闻节目远不止以上几个类目，但可以看出，这类节目是电视新闻走向分众化传播的必经途径和必然趋势。未来，电视新闻节目也会不断推陈出新，从“广播”逐渐走向“窄播”。

(三)节目特质

1. 专一性

“受众本位”的观念越发受到电视业界的认可，以往一家独大的观念天平开始倾斜，受众自身的特点和兴趣受到重视。在节目制作之初，节目制作者首先要问自己的一个问题就是：节目是给谁看的？也就是说，一档栏目必须要明确自己的目标受众，进而锁定受众。例如，《天下足球》对于足球迷来讲可谓资讯大餐，而《新娱乐在线》则满足了当下“粉丝”的需求。

2. 针对性

对象类电视新闻节目具有更强的针对性，表现为节目内容和形式针对受众群体有很强的服务意识。由于选择且持续锁定特定收视群体，为避免观众流失，节目在制作过程中就不光要考虑观众对什么感兴趣，还要明确观众想在节目中看到什么，怎样将更好的内容带给观众。因此，相较其他类型的电视新闻节目，这类节目的针对性更强。

3. 亲和力

对象类电视新闻节目的制作播出，其实是电视机构与这类受众群体沟通对话的过程。近年来，这类电视节目在注重服务意识的同时，还强化了平民化视角和具有亲和力的表达，使观众产生熟悉感、亲切感和信赖感，从而认同节目存在的意义。《南京零距离》自 2002 年开播以来，受到广泛赞誉，很大一部分原因是由于民生新闻更加贴近百姓生活，其平民化的视角和具有亲和力的表达也一改以往传统新闻高高在上的姿态（见图 2–14）。

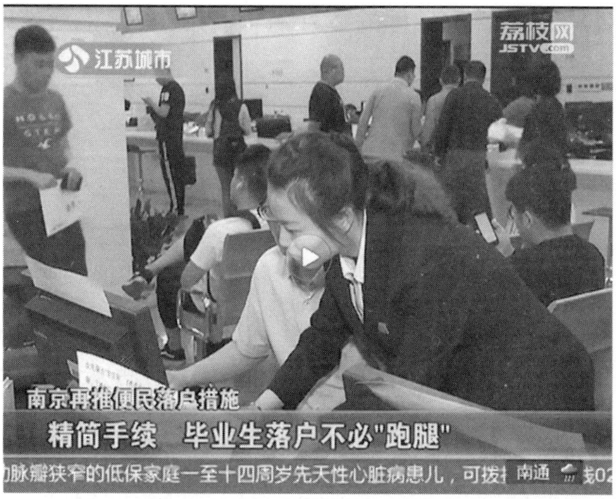

图 2-14　江苏电视台城市频道《南京零距离》，现已更名为《零距离》
（图片来源：节目截图）

六、深度报道类电视新闻节目

（一）概念界定

深度报道起源于 20 世纪 40 年代的西方报业，是报刊为对抗电子新闻媒介竞争而发展起来的新闻报道形态。[①]1968 年 9 月，美国哥伦比亚广播公司创办新闻节目《60 分钟》，该节目着眼于社会问题，犀利独特的采访与深度的挖掘调查吸引了无数观众。1996 年，中央电视台推出《新闻调查》，自此，深度报道类电视新闻节目在我国茁壮成长起来。

目前，有学者在对电视节目进行分类时也会将杂志类、访谈类节目划入深度报道类节目中，因此，我们首先要明确“深度”的含义。《新闻学大词典》对深度报道的解释是：“运用解释、分析、预测的方法，从历史渊源、因果关系、矛盾演变、影响作用、发展趋势等方面报道新闻的形式。”[②] 因此，在电视新闻概念的基础上，深度报道更多着眼于对新闻事实作出分析、预

① 张健 . 当代电视节目类型教程［M］. 上海：复旦大学出版社，2017：48.
② 甘惜分 . 新闻学大词典［M］. 郑州：河南人民出版社，1993：153.

测、调查和解释。满足以上条件的节目，即可纳入深度报道类电视新闻节目的范畴中。

（二）节目特质

1. 具有理性思辨色彩，信息量大

深度报道类电视新闻节目在广度和深度上都达到了一定的层次，从新闻的“5W+1H”来看，深度报道类电视新闻节目在调查过程中更注重 Why（为什么）和 How（如何）。这要求节目透过现象看本质，将新闻事件放置在宏观的社会背景中去调查，让观众不仅明白事件是因何发生的，更能从中领悟一些道理。因此，这类节目充满了理性思辨色彩，能够带给观众更多的启示和思考。

深度报道类电视新闻节目往往能完整地讲述事件的来龙去脉，与此同时，报道不囿于单独事件，还会联系社会背景等多重因素，这种全景式的立体报道方式能使节目信息更丰富。

2. 关注重点问题，有效引起重视

深度报道的关注点多集中于社会热点、难点、痛点问题，这些问题往往根深蒂固。而深度报道因为所反映问题的重要性和突出性，也更易引起观众的注意和重视，即电视媒介对这类事件的强调，能够引起公众对此类事件的重视。事件通过深度报道能够得到有效的解决，节目的新闻价值和传播效果也会得到强化。

3. 收视群体稳定，互动性更强

深度报道类电视新闻节目与社会生活紧密相关，有着明确的节目定位，一般拥有较为稳定的受众群体，这类群体长期收看此类节目，对于节目的后续跟进更为关注，提出的意见或建议也更为积极、可行。因此，深度调查类电视新闻节目与受众之间的互动性更强，甚至有时节目取材要依靠观众提供线索。

4. 突出过程展示，报道手法多样

深度报道类电视新闻节目最具吸引力的看点就在于调查过程，通过调查过程的展示，观众可以直观了解事件发生的缘由，进而对事件有全面深刻的认识。《新闻调查》有一期经典节目《死亡名单》，节目围绕着山西省临汾市尧都区阳泉沟煤矿特重大矿难事故展开，用曲折但详细的过程揭露了相关责任人瞒报死亡人数的恶行。

同时，为了突出调查过程的可看性和丰富性，节目一般会在拍摄过程中运用不同景别、不同视角，再加上主持人的旁白和解说，生动地展现调查过程。隐性采访也是深度报道类电视新闻节目中常常使用的形式。以隐性采访形式进行的调查更具悬念感，能引起观众的好奇心，吸引观众观看节目。

第三节　什么是好新闻

在从理论层面对电视新闻做分类后，我们将目光投向实践领域。那么，什么是好新闻、好新闻由哪些要素构成、如何做好新闻，这些问题值得新闻从业者们思考，也是无数新闻工作者一路奔跑、不断追求的灯塔。

2019 年 11 月 1 日，中华全国新闻工作者协会主办的第 29 届中国新闻奖评选结果揭晓，来自全国各级各类媒体的 346 件作品获得中国新闻奖。其中，特别奖 5 件，一等奖 60 件（含 10 件新闻名专栏），二等奖 108 件，三等奖 173 件。本节将结合第 29 届中国新闻奖获奖作品，对“好新闻”的本土语境、要素构成进行分析。

一、好新闻的本土语境

自新闻事业在我国诞生起，新闻工作者们无不在问一个问题：什么是好新闻？后来，伴随着电视新闻的产生，人们便开始寻求评价电视新闻作品的标准。由于电视媒介的独特性以及时代背景的不同，其评价标准也一直变动不居。

李亚军和弥建立曾梳理过我国电视新闻自诞生至今的评价标准，并将其分为“新闻传播实践中的评价标准”和“评奖活动中的评价标准”。在尚未出现评奖活动的时期，随着社会的发展，在实践过程中产生了不同的评价标准。但纵观整个评选历程，政治导向以及意识形态的正确性是贯穿始终的。

1958 年，我国首播电视新闻之初，正值国内社会政治事件频发期，因此不可避免地，报道这些社会政治事件成为当时电视新闻传播的主要内容。于是，彼时评价一则电视新闻优劣的标准，即政治立场正确与否，以及能否良好地配合政治活动的相关需要。

到了 20 世纪 80 年代初，管理部门和学界、业界专家开始对电视新闻作品进行质量特别是舆论导向的把关。1986 年，我国开始运用“收视率”来衡量电视节目的收视情况，进而评价电视作品的质量高低。可以说，这一方式较以往专家、领导的评价方式更为客观和规范，但是收视率也仅仅是从“量”的角度来表明收看节目人数的多少，而具体传播效果如何，观众是否对节目有较高的评价等关键信息却不得而知。

20 世纪 90 年代，一些具象化的评价指标被列入，观众可以选择“满意”“不满意”来对电视新闻节目进行评价。

21 世纪，评价指标再度具象化，到达率、覆盖率等都被列入评价范围。与此同时，观众更加看重一家电视媒体的权威性、公信力以及社会影响力。评价标准中还包含了受众对电视媒体的忠诚度、受众接触面、心理依赖程度等指标，用质和量相结合的方式丰富了以往的评价标准。

除此之外，各级媒体还出台了各自的评价标准和评价体系。2018 年 4 月，江苏省记协等开展了“2017 年度江苏优秀新闻作品”评奖活动，奖项包含报纸作品、新闻论文、新闻专栏、新闻漫画、国际传播等，评选宗旨中提到，要“展示新闻战线‘三项学习教育’和‘走转改’活动成果，发挥优秀新闻作品的示范作用，推进新闻事业更好地为人民服务，为建设中国特色社会主义事业服务，为江苏工作大局服务，努力提高新闻舆论传播力、引导力、影响力、公信力”[①]，从意识形态层面和实操层面做出了具体规范。

在我国新闻业发展过程中，我国著名新闻工作者以及记协组织设立了一系列奖项，例如范长江新闻奖、韬奋新闻奖、中国新闻奖等，而中国新闻奖这类有着巨大影响力的国家级新闻奖，是全国电视新闻行业的标杆，对日常的新闻传播实践有着更为显著的指导性意义。

以中国新闻奖为例，中国新闻奖设立于1990年，报纸、广播、电视等新闻作品都可以参加评选。从目前的获奖作品来看，首先，中国新闻奖的评选遵循基本的新闻传播规律，例如参选的新闻作品必须基于对客观事实的报道且要客观，保证了新闻的真实性与客观性；其次，在此基础上，要坚持正确的政治导向，响应和倡导国家政策，弘扬主流社会文化和价值观；最后，在选题、内容编排、结构逻辑、镜头规范、画面质量等层面要有一定的艺术美，例如在2019年中国新闻奖评选标准中，就有这样的说明：“广播作品现场音响和电视作品画面质量存在明显缺陷，不得获一等奖”，“广播、电视的系列（连续、组合）报道类作品要求主题鲜明、结构完整、报道全面、有深度”，“广播电视新闻专题要求主题鲜明，材料典型，事实准确，结构合理，语言（声音、画面）生动，有细节，有深度，音响、画面运用得当，有感染力”。[②]

但中国新闻奖的评选标准仍有其不足之处。首先，如上文所述，中国新闻奖自设立之初，即面向多种媒介敞开大门，但在具体的评选细则中，并未强调电视新闻评选标准的独特之处，即没有强调电视这种视听媒介的特点，甚至在奖项设立之初还是沿袭以往对报纸作品、广播作品的评选方式，缺乏自身的专属特色；其次，评选标准还存在笼统、不够具体的特点，像错别字、标点符号错误等此类的错误只是停留在普通规范层面上，还未上升到新闻业务层面；最后，尽管存在艺术审美要求，但较为模糊，可执行性较差。

① 江苏记协．关于开展2017年度江苏省报纸优秀作品评选工作的通知［EB/OL］.（2018-02-12）［2020-02-18］. http://item.jschina.com.cn/jixie/note/201802/t20180212_5116902.shtml.

② 中国记协．中国新闻奖评选办法（2019年度）［EB/OL］.（2019-02-12）［2020-02-18］. http://xinhuanet.com/zgjx/2019-02/12/c-137794865-3.htm.

电视媒介综合运用画面、声音、字幕、特效等多种元素进行传播，以独特的视听魅力传递丰富信息，但在评选过程中，“画面质量佳”“画面生动”这样笼统的描述显然还不够全面①。

目前来看，中国新闻奖评选出了一批贴近百姓生活、紧扣时代脉搏的作品，这些作品在选材和内容上浓缩社会发展脉络，积极主动地宣传党和国家政策，传播主流价值观，弘扬正能量，具有良好的意识形态导向性。例如，第29届中国新闻奖评选细则中强调：“在坚持评选标准的前提下，要关注体现‘走转改’精神、增强‘四力’要求的作品；在同等条件下，优先考虑短、实、新的作品；适当增加舆论监督类报道的获奖比例和篇数。”②可以看出，“走基层、转作风、改文风”以及增强“眼力、笔力、脑力、脚力”为新闻作品的报道指明了目标方向和实践路径，是新时代新闻作品的必然要求。在报道过程中，这些新闻作品将国家政策、大事小情传递给百姓，又将百姓的呼声反馈给政府，并深入生活，真实地展现国家政策为百姓生活带来的巨大变化。第29届中国新闻奖二等奖获奖作品《阿卜杜许库尔·果加木尼亚孜：我家脱贫了》以及三等奖作品《新闻特稿：十八洞村这五年》都聚焦于精准扶贫，深入基层，用实例讲述了精准扶贫带给民众的深刻变化。与此同时，2020年是脱贫攻坚收官之年，这类新闻的播发不仅紧扣时代脉搏，而且也增强了政府和民众坚决打赢脱贫攻坚战的决心。

为顺应时代发展趋势，加快推进媒体融合向纵深方向建设，融媒体报道作品也越来越受到重视。在第29届中国新闻奖评选细则中，有一条细则针对融媒体报道作品做了如下说明：“高度重视传播手段建设和创新，鼓励媒体融合报道作品”，并评选出来自长江云客户端、人民日报客户端等媒体的融合创新作品。首先，形式和内容呈现出日趋多样化的特点。以人民日报客户端的融合创新作品《时光博物馆》为例，作品将线上主题报道与线下创意体验相结合，通过五大场馆、九大互动创意体验的形式，将改革开放给人

① 李亚军，弥建立．媒体融合时代电视新闻评价标准的进路和方向［J］．编辑之友．2017(3)：47-48.

② 中国记协．第二十九届中国新闻奖评选细则［EB/OL］.（2019-09-20）［2020-03-17］. http://www.zgjx.cn/2019-09/20/c_138401419.htm.

民生活带来的最深切的变化进行具象化呈现，并通过短视频、H5 等形式进行全媒体报道，为融合作品的创新提供了标杆。其次，从地域来看，此次获奖作品中，中央媒体与地方媒体占比更为均衡，地方媒体在融合创新报道中异军突起，以津云客户端《臊子书记》为代表的地方媒体作品大放异彩。最后，人工智能自赋能新闻业以来也受到了重视。在第 29 届中国新闻奖评选中，新华社“媒体大脑”制作的《“媒体大脑”想陪你聊聊“两高”这五年》获得融合创新类二等奖。新华社此次将人工智能运用在全国“两会”重大报道中，践行了“运用人工智能全面提高舆论引导能力”的要求，是对智能媒体发展的路径创新，也是对媒体融合的有益探索。

二、好新闻的要素构成

本章由于围绕电视新闻展开，因此将着重分析第 29 届中国新闻奖电视类获奖作品。在对获奖作品的体裁、主题以及数量做简单梳理后，笔者将从专业共识和意识形态层面对获奖作品进行归纳总结。

从作品体裁上看，在此次获奖作品中，电视消息、电视专题、电视评论、电视访谈、电视直播、电视编排、电视系列报道等体裁的作品占据较大比例。除此之外，在国际传播类别中，也包含电视消息、电视专题等体裁的获奖作品。

从作品主题上看，获奖作品主题涵盖广泛，包含了领导人会见、两岸关系、改革开放 40 周年等国家大事，问政、政策试点等政治事件以及乡村脱贫、医疗、民宿等贴近百姓生活的民生事件等。

从获奖数量上看，在获奖的电视类新闻作品中（包含国际传播类电视新闻作品），特别奖 1 件，一等奖 11 件，二等奖 18 件，三等奖 32 件，总获奖数 48 件，占据全部获奖作品数量的 17.92%。

表 2-1　获得第 29 届中国新闻奖一等奖的电视作品

项目	题目	作者（主创人员）	编辑	刊播单位/发布平台	报送单位
电视消息	问政现场：书记递上小纸条	郭小容、田园、胡芳、刘庆志	彭兰香、尹华正	湖北广播电视台	自荐
电视消息	《南京市国家公祭保障条例》是怎样炼成的	罗聪懿、张正、杨时盛、李栋	季建南、李轩、冯旭	江苏广播电视总台	江苏记协
电视评论	何日“凤还巢”？	李化成、耿军、王希	范维坚、张鑫	山东广播电视台	山东记协
电视专题	必由之路	集体	集体	中央广播电视总台(央视)	中广联合会
电视专题	新闻特稿：十八洞村这五年	赵坤现、张永富、罗迎春、刘安戈、高睿、潘璐	高睿	湖南广播电视台	广西大学新闻传播学院
电视系列报道	上海老式里弄试点“抽户”改造	戴晶磊、邱旭黎、周滢	虞之青、顾怡玫、张莉	上海广播电视台	上海记协
电视访谈	八米阳光	徐滔、邵晶、李潇、刘媇、高笑冉、赖一锐	高笑冉、赖一锐	北京广播电视台	中广联合会
电视直播	庆祝改革开放 40 周年直播	集体	集体	中央广播电视总台(央视)	中广联合会
电视编排	8 月 5 日《两岸新新闻》	梁杰、蔡志强、邵琦	梁杰、蔡志强、邵琦	厦门广播电视集团	中广联合会

(一)专业共识

1. 真实性

真实是新闻的生命，是新闻的本质属性。无论处于什么时期什么地域，新闻都应是对真实事件的报道，新闻作品中的任一要素都应经得起推敲。从理论层面上讲，真实性很简单。但从实际操作层面来说，确保真实性是一项复杂的工作。因为对于记者而言，首先要在大千世界中完成对某一变化事件的选择，然后按照新闻逻辑、意识形态等衡量标准对该事件进行考量，进而选择能够报道的部分制作成新闻。因为受到内容以及篇幅的限制，并非每一个新闻事件的全部内容都能得到呈现，这个过程仍需要记者、编辑的“把关”。除此之外，新闻事实往往处在一个灵活变动的过程中，记者、编辑也只能保证发稿那一刻的新闻真实。但对于媒体而言，坚持新闻真实是其首要职责，也是新闻工作者基本的职业道德要求，要根据事实来报道新闻，而非“根据希望来描写事实”。对于第 29 届中国新闻奖获奖作品而言，无论报道的是国际大事还是百姓小事，都基于最真实的情况进行报道，用真实打动人。西藏广播电视台的电视专题节目《总书记，您好！我是来自玉麦的卓嘎》真实记录了卓嘎代表的心路历程，表达了卓嘎最真挚的爱国情感，各中央、地方媒体纷纷转载，获得了良好的传播效果和社会效果。

2. 客观性

本章开篇提到，媒体具有一定的属性，因而其新闻报道不可避免地具有一定的倾向性，但这并不意味着记者想报道什么就报道什么，因为新闻的倾向性会受到客观性的制约。客观性的具体内涵主要体现在两个方面：一是作为新闻报道的客观理念，即传播主体在报道时要超越自己的兴趣和爱好，特别是自己的利益，反映新闻事实的本来面目；二是作为新闻报道操作规范的客观方法，其核心原则是把事实和意见相分离。[①] 天津海河传媒中心的获奖作品《张榜之后》讲述的是天津滨海新区近年来最大的一次体制机制改革。此次改革选贤选才，一改以往干部们“躺在功劳簿上”的陋习。为此，记者布置暗拍等多点机位，第一时间对前来看榜的干部职工进行海采。通过对“拿着梨的科研室主任”这类“下岗”干部的细节拍摄，客观真实地展现了部分干部做事活力不强的现象，使这次改革更加深入人心，有力地推动了改革进程。

① 李良荣. 新闻学概论[M]. 上海：复旦大学出版社，2018:45.

3. 时代性

新闻作品要紧跟时代脚步，要凝聚共识、筑牢底线，不仅要反映当下国家政策，而且要深入百姓生活中，反映政策带给人们的机遇和变化。第29届中国新闻奖的获奖作品紧扣时代脉络，结合时代背景，有力地践行了新闻媒体的社会职责和责任担当。其中，北京卫视访谈栏目《向前一步》的一期节目《八米阳光》就极具代表性。节目讲述了在北京石景山区双锦园社区，一条原本八米宽的人行道被几户业主私搭乱建的房屋挤占，严重影响公共设施，妨碍市民出行。在相关部门多次沟通无果的情况下，栏目组将违建房业主代表、其他居民代表，以及相关基层政府工作人员请到节目现场，共商解决问题的方式。节目现场，经过由律师、城市规划师、媒体评论员、心理咨询师和人民调解员组成的“城市沟通团”的沟通疏导，以及基层工作人员对相关政策的详细解释，违建房业主代表最终做出了“向前一步”的决定，不仅带头拆除了自家违建房，还受邀成为街道“义务劝导员”，积极劝导其他居民拆除违建房，推动疏解整治工作顺利进行。节目把握时代脉搏，搭建了市民和公共领域对话的桥梁，积极贯彻落实习近平总书记视察北京系列重要讲话精神，紧紧围绕首都“疏解整治促提升”专项行动，深入政府工作的第一线，下沉到社会治理的“最后一米”，最终推动了问题的解决，与时代同行。

4. 普遍性

新闻活动是一种普遍的社会现象，一方面，大众可以通过报纸、广播、电视、互联网、移动终端等多种渠道获取信息；另一方面，身兼不同角色、有着不同目的的人们也有获取信息的需要。当今世界上的任何国家、任何阶层、任何行业的人，每天都需要获取一定的新闻，才能在社会中求得生存，求得发展。[①] 此次获奖作品涵盖体裁广泛，几乎覆盖了人们获取新闻信息的所有渠道；内容上包罗万象，很好地满足了人们的新闻需求。

① 李良荣．新闻学概论［M］．上海：复旦大学出版社，2018：14.

（二）意识形态

1. 导向性

导向是新闻报道的灵魂。只有导向正确、内容真实、形式生动的新闻作品才会受到观众的欢迎。这就要求我国的新闻工作者选取正面的、积极的、具有鲜明指导意义的人物和事例进行报道，从而鼓舞群众、激励群众积极向上。电视评论《反恐维稳的新疆实践》获得了第 29 届中国新闻奖的三等奖，节目展示了新疆职业技能教育培训中心的真实情况，记录了近百名学员思想、行为上的发展变化，结合学员的生动案例、国际反恐专家的剖析，深刻说明了宗教极端主义思想和恐怖主义的危害，以及职业技能教育培训能最大限度地保障公民的基本人权的事实。节目结合真实案例，引领导向、服务大局，起到了良好的引导作用。

2. 主流性

媒体在从事新闻报道的过程中，要努力体现和传播社会主流意识形态和主流价值观，引领社会主流和发展方向。因此，媒体要充分利用新闻事件，深入挖掘事件背后的社会意义，进行主流化报道。电视消息《〈南京市国家公祭保障条例〉是怎样炼成的》展现了该条例的出台始末，并对“精日”等一系列红线行为划出了明确的法律界线。该报道在国家公祭日前一天播出，大力弘扬了社会主义核心价值观，生动反映了法治社会的建设进程，体现了主流媒体的责任担当，产生了良好的社会舆论效应。

3. 重大性

重大事件报道往往是新闻工作的重头戏，但从以往的业界实践来看，这类主题容易变得空洞乏味，充满说教意味，无法让观众感同身受，事件的内涵也无法充分表达，因而也就无法获得良好的传播效果。2018 年是改革开放 40 周年，获奖作品《40 年 · 那些日子》采用特殊的视角，选取具有纪念意义的典型日子，将历史视频与当下影像结合起来。作品在充分运用电视手段的同时，结合当下流行的短视频手法，展现了我国人民40年来对马克思主义的信仰、对社会主义的信念，以及对中华人民共和国实现伟大复兴的信心。作品通过这种生动、符合时代潮流的方式向观众展现了40年来中国的巨变，将这类重大议题变得贴近实际、贴近生活，具有很强的社会激励作用，为我国日后重大事件的报道提供了典型。

4. 先进性

中国新闻奖作为国家级的新闻奖项，其获奖作品在内容、选材上要具备先进性，要通过对先进人物、先进事例的报道带动人民奋发向上，积极进取。电视系列报道《幸福是奋斗出来的》十分注重典型人物的选择，报道团队在创作初期就确定了典型人物的选择标准：一是常年在艰苦环境中忘我工作、全心付出的奋斗者；二是承担着国家重要使命的奋斗者；三是鲜为人知、默默奉献的奋斗者，最终筛选出王学广、盛家父子、廖国瑞等7位代表性人物进行报道。[①] 节目通过对各领域先进人物奋斗事迹的报道，多维度展现了奋斗中的中国人的面貌。其中“长五”问天、大船出海等镜头给观众留下了深刻的印象，这些先进人物用自己的事迹展现了“幸福的奋斗过程”，对广大群众起到了积极正面的激励作用，进而鼓舞人民群众为了幸福生活不懈奋斗。

第四节　电视新闻与传媒公共性

公共性是哲学和政治领域的一个复杂的概念，其理论最早可以追溯到古希腊的亚里士多德对雅典城邦政治的有关论述。[②] 传媒公共性即“公共性”在新闻传播领域中的表现，是传统意义上新闻行业规制和伦理准则的核心原则之一。对于大众传媒而言，新闻是一种公共信息产品，它关乎现实社

① 中国记协．幸福是奋斗出来的［EB/OL］.（2019-06-23）［2020-03-17］. http://www.zgjx.cn/2019-06/23/c_138160789.htm.

② 许鑫．传媒公共性：概念的解析与应用［J］. 国际新闻界，2011（5）：64.

会，关乎普罗大众的日常生活，因此必须要面对更为严苛的公共性考问。新闻节目也是最能体现电视媒体实力的节目，是媒体观照公共利益最直接的方式。电视新闻作为视听内容产品的重要主体，在履行传媒公共性层面有不容忽视的使命和职责。

一、传媒公共性的历史溯源及概念

提到公共性，不可避免地要提到公共领域这一概念。17、18 世纪以后，随着资本主义的发展，在英、法等国家，社会领域逐渐与国家产生分离，市民社会开始形成。在那时，资产阶级可以自由地出入咖啡馆、影院等地，就一些关系到共同利益的问题进行沟通对话，形成公众意见，进而影响国家决策。作为第一位系统论述公共领域的学者，哈贝马斯认为，这种场所就是公共领域，而公共性本身就表现为一个独立的领域，人们在这个领域中，能够机会平等地表达自己的意见。[①] 公共性概念并非与生俱来，也并非传媒的独有概念。只有公众就利益问题进行合理、平等的协商，形成公共舆论，才有可能实现传媒公共性。

媒介最早出现的形态是官报。早期的资产阶级官报完全由政府控制。随着小报的产生，人们冲破樊篱的愿望开始付诸现实，但好景不长，小报屡遭封禁。伴随着资产阶级革命的到来，一些社会精英、政党组织开始将报纸作为自己的宣传工具，从而达到自己的目的。自约翰・弥尔顿提出“出版自由”这一概念后，传媒的公共性得到了更加明显的体现。

从传媒公共性的历史渊源可以看出，尽管哈贝马斯等学者相继提出公共领域和公共性的概念，但他们同时也认为公共性在传媒领域的实践一度举步维艰。对此汤普森却持相反观点，他提出了“媒介化的公共性”概念，认为“现代传媒不是摧毁而是重构了公共领域”，传媒的发展创造了新的公共性类型。汤普森之所以对传媒公共性持乐观态度，更多的是由于技术发展的优势为传媒业提供了“可见度”这种公共性。也就是说，“大众传媒的存

① 王松筠.我国电视媒体公共性缺失及其治理：以内蒙古电视台为例[D].呼和浩特：内蒙古大学，2011：14.

在提高了传媒所报道的事件的可见度，使得公众得以知晓这个事件”[①]，但却“忽视了公共性的批判性和公益性意涵”[②]。

20世纪40年代，西方媒介垄断化日益严重，媒介公共性荡然无存，越来越多的问题暴露在大众面前，人们日益意识到问题的严重性。1946年，《自由而负责任的报刊》提出了社会责任论，修正了人们对新闻自由的认识，这意味着人们开始有了纠正这一不良现象的意识和举措。

1980年，联合国国际交流问题委员会发布报告指出："不要把读者、听众和观众当作消息情报的被动接收者，大众媒介的负责人应拨出更多的报纸篇幅和更多的广播时间，供公众或有组织的集团的个别成员发表意见和看法。"

传媒作为国家的战略性资源，是"社会公器"，具有很强的公共性。由于不同媒体的服务性质不同，我们只能称其公共性有强有弱，例如党报党刊相较商业媒体等就肩负着更多的公共性职责。对于我国媒体的公共性，还要将其放置在我国的政治、经济语境下进行探讨，而非简单地套用西方理论。

二、电视媒体的公共性

电视是国家意识形态的重要载体和传播工具，是增强民众民族认同感的重要方式。其视觉传染力强，便于理解，能对多数观众产生影响，因此是构建我国传媒公共性中不可缺失的一环。电视新闻作为电视节目中的重要组成内容，是满足受众的知情权、参与权、表达权和监督权的重要保障。

电视在中国社会中扮演着重要的角色，有学者认为，从无形的方面来说，我们的媒体，尤其是电视，为其他文化样式提供了它们生存的理由。也就是说，凡是电视不能转播的文化样式，都将走向边缘、走向衰退。[③]

电视媒体以公共资源为基础，其所传播的内容必须要能谋取公共利益，这也要求新闻媒体所传播的内容要追求公共性与新闻性的结合。首先，内

① 肖生福．传媒公共性之内涵解析与考察框架［J］．社会科学论坛，2010(9)：156.
② 许鑫．传媒公共性：概念的解析与应用［J］．国际新闻界，2011(5)：64.
③ 李良荣，张大伟．新闻改革与深化新闻改革：李良荣教授访谈录［J］．甘肃社会科学，2007(1)：59.

容上要多元化地反映社会现实。其次，要搭建一个平台，既要满足公众、媒体、政府沟通交流的需要，又要尽力促进问题的解决，正如前文提到的第29届中国新闻奖获奖作品《八米阳光》，将亟待解决问题的百姓以及相关单位负责人请到一起，回应百姓的诉求。如今，越来越多的电视问政节目也是电视媒体公共性的一种表现。最后，舆论监督也是电视媒体实现公共性的重要举措，以《新闻调查》为代表的一些电视节目肩负社会责任使命，以期为百姓生活、社会建设起到积极的作用。

因此，简单来讲，在衡量一家电视媒体的公共性强弱时，应考虑其新闻报道是否维护和促进了公众利益，是否引发了公众对于社会环境的认知和思考，节目是否对各种权力构成制约和监督，监督效果如何，问题是否得到了解决，如果没解决，那么是否引起了政府相关部门的关注并纳入政府议程中。如果以上问题都得到了肯定的回答，那么这家电视媒体就可被视作具有很强公共性的媒体机构。

三、电视公共性的实现路径

中国电视媒体公共性的实现是一个不断建构、不断发展的过程，在尚无新媒体加持的时代，传统电视媒体通过不断拓展节目类型和形式来保障公众的知情权、参与权以及监督权，取得了良好的社会效果，并形成了实现公共性的基础模式。伴随着新媒体的诞生，电视媒体的公共性在新的语境下有了新的拓展。

（一）话语方式的公共性

1. 以电视新闻为代表的节目保障了公众的知情权

电视新闻节目通过对新近或正在发生的国内外大事的报道，保障了公众的知情权，公众可以在第一时间获知消息，进而对自己的学习、工作、生活做出调整，这种对社会事件可见度的保障正是媒体公共性的演绎。以2020年新冠肺炎疫情为例，中央以及各地方媒体及时公开疫情相关数据、信息，地方媒体公布当地病例活动轨迹，要求市民自查，尽最大可能安抚民众情绪，保证社会稳定。

2. 以问政为代表的节目保障了公众的监督权

近年来，电视问政节目不断增多，反响不俗。问政节目的实质核心就是监督权力，这是这类节目最基本的公共价值。与此同时，民众可以即时反馈问题，以求解决。以《问政山东》为代表的这类节目就是电视媒体对公众监督权的保障。

3. 多种新闻形式保障了公众的参与权

首先，电视新闻节目会在采访过程中让发言者直接出镜，参与话语生产过程；其次，当下的电视新闻节目会采用爆料热线等方式，通过民众获取新闻线索；最后，目前很多突发事件的新闻素材都来自民众第一时间拍摄的内容，UGC（用户生产内容）在当今新闻素材中的比重可见一斑。2015 年 8 月 12 日，天津港发生大爆炸，居住在附近的网友在事发时用手机拍摄的一段视频成为天津地方媒体及中央媒体采用的素材。以上这些形式的优势在突发新闻中更为突出。

4. 电视机构搭建对话平台保证公众的表达权

上述问政类节目是民众参与表达的一种表现，除此之外，以多方采访、访谈节目为代表的节目形态允许多方利益主体参与其中，阐述各自的观点或诉求，进行沟通交流。以北京电视台《向前一步》为例，节目在市民与公共政策之间搭建了桥梁，让城市公民与公共政策进行对话，建立公共意识，普及公共价值。央视大型街采“你幸福吗”虽然颇受争议，但民众各具特色的表达也正是对这个时代的映射。

（二）新媒体环境中的拓展

新媒体时代，电视开始突破传统媒体产制框架的约束，各频道和栏目纷纷开设自己的两微一端。同时，伴随着抖音等短视频的兴起，部分电视节目也尝试入驻抖音平台。在栏目的新媒体平台上，观众可以即时发表对节目的看法或建议，对于媒体而言，这种反馈方式高效便捷，能够和观众形成双向互动。

除此之外，栏目还可以借由新媒体平台进行倡导呼吁，起到良好的引导作用。2020 年年初，新型冠状病毒肺炎席卷全球之际，央视新闻、中国新闻网等大量媒体通过自己的新媒体平台发布预防守则，并采用长图、漫画等形式来吸引受众。在武汉疫情严峻之际，一幅全国各地给“武汉热干面”加油的图片让无数人感动落泪（见图 2–15）。

图 2–15　全国各地美食为武汉热干面加油（图片来源：网络推文截图）

同时，媒体还可以借助新的平台，在特殊的时间节点或具有纪念意义的事件上，将受众更紧密地联结起来，从而形成并固化大众的集体记忆。2019 年 11 月 16 日，时值中国女排首夺世界冠军 38 周年，央视新闻发布微博：“【那年今日丨 # 女排首夺世界冠军 38 周年 # 转发！为中国女排！】1981 年的今天，中国女排战胜日本队，首捧世界冠军奖杯。这是历史性突破，也是中国首次在世界三大球比赛中称王，‘五连冠’黄金时代由此开启！中国女排，加油！”该条微博获得了上万的评论和点赞，不仅勾起了大众的女排回忆，而且也有利于激发大众的爱国热情。

各媒体机构或节目的主持人、记者也可以通过个人的认证微博获取民众的新闻线索和反馈意见。这些线索往往是一些公共救助事件，民众通过微博私信或“@”的方式希望与记者取得联络，解决问题。

（三）新闻专业精神的追求

在新媒体时代，尽管电视公共性的实现路径发生了嬗变，但对新闻专业精神的追求依旧是实现公共性的必经之途。伴随着公民新闻的诞生，民众发布信息、获取信息的途径与日俱增，但毕竟大部分民众没有受过专业的新闻从业训练，没有在媒体实习或实践的经历，也并未受到过同行或者前辈的熏陶和引导，因此普通公民很难像新闻工作者那样有足够的能力去采集、辨别、组织、编辑新闻信息，也很难长时间地寻找新闻和追踪新闻。

同时，对于大多数民众而言，他们获得的信息往往是动态的、表面的信息，如微博、微信上的信息；对于那些需要深度调查才能挖掘到的信息，甚至是事件背后关于制度问题的信息，普通民众由于自身能力、精力和经济实力的限制还是难以企及。而这部分内容恰恰体现了新闻场域的深度，因此其专业门槛并没有消失，新闻专业精神的内核依旧存在。

对于新闻从业者而言，保持新闻专业精神，追求客观仍旧是题中应有之义。虽然社会公众都可以成为新闻信息的传播者，但民众对新闻的诉求并没有改变。

因此，为了实现公共性，从业者除了要有专业能力、好奇心、求知欲这些基本要素之外，还要有行动的独立性。新闻专业精神就是要求媒体以社会的公共利益为基本出发点，向公众提供真实、全面、客观、公正的报道。新闻专业精神作为新闻工作者的从业规范，不仅是公众对良心媒体的期待，而且也是新闻业界对自己的要求。

“逝者如斯夫，不舍昼夜”，电视新闻已走过了八十多年的发展路程。在这段时光中，它不断生长、分化，并在中国生根发芽，茁壮生长。未来的世界，是充满未知性与变革的世界，电视新闻正以它独特的优势和魅力不断影响着人们的思维和行动，也不断关注、推动着社会的变革与发展。

第三章

新媒体语境下的纪录片

有人说，纪录片是影视艺术中最具生命力的花朵。[①]早期的纪录电影被认为是现代电影艺术的母体。百年电影史上，原始电影都是以纪录的形态呈现在观众面前，在电影发展过程中才陆续分化出故事片、新闻片等多种样态。电视诞生后，借助新的媒介形式，“电视纪录片”应运而生。此后，专为电影大银幕拍摄的纪录片越来越少，大多数纪录片都用于电视播出。如今，电影业已经诞生百年，电视业也走过了八十余载历程，但是纪录片既没有作为电影母体而衰落，也没有作为一个艺术分支而日显单薄，它仍然活跃在大小屏幕上，忠实地记录着历史，反映着特定时代和特定社会的文化精神。

由于经济、历史等种种原因，我国早期纪录电影以记录报道政治活动、重要国事为主，如《淮海战役》《百万雄师下江南》等，这些纪录片成为珍贵的影像资料。新中国成立后，我国电视纪录片以政论纪录片为主，题材集中雷同，风格老套单一。可喜的是，改革开放以后，国际影视艺术交流加快，创作风格与手段出现多样化趋势，我国纪录片产业逐渐与国际接轨，出现了《望长城》《话说长江》等代表性作品。近年来，我国纪录片产业再度繁荣，呈现出“百花齐放”的姿态，从在电视上播出，引发全民关注的《舌尖上的中国》，到创下 1.7 亿元票房纪录的院线电影《二十二》；从“纪录式综艺”

① 朱景和．纪录片创作［M］．北京：中国人民大学出版社，2007:3.

《国家宝藏》，到B站独播的“烟火气十足”的《人生一串》，这些“爆款”纪录片渐次出现，引起公众对纪录片的普遍关注。如今，新媒体的涌现不仅使媒介生态发生了日新月异的变化，而且颠覆了原有的纪录片模式，引发纪录片在创作、传播、经营等方面的重新定位与突破创新。移动端、院线、地铁电视等平台上都可见纪录片的身影，VR纪录片、众筹纪录片、微纪录片、纪实性综艺节目等新型纪录片如雨后春笋般涌现出来，挑战着传统意义上纪录片的形态边界。腾讯视频推出的纪实性综艺节目《奇遇人生》，由纪录片人赵琦担任总导演，致力于展现明星最本真的一面，被誉为“最像纪录片的综艺节目”，甚至有业内人士将其直接定义为纪录片。B站推出的自制“实验性纪录片”《历史那些事》，让真人扮演历史人物，再捡拾历史边角料进行趣味解读。腾讯综艺推出《创造101》的衍生纪录片《女团》，讲述偶像团体的生存境况和成长历程。人民日报新媒体中心推出的《中国一分钟》，将改革开放以来我国取得的发展成就浓缩在一分钟内展现，体型虽小，但微言大义，极具震撼力。不同类型的纪录片有着不同的社会功能与价值定位，随着全球化的深入发展，纪录片甚至承担起构建文化认同、助力文化传播的重要使命，在国际交流中扮演着重要角色。当下，纪录片迎来了前所未有的发展机遇，探究新媒体语境下纪录片的变与不变显得势在必行。

第一节　纪录片与纪录片研究

回望来路，才能更好地看清去路。“江山代有才人出”，一代代的纪录片人留下了许多载入史册的佳作，也衍生出众多关于纪录片的界定与分类方法。梳理纪录片的历史脉络，我们才能更好地了解新媒体时代下纪录片的新发展。

一、纪录片的界定

我们谈及纪录片时，首先要厘清的问题便是“什么是纪录片”。英国导演约翰·格里尔逊是“纪录片之父”弗拉哈迪的学生。1926年他在《纽约太阳报》上首次使用了“documentary”一词，并对它作了这样的解释：纪录片是“对现实的创造性处理”。自此，“纪录片”这一概念被沿用下来。但“横看成岭侧成峰”，不同的视角决定了不同的风景，各国、各学派对于“纪录片”这一概念的认识与理解各不相同，以下是纪录片先驱们从不同视角对纪录片下的定义。

法国《电影辞典》对纪录片的定义是：“具有文献资料性质的，以文献资料为基础的影片称为纪录片（documentaire或film documentaire）。”① 20世纪六七十年代，在西方电影理论界占据统治地位的纪录片定义是“非虚构的电影”（non-fiction film）。威廉·斯隆（William Sloan）曾说：“在最宽泛的意义上，纪录片这个术语指那种具有真实性并呈现现实的影片。”②国内学者也提出了自己的思考，朱羽君认为：“电视纪录片的核心含义应该是要求真实地记录人类的生活，以现实的原始内容为基本素材结构，它虽也可以有艺术手法，但语言本体必须保证素材的真实性和编辑生活自身的逻辑性。”③钟大年认为纪录片是“通过非虚构的艺术手法，直接从现实生活中获取形象和音响素材，真实地表现客观事物以及创作者对这一事物的认识的纪实性电视片”④。作为国内纪录片研究领域的权威机构，中国传媒大学中国纪录片研究中心对纪录片的定义是：“纪录片是以真实为原则，从社会和自然中获取基本素材，表现作者对事物认知的非虚构活动影像。”⑤综观世界纪录片领域，被绝大多数专家和观众认可的纪录片定义尚未出现，我们也不急于给它穿鞋戴帽。

总之，自格里尔逊以来，无数学者、电影理论家、实践家为纪录片下了定义，他们从不同角度对纪录片作出界定，但都逃脱不了对真实的追求。综合前人的看法和见解，我们可以看出，纪录片实际上是一种非虚构的纪实

① 单万里．纪录电影文献［M］．北京：中国广播电视出版社，2001:32.
② JACOBS L. The documentary tradition: from Nanook to Woodstock［M］. New York: Hopkinson and Blake, 1971:425.
③ 朱羽君．现代电视纪实［M］．北京：北京广播学院出版社，1998:108.
④ 钟大年．纪录片创作论纲［M］．北京：北京广播学院出版社，1997:33.
⑤ 何苏六，丰瑞．纪录片创作［M］．北京：中国传媒大学出版社，2015:8.

影像，这种影像是借助现代科技手段得以实现的。从最初的电影胶片，到后来的模拟录像、数字技术，影像内容必须是真实的，创作过程就是忠于客体的影像化过程。当下，无论是纪录电影、纪实性综艺节目，还是微纪录片、网生纪录片等新媒体语境下衍生出的新形态，纪录片的真实性始终是毋庸置疑的，这也是它区别于影视剧、娱乐综艺、真人秀等节目类型的最主要标准。

不同于其他节目类型，纪录片兼具反映历史、科普知识、记录社会、传播文化等多种社会功能。从小处说，在当下“娱乐至死”的环境里，人们对过度娱乐化的内容感到厌倦，转而力寻“天然去雕饰”的作品，渴望自然与真实。从大处说，如果把纪录片比作一条河流，我们可以通过这条河流的分支与流向，清晰地看到一个时代、一个国家的历史演变，以及社会变迁、文化图景。当下，文化软实力已经成为国家综合实力的重要组成部分，纪录片成为国际文化交流中越来越重要的角色。一部制作精良、立意深远的纪录片能够有效展现国家形象、提升我国的传播影响力。因此，纪录片行业的发展前景越发广阔，对纪录片及纪录片创作的研究更是不可或缺。

二、纪录片的发展脉络

梳理纪录片的历史脉络，首先要回望电影的发展历程。1985 年，卢米埃尔兄弟在法国公映《火车进站》，标志着电影正式诞生。现在看来，卢米埃尔兄弟创作的早期电影《工厂大门》《火车进站》《婴儿吃奶》等，都取材于真实生活，是带有纪录性质的影片，这种纪实传统为后来纪录片的发展奠定了基础。20 世纪 20 年代，英国导演约翰·格里尔逊首次提出了“纪录片”（documentary）这一概念，并为后人所沿用。美国学者比尔·尼柯尔斯（Bill Nichols）在《纪录片的人声》[①] 中把 20 世纪 30 年代以来的纪录片历史划分为四个阶段：第一阶段，20 世纪 30 年代到 50 年代末，是格里尔逊模式阶段，即我们通常所说的“画面配解说词”的模式；第二阶段，20 世纪 60 年代，“真

① 尼柯尔斯．纪录片的人声［J］．任远，张玉苹，译．桑重，校．世界电影，1990(5)：220-239.

实电影”取而代之，它强调纪录片对现实世界的客观展示，是对格里尔逊模式的批判；第三阶段，20 世纪 70 年代后，纪录片常以采访的形式进行直接表达，形成了当代纪录片的标准模式；第四阶段是 20 世纪 80 年代后的“自我反射式”，强调创作者是时间的见证者和亲历者，创作者把自己的看法、情绪传递给观众，不再是对客观世界的单纯再现。但是，对纪录片历史的划分不能仅用四个阶段一言以蔽之。哪怕在当下，从格里尔逊模式到自我反射式，各种创作手法仍然存在，很多纪录片既基于画面配解说，也穿插了采访、创作者的“自省”，划分这些阶段的边界已经变得模糊。

电影传入我国是在 20 世纪初期。1911 年，上海南京路谋得利戏园为了配合戏法艺人朱连奎的杂技魔术表演，放映了朱连奎和洋行“美利公司”合作拍摄的《武汉战争》。这是中国最早的纪录电影，也是中国第一部军事纪录片。抗日战争时期，大量新闻纪录片开始出现，如《上海抗日血战史》《长城血战史》《华北是我们的》《平型关战役》《抗战号外》《延安与八路军》等，反映了抗战时期军民生产、生活、战斗的真实景象。抗战胜利后，东北电影制片厂成立，以生产新闻纪录片为首要任务。解放战争时期，东北电影制片厂制作了《解放东北的最后战役》《淮海战役》《百万雄师下江南》等多部重要纪录片。

中华人民共和国成立后，各电影制片厂摄制了大量反映建设成就和人民生活的纪录片，将画面配解说的模式推向了极致。1958 年，北京电视台成立后，组建了新闻性节目的摄制队伍，这支队伍也成为我国电视纪录片的开拓者，我国纪录片从此迈向了电视时代。在《中国电视纪录片史论》中，何苏六根据风格、功能、类型等多种因素，将 1958 年到 2004 年近半个世纪的中国电视纪录片发展历程划分为四个时期，分别是：1958 年至 1977 年的政治化纪录片时期，代表作《收租院》；1978 年至 1992 年的人文化纪录片时期，代表作有《话说长江》《望长城》等；1993 年至 1998 年的平民化纪录片时期，代表作有《沙与海》《远去的村庄》等；1999 年至 2004 的社会化纪录片时期，代表作有《迁徙的鸟》《三峡移民》等。从“四期说”中我们可以清楚地看见多种环境因素下的中国电视纪录片的发展轨迹：电视纪录片逐渐从政治产品演变为文化产品，从个人行为演变为社会行为，从国内平台走向国际舞台。

最近十余年，中国纪录片行业迎来了纷繁复杂的黄金发展期。一方面，纪录片主题日趋多样化，从体现家国情怀的纪录片《再说长江》(2006)、《大国崛起》(2006)、《航拍中国》(2017)，到近几年引爆口碑的饮食文化片《舌尖上的中国》(2012)、《人生一串》(2018)、《风味人间》(2018)，再到关心个体生命的医疗类纪录片《人间世》(2016)、《生命》(2016)、《中国医生》(2020)，这些纪录片的主题既有国家化叙事，也有平民化视角，从多方面展现了社会变迁与人世百态，满足了不同观众的多样需求。另一方面，纪录片的形态与呈现方式也日趋多元，除了传统电视纪录片，还出现了中国首部票房过亿的纪录电影《二十二》和纪实性综艺节目《奇遇人生》《忘不了餐厅》等，纪录片积极寻求与其他形态的合作，不断拓展自己的边界。在新媒体环境下，纪录片的传播与发展迎来了更大的空间。UGC 的出现颠覆了传统的以专业人士为创作主体的模式；虚拟现实（VR）纪录片、微纪录片等新形式给观众带来了更加新奇的体验，丰富了观众的观影感受；此外，纪录片的制作与传播逐渐形成了一套成熟有效的商业模式，传统媒体与爱奇艺、B 站、新浪微博等互联网平台联合营销，提升宣传效果，扩大观众群体，增强与观众的互动。

第二节　纪录片的类型及其发展

经过百余年的发展，纪录片领域涌现出种类繁多、数量庞大、形式各异的作品。对其进行合理分类，能够帮助我们更加清晰地认识每一部作品，更加准确、系统地认识作品的特色以及作品之间的异同。

长时间以来对纪录片进行类型归纳的研究数不胜数、各有千秋。中国电影出版社出版的《电影艺术词典》将纪录片分为新闻纪录片、历史纪录片、传记纪录片、政论纪录片、人文地理纪录片、舞台纪录片和系列纪录片七类。景秀明在《纪录的魔方——纪录片叙事艺术研究》中从叙事方式的角度将纪录片宽泛地划分为散文方式和情节方式。聂欣如则在其著作《纪录概论》

中按照纪录片的功能将其划分为纪实性纪录片、宣传性纪录片、娱乐性纪录片、实用性纪录片。尼柯尔斯在《纪录片导论》中提出了“声音”的概念，将其作为纪录片生成的基本原则，并据此将纪录片分成“诗意”“说明”“观察”“参与”“反身”“述行”六种。

纪录片分类是纪录片研究中的一个难题，一直是“公说公有理，婆说婆有理”。尽管已经出现了上述各种分类方式，但笔者认为既然纪录片是记录真实生活和周遭世界的影像内容，那么我们就可以从人类社会和自然界的角度，按照题材将纪录片分为四类：人文历史类、政论宣传类、社会观察类、自然科学类，这四种类型基本可以囊括纪录片的所有题材。本章节将从这四种类型出发，探讨不同类型的纪录片所拥有的不同功能与价值，并在最后一部分谈及专题片这一本土语境中特有的纪录片类型。

一、人文历史类

人文历史类纪录片是从文化、历史两大方面展开，体现人文关怀与历史价值的纪录片类型。由于人文历史题材纪录片通常需要还原和再现某段被人遗忘的历史，而历史场景往往不可复原，因此导演会通过各种手段再现历史场景。纪录片《河西走廊》中用情景再现的手法将古板枯燥的史料原景进行搬演，用影像还原历史场景（见图 3–1）。这种搬演的手法能够产生深具潜力又意义丰富的画面。随着技术的发展，人文历史类纪录片中开始加入大量的技术性场景，再现或还原历史和实地画面，如《红军不怕远征难》中采用了三维地图、实地讲解、角色扮演和实景演绎等多种手段相结合的方式，把观众带回当时的历史时空中（见图 3–2）。除此之外，“口述历史”也是人文历史类纪录片常用的讲述方式。在纪录片《我的抗战》中，解说承担了主题引领与推动的讲述工作，在讲到具体的抗战事件时，亲历者或旁观者对其进行回忆和佐证，他们的言辞本就是历史事件的证据和证词，这无疑提升了纪录片的真实性和纪实性。

图 3-1 《河西走廊》第二集截图

图 3-2 《红军不怕远征难》第一集截图

“文化是一个国家、一个民族的灵魂。”① 当下，人文历史类纪录片既发挥着传承文化、回望历史的作用，又在树立文化自信、增强国家文化软实力方面占据一席之地。2013 年 8 月，习近平总书记在全国宣传思想工作会议上提出，“讲清楚中华优秀传统文化是中华民族的突出优势，是我们最深厚的文化软实力”②。中华传统文化博大精深，历经五千载的沉淀愈加深厚，不

① 习近平：决胜全面建成小康社会　夺取新时代中国特色社会主义伟大胜利——在中国共产党第十九次全国代表大会上的报告［R/OL］.（2017-10-27）［2020-03-17］. http://news.cctv.com/2017/10/27/ARTIw3x1nOMEAmnaiR1zWuUI171027.shtml.

② 中华优秀传统文化：我们最深厚的文化软实力——深入学习贯彻习近平同志 8 · 19 重要讲话精神［N/OL］. 湖北日报，2013-10-14［2020-03-01］. http://theory.people.com.cn/n/2013/1014/c40531-23198599.html.

仅是我们最强大的文化力量，也为纪录片的内容创作提供了丰厚资源。《了不起的匠人》用影像记录“鲜活”的中国传统技艺，用镜头保护珍贵的文化自信之根；《本草中华》以中华本草为切入点，带领观众走进早已融入中国人生活的中医药文化；《记住乡愁》以展现中国乡土故事为主线，唤醒国人心中的家乡记忆……当前，人文历史类纪录片已经成为中国纪录片的创作高峰，《本草中华》等不少人文历史类纪录片在主流媒体黄金时段播出，并在互联网掀起讨论热潮。可见，人文历史类纪录片正成为传播文化、延续历史文脉的重要载体，引领观众在对中华优秀文化的认识、认同和尊重中坚定文化自信。相比西方纪录片对自然、动物题材的热爱，中国纪录片对文化历史题材偏爱有加。在中国深厚的文化底蕴加持下，国内的人文历史类纪录片已经形成了有别于西方纪录片的独特韵味。未来，人文历史类纪录片理应继续担负起传承与发扬中华优秀文化的责任与使命，成为新媒体内容领域的重要类型，成为节目类型本土化创新的先驱者。

二、政论宣传类

如果说人文历史类纪录片是对文化与历史的回望，那么政论宣传类纪录片就是对家国与时代的铭记。我国政论宣传类纪录片的历史由来已久，自 1958 年我国第一家电视台成立到改革开放前，我国电视纪录片的调性多以政治化为主导，题材主要是政治及外事活动报道、建设成就展示、英雄人物宣传等，代表作有《铁人还在战斗》《英雄的信阳人民》《把青春献给农村》《战乌江》等。此时的纪录片大多题材雷同、风格类似、说教意味较浓，这也是由当时纪录片的社会功能与价值定位所决定的。

2010 年，广电总局在《关于加快纪录片产业发展的若干意见》中明确提出：“国产纪录片是形象展示中国发展进步的重要文化传播载体。”① 经过几十年的发展，我国政论宣传类纪录片的说教意味逐渐减少，在政治传播、国际交流方面的潜质被进一步挖掘，成为建构国家形象的主力军。2017 年，多

① 赵玉明 . 2011 中国广播电视年鉴[M]. 北京：中国广播电视年鉴社，2011：595-596.

部纪录片献礼党的十九大:《大国外交》呈现中国特色外交风采;《辉煌中国》展现过去五年我国的发展成果;《强军》阐明新时代党在新形势下的强军目标。2018 年是改革开放 40 周年，央视献礼影片《我们一起走过——致敬改革开放 40 周年》带领观众共同回忆改革开放 40 年的辉煌历程。2019 年，多部纪录片献礼新中国成立 70 周年,《青年强 · 中国强》通过讲述普通人的奋斗故事，凸显当代青少年报效国家的志向与决心;《东方欲晓》走近毛泽东，重温新中国那段伟大岁月。2020 年是全面建成小康社会和“十三五”规划收官之年，多部相关题材的纪录片也应运而生。在这些政治大年里，无论是建构国家形象，还是为时代做注脚，纪录片都从未缺席。

十九大报告指出，要“推进国际传播能力建设，讲好中国故事，展现真实、立体、全面的中国，提高国家文化软实力”①。虽然近年来我国的国际传播能力有所提高，但“中国音量”与“中国体量”仍然很不相称，“中国威胁论”“中国崩溃论”等论调此起彼伏。而纪录片作为视觉真实的纪录影像，应该自觉肩负起讲好中国故事、传递中国声音的重任。如何进一步提升国际化传播能力是纪录片领域必须关注的话题。由中国五洲传播中心与美国探索频道联合制作出品的政论纪录片《习近平治国方略：中国这五年》由三位来自国外不同领域的青年担当叙事主体，通过展现中国普通百姓的日常生活和海内外中国问题专家的见解，系统阐释了习近平的治国理念和实践以及中国的发展现状。该片中外籍人士的讲述具有天然的国际传播优势，他们会主动将自己观察到的人和事物、现象、观点，以更贴近西方受众的话语习惯呈现出来。目前，该纪录片已在多国播出，覆盖了美国、日本、韩国、澳大利亚、新西兰等 37 个国家和地区的逾 2 亿观众。

如今中国的发展变化日新月异，在这“用机械镜头作为武器强行征服世界”② 的媒介时代，政论宣传类纪录片作为国家形象的重要传播载体，自然要承担起时代赋予的责任，多元化地展现新时代的新发展与新成就，让世界人民为中国的转身和崛起而鼓掌。

---

① 习近平在中国共产党第十九次全国代表大会上的报告[N/OL]. 人民日报，2017-10-28 [2020-03-17]. http://cpc.people.com.cn/n1/2017/1028/c64094-29613660.html.

② 吕新雨 . 学术、传媒与公共性[M]. 上海：华东师范大学出版社，2015:258-267.

三、社会观察类

政论宣传类纪录片始终身处时代前沿，见证着历史的变迁，与国家大政方针、重大主题同向同行，而社会观察类纪录片则聚焦于时代洪流中小人物的故事，关注百姓热议的焦点，呈现日常生活的阴晴冷暖。如关注闪婚、裸婚、剩女、网恋等婚恋话题的《谈婚论嫁》，直击留学、升学等教育话题的《高考》，探讨医患关系、二胎话题的《生门》，讲述中国老人情感世界和现实养老问题的《养老中国》，等等。

近年来，在众多聚焦社会热点话题的纪录片中，医疗题材纪录片在各大播出平台呈现出异军突起的态势，《生门》《手术两百年》《人间世》《医心》……这些医疗类纪录片通过对医疗现状、医患处境、就医过程等方面的展现，引发观众对医患关系、生命、民生等话题的思考。这些既有真实性又极具现实意义的纪录片在进入市场之初便收获高收视率，一些作品甚至被赞为“现象级”作品。在医患冲突、医媒冲突事件频发的当下，医疗题材纪录片不仅向观众展示了一个真实客观的医疗世界，而且还对当下社会进行了多维度的思考，具有人文关怀、生命意识、专业性、故事性、可观性等多元价值。因此，当下医疗题材纪录片异军突起并不是偶然现象。2020 年，在新冠肺炎疫情席卷全国的情况下，纪录片《中国医生》一经播出，就获得了不俗的收视与口碑，在春节期间稳居纪录片热度榜首，豆瓣评分高达 9.3 分。摄制团队深入全国六家三甲医院的妇产科、急诊科、肿瘤科、整容烧伤科、麻醉科、手术室、ICU 等科室，进行了长达一年的拍摄。

综观这部纪录片，一方面它承担起了深入浅出地普及医疗救治专业知识的功能；另一方面，它聚焦资源紧缺、医患关系等诸多社会问题，呼吁医患之间的理解与沟通。寻求新知、呈现事实是纪录片的基本功能。在医疗题材影视作品中，经常会出现惊心动魄的手术过程与令人潸然泪下的生死离别，煽情的旁白、情绪化的表演往往与真实的医疗场景脱节。而《中国医生》作为纪录片，没有展现太多生死关头，没有复杂炫技的运动镜头，没有煽情的旁白和音乐，以朴素冷静的叙事姿态、寥寥几句的解说词展现“医生”这个群体的日常工作。在第一集《挚诚》（见图 3–3）中，南京鼓楼医院心胸外科主任王东进从医三十多年，因为经常连续工作，手术一站就是好几个小时，导致王东进患有严重的颈椎腰椎疾病，有时疼得受不了就必须戴着颈托手术，他的小腿也因静脉曲张需要常年穿弹力袜。这样真实的细节呈现无疑在医患矛盾频发、医患冲突尖锐的当下，为医生与患者搭建了沟通与理解的桥梁，也让我们认识到处于新冠肺炎疫情中心的医生们承受着多么沉重的负荷。一部医疗纪录片能够成为 2020 年春节期间的爆款，除了与它优质的内容有关外，更离不开它对当下社会情绪的观照与呼应。在新冠肺炎疫情的特殊时期，《中国医生》来得正好。

图 3–3 《中国医生》第一集截图

“不识庐山真面目，只缘身在此山中。”社会观察类纪录片深入生活的激流，让观众在一个个平凡人物的故事中获取情感共鸣。尽管这些故事可能不是那么精彩，但我们总能从中找到自己的影子。它以平民化的叙事视角拉近了和观众的心理距离，以真实感、贴近性和深刻的现实意义赢得了观众的信任与共鸣，为当下崇尚娱乐的媒介环境增添了一抹亮色。

四、自然科学类

所谓自然科学类纪录片，顾名思义就是关注自然界、自然科学、人与自然的关系的纪录片。人们观看这类纪录片，了解天文地理、动植物各类知识并从中获得启迪。英国皇家学会曾指出，在科学传播的过程中，“媒体对公众理解科学起到了至关重要的作用”[①]。而自然科学类纪录片便是连接科学与公众的桥梁，发挥着普及知识、寓教于乐的作用。

在中国电视纪录片的发展历程中，自然科学类纪录片对观众来说并不是完全陌生的纪录片类型。1981 年 12 月 31 日，《动物世界》在央视首播，这档被老中青三代观众视为经典的纪录栏目，是中国自然科学类纪录栏目的最早代表。《动物世界》译制了国外许多优秀的自然类纪录片，其中很大一部分来自英国广播公司、美国探索频道、国家地理频道。虽然自然科学类纪录片在中国的电视荧屏上早已出现，但它并没有带来我国相关类型原创纪录片的繁荣。时至今日，自然科学类纪录片仍是中国纪录片的弱项。

从全球范围来看，以英国广播公司、美国探索频道、国家地理频道为代表的国外制作机构在自然科学类纪录片的创作上显然拥有更为丰富的经验。美国探索频道的《荒野求生》是一档以自然探索为题材的纪实娱乐节目。节目中讲述的自然知识与野外生存技巧通俗易懂。同时，节目中还设置了大量悬念，让纪实段落具有很强的故事性。它的目的并非让观众看完后成为某方面的专家，而是激发观众进一步探索的欲望和热情。美国探索频道这样的“纪实娱乐”风格不仅保证了收视率，也实现了传播效果的最大化。

自然科学类纪录片由于其拍摄环境和功能定位的特殊性，无论是前期调研还是后期拍摄，都需要必要的科学技术支持，各种新技术的应用能为画面提供更恰当的呈现视角。英国广播公司的纪录片《蓝色星球 2》采用了许多革命性的新技术，以十几年前望尘莫及的新方法拍摄海洋动物，比如循环呼吸器能让摄制人员在水底静静观察，不会产生气泡或其他干扰；超高清半球形摄像机能够同时聚焦水上和水下的情况；红外水下摄像机能在漆黑的海底拍摄动植物的活动情况。摄制组还与专业的科考团队合作，使用载人深潜器等最先进的设备潜入海底（见图 3–4），拍摄到了许多前所未见的海底画面，甚至还发现了海洋新物种。这些尖端技术在为纪录片创作提供便利的同时，也能以新鲜的视角讲述更多鲜为人知的故事，向观众展现从未见过的震

① 英国皇家学会 . 公众理解科学［M］. 唐英英，译 . 刘华杰，校 . 北京：北京理工大学出版社，2004:35.

撼画面，因而这类纪录片受到观众的热烈追捧也就不足为奇了。

图 3–4 《蓝色星球 2》第七集截图

国外自然科学类纪录片的发展已经较为成熟，而这类纪录片一直是中国纪录片的弱项，但近年来国内的自然科学类纪录片也大有赶超之势。近几年的电视荧屏上出现了许多中外合作摄制的优秀纪录片，如央视与英国广播公司联合摄制的《美丽中国》，是国内第一部表现中国野生动植物和自然人文景观的大型电视纪录片；五洲传播中心与美国国家地理频道制作的《极致中国》《鸟瞰中国》，展现了中国的极致美景和生动的人文特色，向世界讲述了中国之美。此外，这些纪录片创作者不断借鉴和学习国外优秀作品，并适时加入中国元素，涌现出一批具有中国特色的原创自然科学类纪录片，如《香巴拉深处》《天山脚下》《第三极》《喜马拉雅天梯》《天赐》《影响世界的中国植物》等。

自然科学题材一直是纪录片领域的“硬通货”，虽然制作难度大、周期长，但其高品质的内容一直深受全球观众的喜爱。西方纪录片的制作经验为我们提供了借鉴的方向，但我们也应努力找寻适合自身发展的路径，在不断摸索中求得突破与超越。何时能够诞生堪比美国探索频道甚至超越它的“中国探索频道”，我们不妨拭目以待。

五、专题片

长久以来，无论在理论界还是业界，关于纪录片与专题片这两个概念的争论从未停歇。之前我们已经提到，电视纪录片脱胎于电影纪录片这个母体，电影纪录片是与电影故事片相对应的一种电影形态，强调真实性与纪实性。当电影纪录片的概念被引入电视界后，就产生了电视纪录片。而专题片则是电视独有的艺术类型，甚至是中国特有的一类节目。电视专题片是集中对某一社会现象和人生课题给予深入的、专门的报道和反映的电视节目形态，尽管采用的也是纪实性手法，但允许创作者在作品中直接阐述他对生活的理解、认识和主张。①

专题片与纪录片虽然起源不同，但在现实的理论和实践工作中，二者的界限却模糊不清。对于二者的关系，目前学术界存在四种说法②：一是等同说，认为二者虽叫法不同，但是同一个东西；二是从属说，认为一方从属于另一方；三是畸变说，认为专题片是中国电视界推出的“怪胎”；四是独立说，认为二者形式不同，各有各的特色和规律。之所以众说纷纭，是因为二者既有共性，又有个性，容易让人混淆。

专题片与纪录片都取材于现实生活，以真实为创作的生命，在创作过程中排斥虚构表演与过多的变形处理，避免戏剧化的创作手段。如果在事实上失真，就失去了二者原本的存在价值与意义。尽管它们同属纪实性的节目形态，但二者又有着明显差异。首先，从对真实性的理解上讲，纪录片不允许创作者主观意识的表露，尽量让事实本身说话，营造出一种“无我之境”；而专题片则往往主题先行，颇有“挟天子以令诸侯”的意味，渗透了创作者较强的主体意识。其次，从价值取向上讲，纪录片侧重于节目传播的“恒久性”，而专题片则侧重于传播的“时效性”。专题片多是对新近发生事实的深入报道，对当下的社会焦点进行观照，如《国家监察》《将改革进行到底》《永远在路上》等，也有《新闻调查》《焦点访谈》等电视专题栏目。而纪录片更追求欣赏价值，从早期经典纪录片《北方的纳努克》到近年热播的《舌尖上的中国》，都是因为其较高的欣赏价值而不断被人们观摩和传播。

通过上面的梳理，我们不难看出纪录片与专题片二者同中有异、异中有同，有人认为专题片不是纪录片，有人认为专题片属于纪录片。当我们试

---

① 高鑫．电视专题片创作［M］．北京：中国广播电视出版社，1993：2.

② 梁林梅，李忠信．电视专题片与纪录片之异同［J］．中国广播电视学刊，1998（5）：39-40.

图清晰地划分出二者的远近亲疏时，不难发现它们都在遵循“追求真实”这一根本原则，都是纪实性质的节目类型。虽然专题片常常因“主题先行”而被人诟病，也曾被人看作是落后的纪录片代表，但当下主流纪录片的发展就是在对其反叛的基础上发展起来的。专题片是在中国的特定国情和媒介体制下产生的，将其纳入纪录片的发展历程中，不仅能拓宽纪录片的历史脉络，还能丰富纪录片的类型与风格。在理论上，许多纪录片的相关专著，如石屹的《电视纪录片》、王列的《电视纪录片创作教程》、何苏六的《中国电视纪录片史论》、朱景和的《纪录片创作》等都将1958年到20世纪末的专题片纳入中国纪录片的发展历程中。在实践中，创作者也不必为种种争论所束缚，该拍什么就拍什么，该怎么拍就怎么拍，唯有如此才能使纪录片的园地百花齐放，让观众看到更多优质的节目。

第三节　新媒体语境下纪录片的创作变革

在互联网技术的推动下，传媒生态发生巨大变革，传统意义上的“受众”变为“用户”，大家可以随时随地录制视频、记录生活，纪录片的创作主体随之改变。此外，在新媒体时代，用户被裹挟在信息与资讯的洪流中，观众面临的选择众多，口味也越发“刁钻”，传统纪录片的题材与叙事风格已无法满足观众的审美和观看需求，纪录片的创作势必要作出调整。“满眼生机转化钧，天工人巧日争新”，我们一起来看看新媒体语境下纪录片在创作上有哪些变革。

一、创作环境变迁

“互联网”“移动互联网”正改变着当下的媒介生态环境，以互联网为底层技术架构的新媒体发展迅速。第44次《中国互联网络发展状况统计报告》显示，截至2019年6月，我国网民规模达8.54亿，互联网普及率达61.2%，手机网民规模达8.47亿，占总体网民数量的99.1%。一方面，视听媒体的受众逐渐向互联网迁移；另一方面，数字视频、互联网技术突飞猛进，纪录片也由此在新媒体时代搭上了发展的快车道。回望过去，2012 年，《舌尖上的中国》凭借微博用户的传播在民众中掀起一股纪录片热潮；2018 年，由腾讯视频出品的《风味人间》的全网点击量超过 10 亿次，而 2018 年全网纪录片点击量前十的总和达到 23.69 亿次[①]；2019 年，国家广播电视总局向优酷视频网站颁发“年度纪录片播出机构”称号，这是互联网平台首度获此殊荣；在 2019 年 12 月的广州纪录片节上，优酷视频网站表示未来一年将投入 2 亿元资金，助力国产纪录片的创作。

随着媒体融合进程逐渐深入，广电传统媒体的转型之路已经全面开启。2018 年，国家广播电视总局成立媒体融合发展司，“中央三台”合并为中央广播电视总台，这对纪录片的生产与管理产生了一定的积极影响。此外，文化部、国家旅游局也被撤销，组建为文化和旅游部。文化产业和旅游产业的融合发展，在一定程度上扩大了作为文化产业重要一环的纪录片产业的想象空间。

从政策层面来说，近年来，国家对娱乐内容的管控加强，要求减少电视、网络视听节目的娱乐化内容。2018 年 11 月，国家广播电视总局下发《关于进一步加强广播电视和网络视听文艺节目管理的通知》，鼓励节目以优质内容取胜，遏制泛娱乐化倾向。同时，国家广播电视总局也出台了多项纪录片扶持政策，在资金、播出政策、创作人才等方面予以扶持。在法律保护方面，2018 年 9 月，国家版权局按照打击网络侵权盗版“剑网 2018”专项行动的部署安排，针对重点短视频平台企业存在的突出的版权问题，约谈部分短视频平台企业，下架大量盗版影片，净化视听内容创作和投放环境。这些宏观层面的举措，对于纪录片产业来说是不容忽视的政策利好。

国家对优质纪录片的政策扶持力度不减，在为纪录片产业带来利好的同时，也引导着国产纪录片向关注时代主题与社会价值看齐。2018 年，国家广播电视总局发布《关于实施“记录新时代”纪录片创作传播工程的通知》，扶持带有时代印记、围绕未来五年重大主题的纪录片作品，力求在经济、人

① 张同道，胡智锋 . 中国纪录片发展研究报告［M］. 北京：中国广播影视出版社，2019：79.

文、社会、科学等方面多角度展现中国的发展成就。中央广播电视总台围绕“改革开放 40 年”推出了《我们的四十年》《我们一起走过——致敬改革开放 40 周年》等纪录片。作品不再是以往宣传味浓重的政论片风格，而是以纪实的风格讲述一个时代对百姓和个体的影响，用生动的叙事方式展现满满的正能量。2019 年是新中国成立 70 周年，在这一时代背景下，纪录片行业也持续发力，推出了许多重大主题纪录片，如《航拍中国（第二季）》《我们走在大路上》《长江之恋》等。这些纪录片不仅记录着新时代的社会变迁与民族精神，也体现了国产纪录片内容不断丰富、主题日渐多元的趋势。

媒体融合不断深入的态势和一系列宏观政策的要求，为纪录片创作与传播环境带来改变。未来，纪录片行业如何继续保持总体向好的趋势，努力讲好中国故事，服务新时代的发展与建设，是纪录片创作者仍需思考的问题。

二、创作主体衍变

Web2.0 时代，互联网作为一个互动平台，让用户实现了从“全民上网”到“全民织网”的改变。UGC 即 User Generated Content（用户生产内容），泛指以任何形式在网络上发表的由用户创作的文字、图片、音频、视频等内容。[①] 就纪录片而言，指的是用户上传的带有纪实性质的视频文件。UGC 模式搭乘着互联网的快车迅速发展起来，体现了网络发展的个性化、移动化、多元化等趋势。智能手机的普及、“降费提速”的改革以及抖音、快手等视频社交 App 低门槛、易操作的特性，使得普通用户也可以随时随地发布原创视频内容，“草根”话语权日渐壮大。

在这样的环境下，纪录片的创作格局被全新的内容生产方式所改变，用户参与创作的纪录片 UGC 模式具有独特优势。一方面，UGC 模式能获得海量素材，能够保证内容的丰富性。说到成功的例子，纪录片《浮生一日》（*Life in a Day*）不得不提。该片导演通过视频网站 YouTube 向全球网友

① 赵宇翔，范哲，朱庆华 . 用户生成内容（UGC）概念解析及研究进展［J］. 中国图书馆学报，2012（5）:68-81.

征集素材，最后获得了来自 140 个国家，超过 8 万段，累计 4500 小时的素材，这是传统纪录片创作无法做到的。在该影片中，我们可以看到世界各地的人们一天的生活状况，人们有着各自的喜怒哀乐，做着各自的事情，堪称一部由网线串起的全民 UGC 的电影“奇迹”。再譬如，我国首部“内容众筹”纪录片《辉煌中国》采用了全民拍摄的模式，创作团队向全国人民开展了为期半年以上的素材征集活动，鼓励群众记录日常生活中的真实场景，展现发生在自己身边的新变化、新成就。最终，创作团队从近 1 万条众筹素材中选择了 200 多个最值得骄傲、感动的瞬间进行精编。比如，第三集《协调发展》中，一组大气磅礴的延时影像就是由摄影爱好者宋小楠提供的，他用镜头记录了天津日新月异的变化（见图 3-5）。“知屋漏者在宇下，知政失者在草野”，经济社会发展是由个人故事组成的，讲好个人故事，引发情感共鸣，便能很好地体现“辉煌中国”这个主题。相比传统政论片以俯瞰角度进行叙事的方式，由受众参与的 UGC 模式使我们得以用平视的视角观察和记录社会发展，形成了有别于官方的记录体系。这不仅是对传统主流纪录片的补充，而且也能让观众更容易产生代入感和亲切感，一改以往对主旋律纪录片的刻板印象。另一方面，UGC 模式还能提高用户参与互动的积极性，助推纪录片传播。《舌尖上的中国》播出后，各大网站推出“舌尖”系列视频，号召全国各地的网民积极分享自己家乡的特色美食。这不仅无形中扩大了纪录片的传播力与影响力，而且也为《舌尖上的中国》下一季的创作积累了素材，提供了思路。

图 3-5 《辉煌中国》第三集截图

UGC 模式为纪录片生产与传播带来优势的同时，也必然会带来种种问题。首先，UGC 模式原创能力不足，一旦热点出现，大家便趋之若鹜，生产出大量同质化内容。为了吸引关注、获得流量，黄色、暴力、恶意炒作等低俗内容也屡见不鲜。其次，由于网络用户的媒介素养水平参差不齐，加之网络内容极易复制传播和用户匿名化的特性，版权侵权问题十分突出，网络监管尚且困难。面对新媒体环境下 UGC 模式的这些问题，将 UGC 与 PGC（Professionally-generated Content，专业生产内容）结合起来，使两者取长补短是创作者未来努力的方向。《浮生一日》若只有网民提供的素材，远不能引起大众共鸣并获得肯定，其中的专业剪辑和配乐发挥着不可或缺的作用，甚至“剪辑”这一后期创作才是这部纪录片取得成功的根本。《辉煌中国》也不是简单收集、直接使用普通民众分享的素材，而是进行了艺术整合和加工。受设备限制，普通民众难以拍出达到电视播出标准的专业画面，《辉煌中国》的部分内容是精选网友提供的案例线索，再由专业团队赶赴实地拍摄的。总之，在新媒体环境下，将 UGC 与 PGC 等多种模式结合起来，弥补相互间的缺陷，才能使纪录片获得更加长远的发展。

三、创作题材多元

由于社会政治等因素，我国改革开放以前的纪录片大多语言空洞、主题单一、风格雷同。改革开放以后，这种带有宣传性质的纪录片被逐渐抛弃，出现了诸如《英与白》《幼儿园》等用平民视角关注社会现象的作品。2010 年，广电总局下发《关于加快纪录片产业发展的若干意见》，之后又出台了一系列扶持政策，并开办了央视纪录频道。这些举措为中国纪录片产业注入强心剂，各种题材的纪录片百花齐放、百家争鸣，产量、质量都有所提高，出现了《高考》《我从汉朝来》《生门》《创新中国》《如果国宝会说话》《我在故宫修文物》等脍炙人口的优秀作品。纵观近年来的优秀纪录片，可以发现这些作品题材丰富、角度多样，从回溯过往历史到展望社会未来，从追寻民族艺术到记录山河风光，从观察人生百态到关注经济政治……但是，如果对近年来的纪录片加以梳理，就会发现各类题材的数量很不平衡。一方面，人文历史类纪录片在数量上占有优势，该类影片多关注中国人的生活变迁和文化传统，很难走入国际观众的视野，如近年比较火的《乡村里的中国》《人间世》等。另一方面，自然科学类题材的作品较为欠缺，很难与国际同类题材比肩。目前，中国纪录片的创作视野大多局限于我国的人文历史领域，缺少像国家地理频道的纪录片那样对人类共同关注的自然生态和环保问题的展现，缺少像 BBC 纪录片那样对全球性主题、人类文明进步成果的展现。

尽管我国的纪录片在自然科学类题材、普遍价值观的表达上较为落后，但近年来的进步也比较显著。《第三极》《喜马拉雅天梯》等作品开始大量采用特技摄影、航拍、动画、4K 超高清等技术，立意和价值观也具有普适性，引发了观众对于人与自然这个老命题的新思考。由国家科学技术部与央视合拍的纪录片《创新之路》不再局限于中国，而是将目光投向全球，以世界上几次重大的产业升级为线索，挖掘创新背后的生存土壤和运行机制。

值得一提的是，最近几年不少纪录片开始专注于垂直细分领域。专注于某一领域、潜心于某一题材，不仅可以吸引当下关注这一领域的受众，也有助于新受众的拓展和开发。凤凰网推出的纪录片《未央歌》每集以一首民谣歌曲为主题，从 20 世纪的《在那遥远的地方》到近年流行的《南山南》，讲述歌曲背后所连接的人物、故事、社会历史等内容，吸引了大批民谣爱好者。互联网时代，专注于垂直细分领域有利于避开竞争，打造更具深度的差异化内容。精准定位小众群体，借助“长尾效应”，往往能给纪录片带来积极影响和发展机遇。

四、叙事风格改变

一部影片风格的形成涉及多方面因素，如台词字幕、人物塑造、情节设置、视角选择、后期剪辑等，透过影片风格我们可以感受到一部作品的独特韵味。在新媒体时代，出现了许多由互联网平台投资生产或主要在互联网平台上播出的纪录片，有人称其为“网生纪录片”。与传统纪录片相比，网生纪录片在叙事风格上有明显改变，具有鲜明且独树一帜的风格。一部优质的网生纪录片往往能引爆话题，实现病毒式传播，《一百年很长吗》《了不起的匠人》《人生一串》等就是其中的佼佼者。那么，这些新媒体语境下的纪录片“新”在何处？与传统纪录片相比它们有哪些风格上的创新呢？

首先，网生纪录片具有独特的“幽默”与“网感”气质，以夜宵、烧烤为主题的美食纪录片《人生一串》就是其中的典型代表。该片的配音不同于以往传统纪录片字正腔圆、端正宏阔的风格，而是略带京腔，有一股江湖味道。配音师用类似评书的方式将一个个故事娓娓道来，像极了生活里酒桌旁朋友间的玩笑式交谈。《人生一串》的解说词颠覆了许多人对解说词带有说教意味的刻板印象，以幽默、吐槽的口吻把对烧烤的热爱和人生感悟传递给观众，让观众会心一笑。比如“你知道我为啥长得那么黑吗？因为我不想白活一辈子”。“能吃到一起的都是难得的缘分，敢一起尝试的都是过命的交情，而充满诱惑的那一口暗黑滋味，则是烧烤和夜晚永恒的默契。”

其次，网生纪录片具有浓郁的人本化叙事风格。“人本化”即“以人为本”，围绕片中人物的情感、生活、性格，以平民视角讲述普通民众的日常生活，展现人文关怀。《人生一串》第一季第六集《朝圣之地》中有一个片段以扬州中学门口的烧烤店铺为拍摄地点（见图 3-6），讲述店主在中学门口摆摊 13 年的经历。片中采访了顾客为什么喜欢吃这里的烧烤，顾客们回答，除了这里的烧烤好吃外，更是因为这个烧烤店陪伴他们走过学生时代。虽然这是一家普通的烧烤店，但巧妙之处在于它让观众一下子没有了距离感，甚至产生了代入感，因为每个人都经历过学生时代，或许记忆中也有一家

图 3-6 《人生一串》第六集截图

这样的店铺，充满了儿时味道和青春情怀。

最后，生于互联网时代的网生纪录片也具有时代特有的碎片化、移动化特征。为了迎合用户的收看习惯，《人生一串》在后期剪辑上呈现出碎片化的特点。《人生一串》在每集35分钟的时间内讲述四到五个烧烤摊的故事，平均每个故事6—8分钟左右，并且故事间相互独立没有关联，也没有先后顺序。这种碎片化的剪辑方式，方便用户在茶余饭后、等地铁公交的闲暇时段观看视频，不需要花费很多时间就能快速理解影片内容。

“幽默”与“网感”气质、人本化与碎片化等叙事风格恰好契合与满足了互联网年轻用户的观看心理与需求。时代不同，语境不同，只有适应时代变化，找准合适的风格，满足用户需求，才能真正博得观看者的喜爱。

第四节　新媒体语境下的纪录片传播特征与策略

在日新月异的互联网时代，“酒香也怕巷子深”，光有优质内容还不够，还得有多渠道、多形式，将好作品传播出去，传得更广、更远。新兴科技在改变人们生产和生活的同时，也赋予了纪录片多种多样的传播形式，VR纪录片、微纪录片、竖视频……相信这些名词大家已不再陌生。不断更新的传播理念也让纪录片在商业市场上更加游刃有余，商业价值进一步凸显。

一、台网联动播出

2014年，中央审议通过《关于推动传统媒体和新兴媒体融合发展的指导意见》，“媒体融合”上升至国家战略层面，各级媒体开始持续转型改革。2018年，人民日报社新媒体中心推出微纪录片《中国一分钟》，以一分钟为维度，展现改革开放40年以来我国取得的巨大成就。随后，人民日报社联手地方媒体和制作者，推出《中国一分钟・地方篇》，其因短小精悍且内容极具张力，在社交媒体上引发刷屏效应，此后微纪录片成为主流媒体塑造国家形象的重要形式。

《中国一分钟》的成功得益于传统媒体的转型改革，而新媒体的迅速发展也正在重塑纪录片的产业格局。2018 年，新媒体在纪录片产业总投入约 11 亿元，生产体量首次跃居第二位。[①]2019 年，B 站活跃的纪录片观众人数已经突破 6500 万，优酷的纪录片播出总量达到了 700 小时。[②] 由此可见，互联网新媒体平台已经成为中国纪录片的新主场，不仅是把台播纪录片放到网络上播出，新媒体自制纪录片也大幅增加，网台联动的传播模式进一步加强。

在很长一段时间内，纪录片的主要传播渠道是电视，即使在今天也不例外。然而，由于受到种种限制，加之长久以来传统电视在公众心中的权威形象，电视上播出的纪录片难出爆款。新媒体环境下，一些纪录片在电视上播出后反响平平，却在互联网上得到了价值的放大。《我在故宫修文物》在电视上首轮播出后并未引起太多关注，但被制作方上传到 B 站后迅速走红，播放超过 600 万次，收到将近 11 万条弹幕。之后，B 站投资了该片电影版，让该片的持续热度超过一年。

《我在故宫修文物》走红，B 站功不可没，而弹幕是助推该纪录片走红的主要力量。弹幕可以让观众获得在场感和陪伴感，营造出万人在线之感和虚拟观影氛围，产生共情的效果。另外，观众通过发弹幕的方式，实现对影片内容的二次解读和再创造，构成新的亮点。《我在故宫修文物》中的王津师傅因高超的手艺和温文儒雅的气质被 B 站网友奉为“男神”（见图 3–7），在年轻观众中走红。一些导演和制作组并不关注的情节很可能戳中受众的“萌点”，引起广泛关注。

新媒体为纪录片的传播提供了良好的平台，不少电视纪录片主动与新媒体平台合作。央视纪录片《辉煌中国》在创作初期与 B 站合作，通过网络直播了 “厉害了，我的国” 征集活动启动仪式。“厉害了，我的国” 项目负责人邓彦说：“直播效果特别好，从弹幕看出很多年轻朋友也在关注。”[③] 由海峡

---

① 张同道，胡智锋 . 中国纪录片发展研究报告［M］. 北京：中国广播影视出版社，2019：107.

② 时瑞泽 . 2019 年纪录片行业调研报告多维驱动，行业形成 “新燃点”［J］. 电视指南，2020（1）：30–35.

③ 来自 2017 年 10 月 23 日北京文艺广播《演艺群英会》节目。

卫视和腾讯视频合作推出的《早餐中国》，每集只有短短五分钟，除了在电视和腾讯视频上播出外，主话题“早餐中国”也曾登上微博热门话题榜。

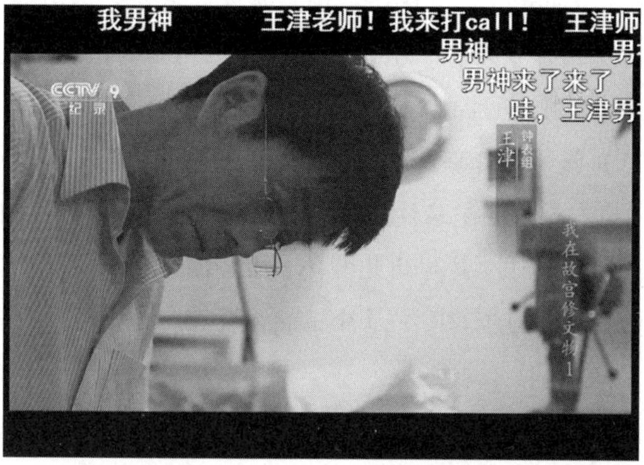

图 3-7 《我在故宫修文物》第一集截图

起初，由于投资创作纪录片成本较高，视频网站等新媒体平台只是与广电媒体合作，购买纪录片的播放版权，网络上播放的纪录片基本是与电视纪录片同步的内容。近年来，随着媒介融合的发展以及纪录片产业格局的不断变革，网络媒体开始打造自己的纪录片品牌，自制网生纪录片，甚至向电视台反向输送纪录片。人文地理 4K 纪录片《奇域·探秘新丝路》就是最初在腾讯视频独家首播，后移至旅游卫视播出的。从先台后网到先网后台，传统媒体与网络媒体的联动已经成为常态，并形成了多种联动模式。实践证明，台网联动不仅为独立纪录片导演与优秀作品提供了更多平台，而且扩大了纪录片的市场空间，形成强强联合、双方共赢的态势。下一步，台网整合双方资源，进行更深入的联动，将成为纪录片价值最大化的必经之路。

二、传播形式多样

由计算机技术、移动互联网技术及最近备受关注的交互技术等构成的新媒体技术正改变着传统纪录片的表达方式和传播形式。VR 纪录片、众筹纪录片、微纪录片、纪实性综艺、竖屏纪录片……这些脱胎于新媒体时代的新词无不提醒着我们，纪录片创作与传播的新形态正不断涌现。

VR（Virtual Reality）纪录片是将虚拟现实技术与纪录片摄制有机结合在一起的一种纪录片新形态。近年来，VR 纪录片一词在我国纪录片领域渐渐流行起来，究其出处，源自西方。2012 年，《新闻周刊》前记者 Nonny de la Peña 采用 VR 技术制作新闻纪录片《饥饿的洛杉矶》（*Hunger in LA*）。此后，采用这一技术拍摄的纪录片逐年增加。2015 年，财新传媒制作完成了我国首部 VR 纪录片《山村里的幼儿园》。此后，《盲界》《最美中国》《制胜，中国海军陆战队》等国产 VR 纪录片相继问世。VR 纪录片以一种纪录片新形态呈现在观众面前，有着其他形态纪录片不可替代的作用。VR 纪录片最大的优势是可以让观众产生沉浸式体验，并且不同于以往由创作者拍摄、剪辑的普通纪录片，VR 纪录片采用 360 度全景摄像机拍摄，观众可以自主选择观看角度，更能给观众带来所处环境的真实感。公益 VR 纪录片《盲界》以西藏一群视力障碍儿童为主角，讲述他们的学习、生活故事。《盲界》采用 VR 技术，使观众得以身临其境地体验盲童们的生活环境和所处困境，给观众带来了巨大的情感冲击。然而，VR 纪录片作为一种全新的纪录片形态也面临不少问题和挑战。观众观看此类纪录片时需要一直佩戴 VR 眼镜设备，长时间观看容易产生眩晕感。此外，VR 纪录片制作成本昂贵，“4 分钟 VR 短片成本至少 60 万”[①]，VR 纪录片如何更好地赢利也是一个问题。

互联网的发展催生了“众筹”这一新的生产发行方式，它与纪录片结合后产生了“众筹纪录片”这一新概念。众筹纪录片分为内容众筹与资金众筹。近年来内容众筹纪录片的典型案例莫过于央视推出的《辉煌中国》，笔者在第三节第二小节已作探讨，在此不再赘述。资金众筹纪录片，顾名思义就是创作团队公开向社会公众筹集资金，用于纪录片的生产制作。《我的诗篇》就是一部向公众筹措资金而进入院线公映的纪录电影。该片选择了 6 位具有代表性的工人诗人，记录了诗歌背后的自我个性与工人群体的共性的故事。《我的诗篇》在“京东众筹”上发起众筹项目，项目设置了 1 元、80 元、

---

① 陈宁．4 分钟 VR 短片成本至少 60 万[EB/OL].（2016-05-22）[2020-03-17]. http://www.labourdaily.cn/ldb/node13/node29885/u1ai278067.html.

90元、240元、600元等不同的资金梯度。最终，该片通过众筹筹得210,819元项目资金，远超项目组预期数额。[①] 众筹资金的方式不仅打破了纪录片筹资难的困局，让更多有想法的优秀导演投入创作中，而且也能为大众提供支持自己喜爱的作品的机会，使自己感兴趣的题材内容呈现在更多人的面前。

在新媒体环境中，碎片化、扁平化是互联网特别是移动互联网最显见的特征，短小精悍的“微纪录片”由此诞生。2018年1月首播的《如果国宝会说话》，每集五分钟，摒弃了“长篇论述”的方式，更适应互联网时代的碎片化传播方式。小而精的模式让观众对此类纪录片讲述的历史文化更感兴趣，具有话题感和包含丰富知识的内容也让它更易在社交平台传播。除了历史文化类纪录片，主旋律纪录片也开始“见微知著”。2016年，为纪念中国共产党建立95周年，央视推出微纪录片《我是谁》(见图3–8)。该片在一分半的时间内以“我是开工最早的那一个，我是离开最晚的那一个，我是坚守到最后的那一个……”为视角，最后落脚在“我是中国共产党”。主旋律题材采用微纪录片的形式，不仅更容易吸引年轻人的关注，而且可以更加便捷地在互联网上传播，融入社会各领域中，对构建国家形象、讲好中国故事大有裨益。

图3–8 《我是谁》截图

① 刘东娜.浅析众筹对纪录片院线发行的推动作用：以《我的诗篇》为例[J].视听，2018(5)：41–42.

新媒体纪录片带有天然的跨界基因，纪录片 + 其他品类的新型道路正不断拓宽，纪实性综艺便是很好的例证。腾讯视频推出的纪实性综艺节目《奇遇人生》，由纪录片人赵琦担任总导演，致力于展现明星最本真的一面。虽说是综艺节目，但它采用了纪录片的拍摄手法，没有为了哗众取宠而刻意为之的桥段，也没有为了节目效果而强化明星效应，甚至连空镜头中也没有过多矫揉造作的旁白。强调内容的“真实”，减少表演与“秀”的痕迹，使《奇遇人生》成为纪实性综艺节目中的一股清流。

此外，近年来还出现了颠覆以往影像格式的“竖屏纪录片”。自有影像以来，“横屏”一直是包括电视、电影在内的视频主流格式。手机短视频诞生之初，直接沿用了影视业视频制作标准，导致受众在观看短视频的时候，必须横放手机屏幕，否则就会出现画面不完整或画面较小的情况。而当下随着移动互联网的发展与智能大屏手机的迅速普及，手机成为移动互联时代的主要媒介，观众在观看竖视频时，无须将屏幕横放，迎合了观众握持手机的习惯。因此，它的诞生与移动互联网时代不谋而合。

2016 年，BBC 推出了一部创新性交互微纪录片 *Your Phone Is Now a Refugee's Phone*（见图 3–9）。该短片用竖屏的格式把画面设计成一位难民的手机界面，此时观众的手机仿佛成了这位难民的手机，观众可以站在难民的角度，体会他们在逃难中所面临的困境和所承受的恐惧之情。相较于传统横屏视频，竖屏视频不仅能有效传达视频中的内容信息，而且能拉近传者与受众的距离，画面中不断收到的短信和“what's App”的消息，给观众带来沉浸式、交互式的观看体验。

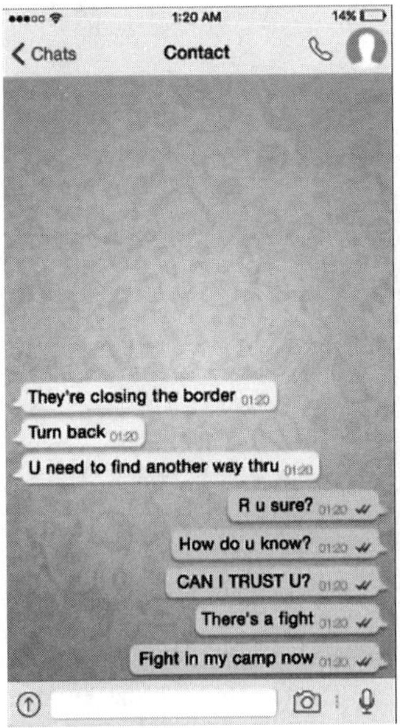

图 3–9　*Your Phone Is Now a Refugee's Phone* 截图

回望国内，2017 年，腾讯视频推出了国内首档竖屏纪实性节目《和陌生人说话》。每期节目邀请一位嘉宾，而竖屏更容易突出作为节目中心的嘉宾，让观众将注意力集中在人物身上，观察嘉宾的细微表情，比如第一期的嘉宾大力哥在谈到女儿时，脸上出现既愧疚又骄傲的神态，竖屏模式使这些细微表情近距离地呈现在观众面前（见图 3-10）。竖屏通过聚焦视觉焦点和突出前景主体，营造强烈的视觉封闭感和包围感，更容易让观众沉浸在当前的场景中，产生凝视的快感。

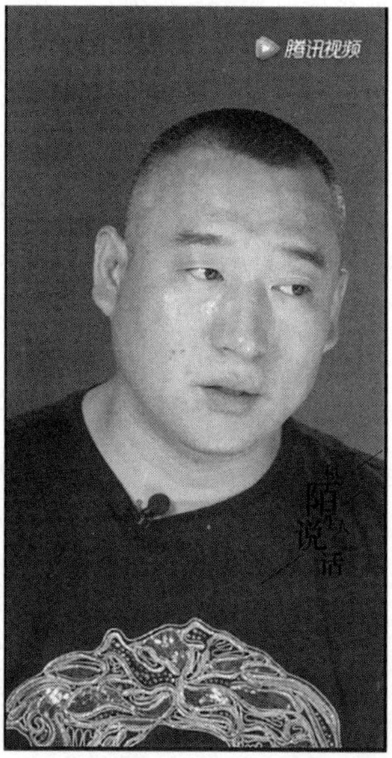

图 3-10 《和陌生人说话》第一集截图

除了竖屏纪录片、纪实性节目，竖视频还衍生出竖屏新闻、剧情类竖视频、竖屏电影等多种形式。2020 年春节，张艺谋导演的竖屏系列贺岁片《遇见你》《陪伴你》《温暖你》《谢谢你》在竖视频社交平台抖音上播放。每部微电影只有短短几分钟时间，用竖屏的方式呈现内容，在场景选择和内容表达上都遵循竖屏美学的要求，成为竖屏影视作品中的又一力作。

王国维有云："一代又一代之文学，楚之骚，汉之赋……而后世莫能继焉者也。" 每一门艺术在其所处时代都有其自身特点。新媒体时代，纪录片在创作与传播的过程中衍生出各种各样的新形态，这些新形态无不被打上时代的烙印。未来，随着科技的不断发展，纪录片将以何种形式带给我们更丰富的观看体验，我们拭目以待。

三、打造多屏传播

加拿大传播学家麦克卢汉曾提出“媒介即讯息”，麦克卢汉认为一个时代最重要的“讯息”不是媒介生产传播的内容，而是这个时代人们使用的传播工具的性质。一种新的媒介形式或传播工具的诞生往往会改变人们感知世界的方式，所以媒介本身就是很重要的“讯息”。现在，虽然纪录片仍然以电视为主要的传播媒介，但是随着纪录片行业迎来高速发展的黄金时期，移动端、电影院、地铁电视等都成为纪录片施展才华的广阔舞台。

由于移动互联网技术的成熟与普及，以大屏智能手机、平板电脑为代表的移动媒体凭借自身优势和特点在一定程度上改变了纪录片的传播形态。同时，移动端的传播也拉近了纪录片与观众的距离，《了不起的匠人》第二季在节目中增加了直播的形式，与粉丝实时互动，并推出了“边看边买”线上售卖功能。此外，以二更、一条为代表的专业生产移动短视频的公司也如雨后春笋般涌现。据统计，二更每月出品约150部原创精品视频，拥有全网粉丝超3000万，视频播放总量达200亿，月播放量达15亿。[①]

除了在小荧屏、移动端上寻求突破，我国纪录片也逐渐登上大银幕的舞台，原本被视为小众和冷门的院线纪录电影正在悄然崛起。2016年，由《舌尖上的中国》团队拍摄的《舌尖上的新年》进入院线播放，获得好评。2017年，《二十二》以1.7亿元的佳绩问鼎中国纪录电影票房。尽管有数部纪录电影表现不俗，但与商业电影相比仍然存在差距。2017年，纪录电影的数量占国产电影生产总量的4.5%，票房占中国电影总票房的比例仅为0.5%。[②] 目前，国内外各大电影节都设有纪录片奖项，贾樟柯的纪录片《海上传奇》、周浩的《大同》曾获得第52届金马奖“最佳纪录片奖”。在刚刚过去的2020年奥斯卡颁奖典礼上，《美国工厂》获得“最佳纪录长片奖”，尽管该片以美国俄亥俄州为背景，但讲述的是中国“玻璃大王”曹德旺的故事。从这些获奖影

① 贾金利．新媒体环境下微纪录片的品牌建构研究：以《二更》为例［J］．新闻爱好者，2017（10）：57-61.

② 何苏六．中国纪录片发展报告（2018）［M］．北京：社会科学文献出版社，2018：50.

片中，我们或许能得到启发，改变院线纪录电影“叫好不叫座”的现状。

如今，在众多技术的推动下，我们已经迈入万物皆终端、万物皆媒的时代。不知道在平日通勤途中，你是否注意过“地铁电视”的存在？2019年春节前夕，中国传媒大学与北广传媒移动电视、北广传媒地铁电视合作推出了“文化地图”系列短视频，每集介绍一处北京的文化古迹，如西直门、前门、菊儿胡同、天坛等。每集作品时长大约1分钟，见缝插针地在通勤间隙向乘客讲述老北京的文化历史，巧妙地适应了当下移动传播的新环境。

移动端、院线、地铁电视等平台成为新时代纪录片传播的新途径，未来，随着传播媒介的更新迭代，我们或许能在更多新兴、未知的终端见到纪录片一路高歌猛进的身影。

四、产业链条升级

随着纪录片市场的迅猛发展，纪录片似乎突然成为各大媒体、视频网站的“兵家必争之地”。尽管入局者越来越多，但赢利者仍然是少数，依靠单一的赢利模式很难维系纪录片产业的发展。那么纪录片只能“赔本赚吆喝”吗？为了实现产业链条的良性循环，纪录片人开始对纪录片赢利模式进行积极探索，力求利益最大化，如开展付费观看、进行IP与衍生品开发等。

近年来，由于用户观影行为的改变和对优质内容需求的增长，视频网站的价值进一步凸显，“付费观看”成为影视产业探索多渠道赢利模式的新尝试。笔者通过调查腾讯、爱奇艺两家主流视频网站发现，纪录片热播榜排名前十的影片中分别有5部、6部需要付费观看，付费比例为50%—60%[①]，并且都是以购买视频网站的会员为付费方式。作为一种新生模式，“付费观看”有自身的优势：付费纪录片大多是某一平台独家购买的版权，内容质量毋庸置疑。而且面对信息社会海量信息的冲击，用户对观看体验的要求更高，对优质内容的需求更多。其实，用户在免费观看影片的同时，也会在其他方面为“免费”行为“买单”，比如广告投放以各种手段插入，打乱用户的

① 数据采集时间：2020-02-22 11:00。

观看节奏，破坏观看体验。

尽管会员付费模式在一定程度上缓解了纪录片的资金压力，但也大大降低了受众接触纪录片的可能性，影响纪录片的点击量和传播量，因此像《风味人间》这类备受关注的纪录片，仍然会选择免费观看的模式，而以广告、IP 授权、衍生品开发为主要赢利渠道。

融媒体环境下，推动纪录片 IP 化、开发衍生品项目、跨平台推出系列精品是纪录片产业持续繁荣的关键。IP 即 Intellectual Property 的缩写，本意为知识产权。在互联网时代，IP 一词的内涵有了无限外延，它的意义可引申为“可供多维度开发的文化产业产品”①。纪录片 IP 化是指对纪录片进行深层次的产业链开发，挖掘其文化内涵。目前，已经有不少优秀作品开始了 IP 化实践,《风味人间》就是纪录片商业化运作的典型代表。2018 年，腾讯在“记录生活的美”发布会上推出自主研发的“风味 IP”：纪录片《风味人间》、系列微纪录片《风味原产地》、美食综艺节目《风味实验室》。其中《风味原产地》还被美国奈飞公司（Netflix）独家购买了海外版权，成为国内第一部奈飞购买并播出的原创系列纪录片。

如果说树立 IP 理念、强化品牌意识是纪录片产业链上游的重要一环，那么衍生品开发便是纪录片产业链下游里商业变现的重要途径。《风味人间》成功收官后，腾讯视频联合故宫文化服务中心推出“风味之箸”筷子礼盒，并邀请总导演陈晓卿一同在故宫设“风味之宴”，开展线下活动。此后，《风味人间》还授权出版了同名图书（见图 3-11）。该书以纪录片里的图片和文案为主，同时增加了食材和菜肴等背景资料，为喜欢此片的观众和美食爱好者提供了更加全面的信息。综观全球，影视作品的衍生品开发实际上已经是一条较为成熟的产业链。美国探索频道和国家地理频道在出售电视节目的同时，也会销售光碟、图书、地图、服装、日用品等衍生产品。“IP 巨头”迪士尼可以通过一部动画电影带动强劲的消费，小到米奇头箍，大到家庭游轮、度假乐园。这些都是我国纪录片产业可借鉴的经验。目前，我国纪录片的商业化运作还处于探索阶段，在打造 IP 与开发衍生品方面还未能引起

---

① 本刊编辑部 .IP 时代：沉淀、积累、融合、再造［J］. 数字营销，2018(3)：18.

足够重视，但是多元化、多层次的赢利模式对于突破纪录片商业变现的困境有着重要意义。这不仅是我国纪录片产业发展的需要，也是提升我国文化软实力的需要。

图 3–11　图书《风味人间》

孙中山先生曾说，世界大势，浩浩荡荡；顺之者昌，逆之者亡。

当下世界传媒所面临的巨大变革正是受互联网技术进步的影响。传媒生态的改变给纪录片的创作与传播提供了更加良好的环境和发展空间。随着网民人数的不断增加，互联网思维决定了纪录片的未来。不管是电视、电影还是新媒体纪录片，互联网思维是纪录片创作与传播的基础。IP 化、跨界、众筹、UGC、大数据……这些新兴的陌生词汇给纪录片的发展带来了新的视角。“纪录片 +” 的模式将为整个行业带来更广阔的发展空间。

纪录片行业正从边缘地带渐渐进入大众视野，越来越多的观众感受到了纪录片的魅力。有人说，纪录片的 “黄金时代” 已然到来，但笔者认为，虽然我国纪录片处于上升阶段，但是其产业化道路还十分漫长，需要足够的耐心和恒心。在新媒体时代，机遇与挑战并存，我国纪录片需要从更全面的角度结合新环境的特征，实现产业链的良性循环，实现产业化质的飞跃。

然而我们需记住的是，无论时代怎样发展，无论新技术的出现给纪录片带来怎样的利好，内容始终是 “王道”，内容为王才能远航。回望近年来的热门纪录片，无论它的形式多么新颖，营销多么成功，无一不是因为内容优质、足够吸引人而受到大众追捧。纪录片的真实特性和文化属性是其存在的意义，如今与商业属性相结合，要防止纪录片因过度商业化而失去基本的价值，真实、优质的内容始终是一部纪录片的核心。

纪录片导演古兹曼曾这样描述纪录片的重要性："一个国家没有纪录片，就像一个家庭没有相册。"迈入新时代，纪录片应继续利用自身特性和优势讲好中国故事，坚定文化传播，为提升我国文化软实力作出应有的贡献。"乘风破浪会有时，直挂云帆济沧海"，相信经过一代又一代纪录片人的努力，纪录片将在未来的发展道路上健康前行，在蓬勃发展后迎来新的辉煌。

第四章

真人秀节目的本土化

“万物静观皆自得，四时佳兴与人同。”“静观”的闲情逸致在大众传媒发展的早期阶段很难在内容产品中得以呈现。现代传媒带给人们的愉悦享受，是千百年前的古人所未曾体验过的。包罗万象的电视节目，使观众足不出户便能尽知天下事，几乎不需要思考便能够获得情感上的满足。大众传播事业蓬勃发展，一切社会话语都可以被放在荧屏上公开讨论，电视媒体的教育功能和娱乐功能在受众的迫切需求中，进行着前所未有的融合，节目形态也在传媒的功能演进中不断推陈出新。电视真人秀便在这样的传播环境中成长为一种新的电视内容产品，通过张弛有度的节奏和“虚实结合”①的叙事，探寻在媒介产品中从容观察社会和人生的可能性。

美国著名波普艺术家安迪·沃霍尔在20世纪60年代提出了著名的“15分钟定律”：在未来，每个人都能出名15分钟，每个人都能在15分钟内出名。高速便捷的网络传播多多少少增加了这句话的可信度。抛开后来居上的新媒体不谈，电视真人秀也凭其自身的特点，无数次证实了安迪·沃霍尔的预言。与影视作品和投资巨大的综艺节目不同，电视真人秀作为一种介于虚构和非虚构之间的电视节目类型，赋予了普通人参与节目的机会，没有经过专业训练，也没有舞台经验的平民百姓也能够成为节目的主角，

① “虚实结合”，指叙事方面虚构和非虚构的结合。

在荧屏中大放异彩。因此，电视真人秀与综艺节目、影视剧相比，在艺术性方面要大打折扣。但福祸相依，这恰恰成就了真人秀区别于其他电视节目的“真”性情。作为一种电视文化产品，真人秀不像纪录片那样毫无介入地记录生活，也不会如电视新闻一般客观冷静地反映事实，在真实之上真人秀还要保证节目“秀”出风采，节目的娱乐本质决定了电视真人秀避免不了虚构。对节目环节的人为编排、节目中无处不在的摄像机，使屏幕前的观众跟随节目参与者，过了一把“明星瘾”。

自20世纪末就在全球范围内兴起的电视真人秀既满足了观众的收视需求，也能够调节社会气氛，在“真”与“秀”的双重特性下，迅速在全球范围内引发制播热潮，同时也在中国开启了它的落地生根之旅。

第一节　真人秀节目的发展与变迁

在20世纪中后期的电视业“黄金时期”，电视机已经像桌椅家具一样成为每家每户的生活必需品。无论电视荧屏前观众的收视兴趣如何，只要他们能够接收到电视媒体的内容产品，《幸存者》《超级女声》《中国达人秀》《非诚勿扰》等“新”形式的节目总会有一档进入过他们的视野中。这些节目都属于内涵明确、边界清晰的一类节目形态——电视真人秀。作为一种具有融合属性的电视节目，真人秀的诞生与成长离不开具体的媒介环境以及特定的历史阶段和文化背景。比如最接近现代真人秀节目形态的电视节目《真实世界》（*Real World*）（1992年，美国有线音乐台），具备电视真人秀精神内核的《远征罗宾森》（*Expedition Robinson*）（1997年，瑞典），以及标志着现代意义上的真人秀走向成熟的《老大哥》（*Big Brother*）（1999年，荷兰）。[①] 这些节目问世的年代，正是媒介产业内部消除各种干预力量、外界市场和社会属性不断强化的时代。与此同时，有线电视、数字电视、卫星电视等媒介接收终端的升级换代，无形之中也为电视真人秀打开了一个更大

① 宫承波，张君昌，王甫．真人秀在中国［M］．北京：中国广播影视出版社，2015：3.

的市场。经过近三十年的发展，电视真人秀从一名电视节目新成员，逐步成长为“荧屏老大哥”。

一、真人秀节目的起源与界定

研究电视真人秀的起源，无论如何也绕不开1998年的一部好莱坞电影《楚门的世界》（见图4–1），这部电影以隐喻的方式讽刺了一个被媒体渗透的世界。影片中的主人公“楚门”从小便生活在一个巨大的摄影棚中，在导演为其精心设计的情境中成长，自己却浑然不知，生活中的一切都被无处不在、无时无刻不在录制的摄影机记录下来，向观众完整呈现了他的生活经历和成长过程。电影中的这种纪实记录手法给电视人带来极大启发，电视人开始尝试在电视荧屏中展示人物的真性情、描绘百姓的日常生活，从生活中挖掘新的节目资源。这部二十多年前在大洋彼岸诞生的讽刺喜剧，打开了电视真人秀的新世界。

图4–1　1998年上映的美国电影《楚门的世界》奠定了电视真人秀的雏形（图片来源：电影海报网络图片）

在“楚门的世界”被发现之前，电视荧屏上虽然还没有正式出现被称作真人秀的节目类型，但是以今人的眼光回溯当年的节目，不难发现，现代意义上的电视真人秀节目中的叙事元素早在20世纪50年代的电视节目中便已出现并受到欢迎。哥伦比亚广播公司1948年推出的《偷拍摄像机》，在20世纪60年代被制作成电视节目后，迅速成为美国有线电视网名列前十的热播节目之一。[①] 在该节目中，被隐藏起来的摄像机将镜头对准普通人，节目组为每一个在无意中参与节目录制的嘉宾准备了一个精心设计的场景，与他们玩起了恶作剧，之后再将真相告诉参与者。此时，隐藏在一旁的摄像机已经将参与者的表情动作反应全部捕捉了下来，在荧屏上进行呈现。在类似的电视节目中，例如1973年美国公共广播公司制作的《一个美国家庭》、1997年在瑞典播出的《远征罗宾森》，都或多或少地使用了电视真人秀的节目语言：被媒体监视的普通嘉宾、被观众窥视的真实生活、由节目组精心设计的节目规则、节目参与者非可预见性的经历和结局，这些似曾相识的叙事元素共同构成了电视真人秀早期的节目特点。

在“楚门的世界”被公之于众后，迎接新世纪的钟声即将敲响，媒介的市场化进程进一步加快。伴随着通俗娱乐业的壮大，电视节目的商品属性进一步凸显，“楚门”作为一个虚拟的电影人物，将现实世界里的电视节目制造商带入了一个广阔的媒介市场。受电影启发，这种制作手法简单、节目模式极具复制性的新型电视节目便迅速与观众见了面。与舞美华丽、明星众多的电视娱乐节目相比，真人秀制作简单、造价低廉，深受电视制片商的青睐。尤其是在节目的叙事主体方面，为了追求节目效益的最大化，邀请素人嘉宾参与电视真人秀录制似乎成为各大电视节目制造商的共识。在“楚门”走进大众世界的一年后，荷兰Veronica电视台播出的《老大哥》正式以电视真人秀的姿态出现并迅速风靡全国，标志着现代意义上的电视真人秀问世。在节目中，数十名性格各异的素人嘉宾被安排在一所布满摄像机和麦克风的房子里共同生活，在节目组制定的规则下，参与者以淘汰其他人赢得巨额奖金为目的展开竞争，在镜头前彰显个性。每个参赛者的个性都在节目中暴露无遗，并通过摄像机传递给电视荧屏前的观众，满足着他们的窥私欲和好奇心。

《老大哥》的荧屏火爆正式将真人秀带入大众视野，全球数十个国家和

① 希尔．流行真人秀：真实电视节目受众的定性与定量研究［M］．赵彦华，译．北京：中国国际广播出版社，2008：22.

地区开始制作播出自己的《老大哥》(见图 4–2),真人秀成为风靡全球的电视节目类型。哥伦比亚广播公司制作播出的《幸存者》(*Survivor*),从 2000 年 5 月 31 日荧屏首秀,至 2020 年的 20 年间已经播出了 38 季;在美国 CW 电视台播出的《全美超模大赛》(*American's Next Top Model*)占据荧屏 12 年之久。在电视真人秀持续占据黄金时间播出单的时候,学界对真人秀的研究也在火热进行。对于真人秀的概念,国内外诸多学者都给出过自己的定义,虽然描述不尽相同,但在真人秀的叙事元素方面都给出了相似的结论,例如清华大学的尹鸿教授认为:"真人秀作为一种电视节目形态,是对自愿参与者在规定情境中,为了预先给定的目标,根据特定的规则所进行的竞争行为的真实记录和艺术加工。"[①] 谢耕耘和陈虹在书中将真人秀定义为:"由普通人而非扮演者,在规定情境中按照既定的游戏规则展现完整的表演过程,展示自我个性,并被记录或者制作播出的节目。"[②] 而英国学者安奈特·希尔则将真人秀划入了真实电视节目的范畴,认为它是一种位于新闻信息性节目、娱乐性节目和纪录片、戏剧之间的节目形态。[③] 这些定义都不约而同地认为真人秀节目具有"真"和"秀"的双重美学特征,是一种位于纪实和艺术中轴线上的电视节目类型。

图 4–2 第一档真人秀节目《老大哥》的美国版(图片来源:节目海报网络图片)

---

① 尹鸿,冉儒学,陆虹.娱乐旋风:认识电视真人秀[M].北京:中国广播电视出版社,2006:21.

② 谢耕耘,陈虹.真人秀节目理论形态和创新[M].上海:复旦大学出版社,2007:1.

③ 希尔.流行真人秀:真实电视节目受众的定性与定量研究[M].赵彦华,译.北京:中国国际广播出版社,2008:2.

在此基础上，本书将真人秀节目界定为：以竞赛或生存体验等作为主要的结构方式，把镜头对准没有受过专业训练的自愿参与者，向观众展示他们真实的游戏或生活状态的一种节目。参与者在预先设计好的情境中按照一定的规则行动，节目再以参与者为核心进行戏剧化的编排制作。从某种程度上来说，电视真人秀的节目规则决定了节目内容，节目参与者塑造了故事情节，而后期编排实现了荧屏效果。

二、真人秀节目全球开花

真人秀作为一种电视节目类型，之所以会在20世纪末崭露头角并迅速火遍全球，与当时特定的社会状况密不可分。20世纪后半叶，伴随第三次科技革命而来的，还有社会变革的曙光。在政治经济全球化的进程中，世界经济迎来大发展，传媒行业的商业属性逐步压倒了其社会属性，电视节目的走向逐步归于收视率的指挥棒下。在这种情况下，一方面，小报新闻、电视纪录片和大众娱乐业的体量迅速壮大，为日后真人秀登陆荧屏积累了大量忠实的电视观众；另一方面，西方社会的媒介内部管制进一步放松，宽松的媒介环境为电视真人秀的发展提供了极大便利，使得兼具纪实性和趣味性的真人秀节目长期占据高峰时段的节目播出单。

20世纪90年代末，作为一种新的节目类型与观众见面的《老大哥》，正式将真人秀推上了传媒市场的风口浪尖。1999年在荷兰首播大获成功后，《老大哥》风靡全球，节目版权行销全球数十个国家和地区。销售在当地获得成功的节目的版权，在全球进行个性化的改编，也是迄今为止电视真人秀在全球流变的主要方式。需要注意的是，无论一档真人秀在本地区取得了多大的成就，在版权输入地，其节目风格和样式总要与本土的文化优先权保持一致。就像“肇始于荷兰的《老大哥》在浪漫的法国变成了《阁楼故事》，瑞典的《远征罗宾森》在崇尚冒险精神的美国摇身一变成为《幸存者》，英国推出的《谁是百万富翁》，在追求美国梦的美利坚成了人人都有机会登上的《美国偶像》”[①]。真人秀的本土化在其全球开花的过程中是不可避免

① 宫承波，张君昌，王甫．真人秀在中国［M］．北京：中国广播影视出版社，2015:19.

的，作为荧屏新秀，电视真人秀能在两三年内成为风靡全球的节目类型，这种强大的市场收割力不仅来源于电视媒体敢于自我革新的魄力，而且与当时的社会经济文化状况密不可分。

真人秀是被打上后现代主义烙印的文化产品，它以大众拥有闲暇时间为消费前提，以满足大众的精神需求为消费目的。兴起于 20 世纪 60 年代的美国后现代主义文化思潮，将消费和娱乐融合在一起，成为对抗和颠覆传统的思想武器。在真人秀的舞台上，普通老百姓成为节目焦点，标榜"宣扬个性、追求真我"，犹如 2005 年火爆全中国的音乐真人秀《超级女声》，打出"想唱就唱，唱得响亮"的口号，成为当年的收视奇观。作为后现代主义理论的外在表达，大众文化在西方社会工业化、城市化的进程中，成为一种方兴未艾的文化现象。可复制、可消费、低成本这些特点，决定了大众文化是一种能让百姓高度参与的文化。一方面，为了满足大众的文化需求，精英文化被迫失去了往日在媒体中的主导地位，为与大众文化在荧屏中共存留下足够空间，以此来抓住大多数观众的眼球；另一方面，从某种程度上来说，正是电视媒体对市场和观众的屈服，才使真人秀成为荧屏新宠。20 世纪 80 年代，欧美等西方老牌工业国家解除了媒介内部的政府管制，在一个越发商业化的媒介环境中，利润作为原始驱动力迫使节目制作向文化产业取经，以期在荧屏前留住更多的观众。《楚门的世界》的问世，让电视制片方看到了新的收视增长点，《老大哥》的全球热播也证明真人秀作为一种新的电视节目类型，确实可以成为黄金时间段"收视率的发动机"。"在 20 世纪 90 年代后期，电视真人秀经常史无前例地占据超过 50% 的市场份额，定期出现在电视节目收视排行榜的前 20 位。"[①] 在竞争激烈的媒介环境中，这种制作成本较低、收视回报却高得出奇的节目类型，迅速成为全球各大电视台炙手可热的媒介产品。

① 希尔．流行真人秀：真实电视节目受众的定性与定量研究［M］．赵彦华，译．北京：中国国际广播出版社，2008:42.

第二节　真人秀节目的叙事元素

作为一种完全的“舶来品”，电视真人秀在本土化的过程中逐渐与原始节目形态产生差异，但叙事元素却一脉相承。电视真人秀的节目形态具有非常清晰的边界，它既不同于追求纪实性的新闻节目，也与建构虚拟世界的影视剧或以游戏情节娱乐观众的综艺节目有所区别。这种节目形态的独立性与它同时追求“真”和“秀”的双重美学特征有关，节目参与者参与的各个环节都是节目编导提前设计好的，而参与过程和结果却不受他人意志左右，具有相当的随机性。因此，节目形态的独立性在很大程度上决定了电视真人秀节目的叙事元素具有相当的稳定性。一些重复出现的元素甚至成为节目类型划分的依据，这些叙事元素被受众熟悉后还会被自觉运用于对节目的理解并形成收视期待。[①] 接下来我们将逐一分析真人秀节目各叙事元素在本土化过程中所呈现的差异化发展。

一、叙事主体：参与者

（一）作为叙事主体的普通人

普通人（在影视节目中又称“素人”）是欧美真人秀节目叙事主体的主要身份特征。在影视节目的发展历程中，观众看厌了“戴着面具”、具有表演意味的明星的表演，想要看到与他们社会阶层相近、生活环境类似的普通人的表现。“素人出演”成为满足观众窥视欲的基本心理诉求。与此同时，参与者的平民化倾向也带来了真人秀节目塑造草根明星的叙事框架。

作为节目叙事的参与者，素人们非专业的表演给观众带来了十足的新鲜感，他们在镜头前展示自己的真实状态，使观众的窥私心理得到极大的

① 陈欣钢．跨国流动中的电视节目形态重构：基于中国真人秀节目的文本分析[J].电视研究，2011(3)：60-62.

满足。“楚门”因为完全不知情，所以在摄像机面前真实感十足，在节目大获成功的同时，作为节目参与者的“楚门”也获得了偶像明星般的知名度，间接启示了选秀类真人秀的诞生。由于同属于“普通人”群体，观众与真人秀节目的参与者具有情感心理上的亲近感，观看节目时更容易产生共鸣。国产首档自创真人秀节目《生存大挑战》在其拍摄制作时便考虑到了观众的这种审美心理（见图 4–3）。2000 年，制作方广东卫视大胆起用素人参与《生存大挑战》的节目录制，从全国数百名报名者中挑选出两男一女三位挑战者，只允许他们携带地图、药品、指南针等野外生存的必备品和 4000 元，去完成穿越 8 省份行程 3.8 万公里的旅途。在 195 天的旅行期间，摄制组全天候记录下每一位挑战者的旅途，将他们所处的环境传递给电视机前的观众，更通过捕捉挑战者的细微表情，让观众深入到每一位选手的内心世界中。该节目开启了国内电视台起用普通人参与同类节目录制的先河，为广东电视台带来一次次收视热潮，同时也成就了国内最早的户外真人秀节目，对以后国内电视节目形态的发展产生重要影响。

图 4–3　广东电视台制作的中国首档真人秀节目《生存大挑战》（图片来源：百度百科）

（二）参与者的个性化

作为故事化的叙事主体，参与者需要具有鲜明、独特、有代表性的个性特征。这里所说的个性特征既包括文化艺术角度与众不同的“非主流”，也包括社会生活角度的弱势群体、边缘人群等。

在众多类型化的电视真人秀中，虽然节目题材有所区别，但是在故事化的节目叙事中，参与者无一例外都具有自己的个性。在文化艺术领域，参与者的个性成了与众不同的“非主流”的代名词，他们虽然出身“草根”，可是也有着广泛的代表性，有时候甚至指示着社会流行文化的走向。2005 年的选秀节目《超级女声》引发收视狂潮。李宇春作为“超女”第二季冠军，一身帅气的中性打扮形成了自己鲜明独特的偶像风格，赢得了各社会阶层、各年龄段和不同审美取向观众群体的喜爱，甚至成为《时代周刊》的封面人物（见图 4–4）。她的脱颖而出可以说是当时青年亚文化战胜主流精英文化的代表。而从社会生活的角度来看，国内真人秀节目的参与者以社会边缘人群为主，他们要么身怀绝技，要么有着感动人心的美丽故事。获得《中国达人秀》第一季全国总冠军的“无臂钢琴师”刘伟、通过参加《美国偶像》而家喻户晓的美籍华人孔庆翔等，因为在节目中的质朴表现以及对梦想的不懈追求而获得了观众的喜爱。

图 4–4 “超女”冠军李宇春登上美国《时代周刊》封面
（图片来源：美国《时代周刊》2005 年 10 月特刊）

（三）参与者的差异化

当有多个参与者参与叙事时，他们的身份、性格、社会角色等的差异可以带来叙事空间和戏剧冲突。这样的特征可以广泛吸引各职业和各阶层的观众收看，而且也更容易拓展叙事空间，构成戏剧冲突，体现真人秀节目一定程度的批判性和公共性特征。

电视真人秀节目往往会邀请多个在身份、性格、社会角色等方面具有戏剧冲突的参与者，以参与者的多元化来展现生活的多层次和多维度。这种差异化的参与者设置一方面可以广泛吸引来自各个职业和阶层的观众；另一方面也可以拓展节目的叙事空间，增强节目的公共性，通过不同阶层的话语立体地呈现社会发展状况。美国哥伦比亚广播公司的真人秀节目《极速前进》（*The Amazing Race*）曾打败了《幸存者》《美国偶像》等在全球热播的同类型节目，两度获得美国艾美奖黄金时段最佳竞赛类真人秀节目奖。其第 10 季的嘉宾中包含了白领阶层和蓝领阶层、白人群体和其他族裔、异性恋和同性恋、基督徒和穆斯林等，以嘉宾身份的多元化来展现不同的价值观，并通过拓展的话语空间带来更大的戏剧冲突。

二、叙事模式：规则与目标

（一）任务和事件

真人秀节目的参与者往往要在一定的时间和空间内活动，完成一定的任务或达成某个目标。主体人物经历的事件和结局是真实的，但任务与规则是编导设计和规定的。在传统的季播节目中，每一集真人秀都会设置一个子任务，而每季节目都会要求参与者完成一个最终任务，实现当季节目的“终极目标”。

虽然节目呈现的是参与者的真实经历甚至日常生活，但参与者的种种真实情境只有置于一定的叙事模式中，才能展现其区别于既有节目类型的独特吸引力。俄国文艺学家什克洛夫斯基曾指出：“为让读者能以强烈的兴趣接受艺术作品，艺术家应用专门手法使习惯的或无意识地熟识的东西陌生化，即把对象从其正常的感觉领域移出来，使之成为一种读者与文本的特殊关系。"①电视真人秀正是运用这一理论，实现对生活情景的审美化处理。2020 年 2 月美国奈飞公司播出的异性配对真人秀《爱情盲选》(*Love Is Blind*)将男女嘉宾分别置于独立的小房间中（节目中称之为"爱巢"），由一片薄薄的不透明玻璃将两个房间连接在一起，双方隔着玻璃进行交流互动，经过短暂的三天，嘉宾们就要在互相没有见过面的情况下确定真爱对象并与之订婚。他们如何进行真爱盲选、能否找到合适的结婚对象，这些由节目编导设计的规则和目标在搭建了节目框架的同时也成了真人秀节目吸引观众并贯穿始终的最大悬念。

（二）最终任务和终极目标

我们常见的西方电视真人秀的叙事模式基本都导向四个结局——一夜成名、一夜暴富、一见钟情、一针见血。盲选爱情的实验性真人秀《爱情盲选》便是套用异性嘉宾一见钟情的叙事模式，具有相当大的典型价值（见图 4–5）。在真人秀的跨国流动初期，流行于我国电视荧屏的真人秀节目《生存大挑战》《超级女声》等同样采用了上述模式。

图 4–5　真人秀节目《爱情盲选》（图片来源：节目海报网络图片）

① 朱立元 . 美学大辞典［M］. 上海：上海辞书出版社，2010:617.

在竞赛类真人秀中，西方节目的参与者会坦言高达百万的巨额奖金或赢得最后的殊荣是其参与节目的直接动力。2003 年开播的《全美超模大赛》在第 20 季的节目中创新性地让男女嘉宾同台竞技，角逐最后的冠军席位（见图4–6）。在比赛过程中，几乎每一位选手都明确表示自己可以成为冠军，并大方地展示自己的“电眼”“翘臀”。国内的真人秀节目往往不会以金钱物欲作为节目的终极目标，而代之以象征性的少量奖品或特殊荣誉。2017 年在北京卫视首播的《跨界冰雪王》，邀请八位在滑冰方面零基础的明星接受三个月的冰上技巧训练，在节目录制期间，每周进行一次花样滑冰表演的挑战。在竞赛中，选手们不怕受伤无惧失败，不是为了巨额奖金，而是带着助力冬奥会的梦想，传递拼搏奋斗的奥运精神。在婚恋交友类真人秀中，节目不再单单表现男女嘉宾互相了解的过程，虽然实现男女速配仍然是婚恋真人秀节目的目标，但是以《中国新相亲》和《新相亲大会》为代表的新型民族化真人秀开始改变规则，由男女双方带着父母亲友一块参加相亲节目，让传统婚恋观中的“父母之命，媒妁之言”在媒介社会中重新走进大众视野。从“男女双方互选”到“带着父母去相亲”改变的是规则，却是整个节目形态本土化的形式之一。

图 4–6　美国本土真人秀节目《全美超模大赛》（图片来源：节目海报网络图片）

三、叙事策略：冲突与隐私

（一）强化悬念与隐私呈现

作为一种大众文化，电视具有鲜明的商品属性。电视艺术同时也符合艺术创作的一般规律，能够在大众文化的基础上兼顾审美价值。在真人秀节目中，最大的矛盾冲突和悬念往往是谁能够获胜，谁能够进入下一个回合，谁能取得最终的胜利。

在欣赏文艺作品或影视戏剧时，观众总会关注情节的发展和人物的命运。这种可操控的节目悬念能有效地吸引观众的注意力，并使他们继续观看节目。2015年至2016年在英国第四频道（Channel 4）播出的《我为清洁狂》（*Obsessive Compulsive Cleaners*）邀请强迫症患者来打扫英国的一些脏乱房子。在节目中，这些清洁工们需要和家里急需大扫除的人进行配对，在规定的时间内对房间进行彻底清扫。在一对一的打扫帮扶中，患有强迫症的清洁工对房间卫生的吹毛求疵，与房间主人的需求喜好之间发生摩擦，狂热的清洁行为能否按时完成便成为节目最大的悬念。在真人秀节目中，嘉宾们常规意义上的隐私生活通过荧屏向公众展现，无论是他们的言行举止还是更为隐秘的心理活动，观众都可以通过屏幕传递的内容进行观看、聆听，乃至联想。2020年美国奈飞公司制作的《爱情盲选》将进行盲婚试爱的男女嘉宾暴露于镜头前，从不见面聊天择偶，到异性同居的第一晚，摄像机从不曾离开，将只属于二人的甜言蜜语和亲密爱抚完全呈现给观众，使观众的窥私欲得到极大的满足。

（二）人际关系：竞争与矛盾冲突

在电视真人秀中，矛盾冲突一直都是节目叙事文本的表现重点，多个节目参与者之间复杂的人际关系是滋生节目冲突的绝佳沃土，尤其是对于竞赛类真人秀而言。参赛选手之间或互帮互助，或激烈竞争，在人物性格、参赛目的、才艺展示等方面都会产生复杂的矛盾冲突。同时，节目通过展现隐私的行为活动和隐私的心理活动，满足观众的窥私欲望，实现真人秀元素中的“秀”的特点。

布伦退尔曾说，“没有冲突就没有戏剧”，虽与戏剧有所区别，但真人秀节目同样适用于这个“戏剧定律”，激烈的冲突一直都是讨好观众的绝佳手段。在西方语境下，真人秀的嘉宾之间具有简单明了的对立关系，摄像机也毫不避讳地展示嘉宾间的互相猜忌和言语攻击，嘉宾之间的关系在节目情节走向中也不时发生变化，时而互助合作，时而激烈争斗，这种不确定的嘉宾关系构筑着节目的冲突情境。在《全美超模大赛》22 季的节目中，每一季都有数十位选手参与，每个选手都尽其所能地展示着自己的优势，来争夺最后的冠军。在节目中，选手之间的言语攻击和对冠军席位的强烈渴望，无不在强化着节目的戏剧冲突。在《老大哥》中，一群陌生人以“室友”（housemates）的身份住进一所特别设计的房子里，在摄像机和麦克风的监视下完成每周任务。这种淘汰制的节目中注定少不了矛盾冲突，参与者可以在“日记房”或者“告白室”表达他们的真实想法和对他人的感受，甚至直接说出想要淘汰的人的名字，这种赤裸裸的交锋使节目冲突贯穿始终。然而在电视真人秀的本土化进程中，这类节目不可避免地与本民族文化发生碰撞，我国温良谦恭、内敛平和的民族气质渗透进电视节目制作理念中，弱化冲突、强调“以和为贵”便成了节目发展的必然趋势。在音乐选秀节目《超级女声》《快乐男声》中，参赛选手之间不是简单的竞争对立关系，而是惺惺相惜、互帮互助，竞争对手反而成为好朋友，在比赛中互相鼓励加油。当对手遭到淘汰，获胜者甚至还会依依不舍地流下眼泪。在这里，中国传统观念中“人情”的重要性和“情理合一”的社会行为方式得以彰显。[①] 将真善美结合在一起的中国电视真人秀节目，在使观众获得审美快感的同时，也使电视媒体回归了社会良知守望者的角色。

① 翟学伟 . 人情、面子与权力的再生产：情理社会中的社会交换方式[J]. 社会学研究，2004(5)：48-57.

第三节　真人秀节目的子类型及其特征

作为一种创新的元素融合节目，真人秀具有丰富多样的内容和形式，合理划分出真人秀的子类型能够更好地描述其范围，所以对真人秀进行必要的归纳和分类是对其开展研究的前提。

在电视产业内部，为了获得更高的市场份额，各种类型的电视节目之间往往会互相借鉴。电视真人秀能够在充满不确定因素的媒介环境中长时间占据黄金时段的节目播出单，与它综合了新闻、纪录片、综艺娱乐等多个节目类型的元素有着密切关系。在对其他节目的借鉴中，电视真人秀从中提取了成功的元素。现代意义上的电视真人秀之所以从荧屏新秀到成为收视收割机，历经三四十年发展势头依旧很猛，是因为其节目形式本身就具有很强的开放性和包容性。电视真人秀仍然处于不断的发展变化之中，新的播出渠道、新的互动元素，以及新的时代精神内核，都促使真人秀节目不断推陈出新。这既增加了我们准确划分真人秀节目类别的难度系数，也是我们研究真人秀节目子类型的理由。

关于真人秀节目的子类型研究，诸多学者在很早之前便已着手开展，由于真人秀具有丰富多样的内容和形式，其子类型也具有一定的纷繁性；作为电视娱乐节目的一种，真人秀本身也杂糅了多种节目形态，因此，对真人秀节目的类别划分目前并没有统一的标准。国外学者安奈特・希尔在关于真人秀的定性和定量研究中，将其划分为四个主要的种类：信息娱乐类（infotainment）、纪录电视剧类（docu-soaps）、生活方式类（lifestyle）、真实游戏秀类（reality gameshows）。[①] 美国学者米歇尔・希尔麦斯（Michele Hilmes）对真人秀的划分方法与之相似，但是去掉了信息娱乐类，增添了以名人参与为特征的名人真人秀。[②] 也有一些学者另辟蹊径，在对真人秀的类

---

① 希尔．流行真人秀：真实电视节目受众的定性与定量研究［M］．赵彦华，译．北京：中国国际广播出版社，2008：13.

② HILMES M. Only connect：a cultural history of broadcasting in the Unites States［M］. Boston：Wadsworth Pub Co，2007：428.

别划分中将其子类型单独提炼出来，例如杰里米·G. 巴勒特将真实电视分为法庭与法制节目、约会节目、纪录肥皂剧或纪录剧、隐蔽式拍摄节目、游戏纪录片、生活方式秀、真实情景剧、技能竞赛秀、日间脱口秀九类。[①]这种分类方式是与西方电视节目的特点紧密相连的。我国学者早期根据欧美流行真人秀的节目特点，将真人秀划分为“室内真人秀”和“户外真人秀”。这种单纯依据节目所处环境进行的类别划分，显然已经不能全面概括真人秀节目中不断出现的新元素，不能准确定位真人秀推陈出新的子类型。清华大学教授尹鸿曾在《娱乐旋风——认识电视真人秀》一书中，根据当时出现的真人秀节目将其划分为九种类型：生存挑战型、人际考验型、表演选秀型、职业应试型、身份置换型、益智闯关型、游戏比赛型、异性约会型和生活技艺型。[②]

真人秀走上中国电视荧屏已有 20 年，虽已不是新鲜事物，但是仍处于发展的初期阶段，新的节目播出手段、互动元素、文化特征为真人秀的忠实受众带来新的体验。因此，在前人研究的基础之上，结合近些年中国真人秀的发展状况，笔者将真人秀划分为竞赛类真人秀、表演选秀类真人秀、交换与体验类真人秀、婚恋交友类真人秀、游戏类真人秀五种类型。虽然都属于真人秀的节目范畴，但是每种子类型都有其独特的魅力。

一、竞赛类

在竞赛类真人秀中，参赛嘉宾脱离了自己原本熟悉的生活和工作场景，在节目组的安排下，进入节目组编排好的情景中，按照既定的规则为实现终极目标而不懈努力。此类真人秀的节目形态往往比较简单，主要是“选手 + 规则 + 赛道 + 奖惩”的模式，以挑战性、刺激性、趣味性为主要特点（见图 4-7）。2000 年在美国首播取得巨大成功的《幸存者》，将参与者安排在条件极其艰苦的荒岛上，使其在一定的规则下展开生存竞争。在节目中，无论

① BUTLER J. G. Television：critical methods and applications［M］. London：Routledge Publish，2006：118.

② 尹鸿，冉儒学，陆虹 . 娱乐旋风：认识电视真人秀［M］. 北京：中国广播电视出版社，2006：100.

是人与自然环境的冲突还是参赛者之间的对抗，都不是自然存在的，而是在极具诱惑性的巨额奖金和强制性的节目规则的基础上，由节目制作方人为设置的。如此一来，人与环境的冲突提高了节目的紧张刺激性，而人和人之间的较量更是挑逗着每一位观众的胜负博弈之心。在节目中，竞争者之间可以互相投出淘汰票直至产生最后一名幸存者，这样的淘汰机制使得生存危机时刻笼罩着每一位参赛嘉宾。对巨额奖金的渴望与残酷的节目规则发生碰撞，使节目在紧张刺激的比赛氛围中向前推进。这种全民参与的广泛性，一方面极大地满足了普通人的参与诉求；另一方面，节目中提供的有别于常态生活的情景也迎合了受众的猎奇心理。

图 4-7　竞赛类真人秀节目的典型样式（图片来源：百度百科）

进入我国电视市场之后，竞赛类真人秀依据我国的节目制作规律和受众喜好进行了一系列本土化的改造。在节目主体方面，为了保障收视率，我国的竞赛类真人秀倾向于选择具有一定粉丝基础的演艺界名人，使他们以素人的姿态参与到某一类型的竞技活动中进行比拼。在节目叙事中保留故事冲突的同时，弱化参赛嘉宾之间的敌对关系。国外真人秀中选手之间直白的言语攻击和胜负欲的流露，在国内节目中被参赛者合作互助的镜头所取代，“友谊第一，比赛第二”的传统观念和温和谦恭的民族性格，塑造了我国真人秀节目的精神内涵。另外，节目规则也不如国外竞赛类真人秀那般严苛，转而放大选手竞争行为背后的意义，在节目的娱乐性中融入竞技活动的励志属性。国外节目中参赛嘉宾往往是为了赢得巨额奖金而不懈努力，反观本土化之后的真人秀，节目组为参与者提供的是实现梦想、赢得荣誉的机会，精神层面的激励比金钱利诱更为我们所看重。2013 年 4 月 7 日起每周日 22:00 在江苏卫视播出的《星跳水立方》作为一档明星跳水竞技真人秀，共邀请 32 位演艺界人士参与到这项竞技运动中。参赛者完全按照国际泳联的规则进行跳水对决，并由 4 位奥运跳水冠军担任教练和裁判，对其进行专业的指导。节目以参赛选手之间互助合作、共同进步、学习专业的跳水技能作为看点，选手之间为了追求利益而引发的冲突则被弱化。《急速前进》第一季（深圳卫视，2014 年）作为国内首档全明星环球竞速真人秀，对源节目——美国经典真人秀《极速前进》的规则进行了大胆革新，增添了复活卡、踢馆和分组对抗积分赛等新元素，在激烈的竞速对抗中，真实呈现各界明星在前进路上与搭档相知相守、共同进步的画面，让观众跟随嘉宾在奇妙的竞速比拼中收获欢笑与感动，懂得坚持与相爱相助。另外，2017 年在北京卫视首播的《跨界冰雪王》也是一档具有典型本土化特色的电视竞赛类真人秀（见图 4–8）。该节目主打冰舞竞技，集结 8 位在滑冰方面零基础的明星，他们怀揣对冰舞的热爱，入驻由张艺谋担任“营长”的魔鬼训练营。在申雪、赵宏博两位奥运冠军的指导下，历经 120 天残酷而又充满乐趣的技巧训练，并每周进行一次冰上表演，经过多轮比拼后最终决出一位总冠军。8 位零基础的明星接受这样的竞技挑战，不是为了巨额奖金，而是为了心中的奥运梦想，发挥助力冬奥的人生价值，同时也为观众带来精彩绝伦的原创冰雪梦幻秀。

图 4–8　中国本土竞赛类真人秀《跨界冰雪王》海报（图片来源：百度百科）

二、表演选秀类

顾名思义，表演选秀类真人秀以节目参与者的表演过程为主要看点，参与者往往具有某方面的才艺，按照一定的节目规则进行优胜劣汰的比拼，进而满足参赛者自我实现的需求。马斯洛（Abraham Maslow）的需求层次理论（Need Hierarchy Theory）认为，人类共同拥有的最高层次需求是自我实现需求（self-actualization need），它是指实现个人理想、抱负且充分发挥自己的潜能，成为所期望的人物的动机。① 选秀节目通过为参与者提供展示自我的舞台，极大地满足了人们对自我实现的追求。在国内真人秀的发展历程中，2005 年横空出世的《超级女声》可谓一档具有里程碑意义的节目。这档全国性的平民选秀节目，让几个普通女孩迅速成长为家喻户晓的大众偶像，成功掀起了我国电视荧屏的娱乐浪潮，一时间选秀造星的娱乐节目成为诸多电视媒体的制播首选。由于表演选秀类真人秀具有明显的“造星”目的，所以该类节目的参与者往往在某一领域有过人之处，卓越的才艺表演能力既是节目嘉宾比拼夺冠的资本，也是该类节目的主要看点之一。另外，表演选秀类节目的比赛规则作为重要的叙事元素，也深深吸引着观众参与其中。全国海选、选手 PK、大众投票等方式，牢牢抓住了观众的娱乐胃口。比如《超级女声》采用短信互动的方式让观众为自己喜爱的选手投票加油，由粉丝组成的大众评审团和专业评委一起，对选手进行评判，拥有淘汰或选拔晋级者的权力，在电视精心营造的拟态环境中，观众获得了极大的互动愉悦。

在《超级女声》之后，跟风制作使得选秀节目的市场逐渐达到饱和，为了打造良好的舆论环境和荧屏生态，当时的广电总局频出重拳，出台了一系列相关文件，将偏离路线的表演选秀类真人秀拉回正轨。2012 年，浙江卫视联手灿星制作公司强力打造的一档大型励志音乐选秀节目《中国好声音》在开播后连续三季稳坐同时段收视率的头把交椅，重新唤醒了处于低迷中

① 车文博．西方心理学史［M］．杭州：浙江教育出版社，1998：556-559.

的表演选秀类真人秀。节目延续了专业评审加选手 PK 的选秀模式，但是赛事规则焕然一新，从国外引进的“盲听盲审”选拔制度，将表演选秀类真人秀该有的刺激感和悬疑感发挥得淋漓尽致，准确地戳中了观众的每一个兴奋点。2014 年 7 月 18 日第三季《中国好声音》开播，其独家视频播出平台腾讯视频的数据显示，第三季《中国好声音》首期节目收视率 CSM50 城高达 4.369，再次刷新中国电视综艺节目首播收视新纪录[①]，创造了收视奇迹。

三、交换与体验类

作为电视真人秀的一个子类型，交换与体验类节目更加注重真实记录参与者在交换身份或生活环境之后的状态与表现。按照节目组事先编排好的规则，参与嘉宾得以体验特殊的生活，从而产生相应的行为表现和内心感悟。这种角色互换和体验类的真人秀最早源自英国第四频道于 2003 年 1 月播出的《交换配偶》（*Wife Swap*）。在节目中，两位有着不同文化背景和生活习惯的家庭主妇交换身份，到对方家中，以女主人的身份与其家庭朝夕相处十天。尽管不含任何色情成分，但是该节目还是极大地满足了观众的窥私欲。该节目在英国引起关注之后，美国 ABC 便购入版权，推出了美国版本的《交换主妇》。节目在播出第一周便夺得了收视冠军。值得玩味的是，国内的齐鲁电视台模仿该节目制作的《交换主妇》，因其极富争议性的话题与我国传统的伦理观念不相符，并未取得理想的收视效果，很快就被永久停播。

真正把交换与体验类真人秀带到我国观众面前的是 2006 年 9 月在湖南卫视播出的《变形计》，来自城市和乡村的少年互换生活，各自进入完全不同以往的生活环境，以唤起他们对生活的重新审视。虽然节目形式在很大程度上借鉴了美国电视真人秀《真的变了》（*Switched*）（ABC，2003 年）和《不同的世界》（*Word Apart*）（NGCI，2003 年），但是该节目却针对中国的媒介环境和观众喜好进行了本土化的改造，着眼于中国青少年的成长问

① 《中国好声音》首播再传捷报　破纪录荣膺榜首［EB/OL］.（2014-07-21）［2020-06-01］. http://www.zjstv.com/news/zjnews/2014/07/2014-07-21315999.html.

题，关注城乡差距等具有社会学意义的话题，开启了体验式真人秀的发展新阶段。

随着本土化改造的不断深入，交换与体验类真人秀所涉足的题材范围越发广泛。在业界的诸多实践中，该类真人秀也逐渐显露出自己的特点。第一，重视情景设定。体验类真人秀中设定的情景就是节目嘉宾所要体验的环境，紧密围绕节目主题设定的情景，能够帮助嘉宾在一定的时空内更好地进行体验活动。例如 2005 年中央电视台财经频道播出的《交换空间》，让红蓝两队到对方的家中进行装修改造，在规定的 48 小时内用有限的预算完成装修任务，这就为节目参与者提供了一个特定的体验环境，让参与者在特定的时间和空间内发挥自己的个性和创造力来度过这段体验时光，使得每期节目都具有鲜明的个人特色。第二，身份具有假定性。在角色体验类真人秀中设置与节目参与者的职业、身份完全不同的假定性角色，能够更好地将参与嘉宾从现实生活中剥离，激发其体验欲望，提升体验感受。

四、婚恋交友类

婚恋交友类真人秀以异性约会为主题，为素不相识的青年独身男女提供互相交流的平台，在轻松浪漫的氛围中，异性双方通过一系列环节相识相知。在中国电视真人秀的发展初期，婚恋交友类节目便是其中重要的组成部分。参与节目的男女嘉宾通过节目组提前设计好的环节进行互动，在互动中了解彼此，从而找到令自己心动的异性。1991 年国内首档相亲节目《今晚我们相识》在北京卫视开播，虽然反响平平，但是其节目形式为婚恋真人秀的日后发展提供了借鉴，开启了相亲真人秀的 1.0 阶段。当时的相亲节目以男女婚恋为主题，主要通过主持人对嘉宾的提问增进双方之间的了解。真正改变这种状况的是 2010 年 1 月江苏卫视开播的《非诚勿扰》，该节目采用了与以往相亲节目不同的规则，以一位男嘉宾匹配 24 位女嘉宾的节目形式，通过“爱之初体验”“爱之再判断”“爱之终决选”“男生权利”等环节实现男女速配，带领婚恋交友类真人秀全面走进 2.0 时代。该阶段开始弱化主持人在节目中的作用，异性嘉宾通过节目设置好的多个环节直接交流，话语比重明显增加。这一时期的婚恋交友类真人秀虽然仍以男女婚恋作为节目主题，但是着重表现嘉宾双方对异性的评判标准，大胆展现现代社会中青年人的婚恋观、价值观。“在节目初期部分嘉宾的观点有些剑走偏锋，但是经过整改，该节目还是成了‘中国青年男女婚恋观’的策源地和交战场。”① 另外，该阶段婚恋交友类真人秀节目的一个显著特征便是话语角色的增加。除了主持人和男女嘉宾，情感专家的加入不仅调和了节目气氛，而且进一步增强了节目的服务性。

随着《非诚勿扰》的成功，与之形式雷同的相亲真人秀节目不断涌现，但是相比之下，《非诚勿扰》在节目话题炒作、形式创新、社会观照等方面一直走在行业前列，奠定了江苏卫视在棚内婚恋交友类真人秀的业界主导地位。为了巩固品牌、开拓市场，江苏卫视在婚恋交友类真人秀制作领域继续创新，推出了明星假想恋爱真人秀《我们相爱吧》和强调代际沟通的相亲真人秀《新相亲大会》，带领婚恋交友类真人秀迈进 3.0 新时代。从强调异性嘉宾婚恋观念的开放前卫到客观全面地审视当今社会的家庭婚恋观，从情境设置中的明星假想恋爱，到如今观察素人恋爱谈情，婚恋交友类真人秀随着时代的发展、观众审美水平的提高、市场竞争的日趋激烈和政策的不断引导而不断发生着变化。发展到该阶段，婚恋交友类真人秀不再单单以男女嘉宾之间的互评标准为看点，节目所追求的也不再仅仅是对现代年轻群体的择偶观、婚恋观的呈现，而是作为一个窗口，从嘉宾们的婚恋大事中洞察当下社会的价值观。以 2019 年的《新相亲大会》为例，“带着父母去相亲”的节目形式使电视相亲更加人性化、生活化，也使得婚恋交友类真人秀的节目焦点从两个人转移到了两个家庭，将代际冲突和交流这一社会民生话题在节目中进行娱乐化的解构，使婚恋交友类真人秀在提供相亲的基本功能的同时，还能进行多元社会议题的探讨，极大地拓展了该类节目的格局（见图 4–9）。

① 李翔 . 婚恋交友类真人秀节目的可持续发展分析：以江苏卫视《新相亲大会》为例［J］. 传媒观察，2019（5）：47–52.

图 4–9　中国本土相亲类真人秀《新相亲大会》（图片来源：新浪网“传媒内参”）

五、游戏类

游戏和电视节目一直保持着密切的互动关系，从某种程度上来说，真人秀本身就是一场预先编排好的游戏。虽然结局无法把控，但是真人秀有着清晰明了的节目规则，参与主体按照节目流程将真实的表现呈现在荧屏上，以一种娱乐化的方式为观众带来种种情感体验。游戏类真人秀便是以游戏规则作为节目的整体框架，以游戏环节作为节目的主体内容，以游戏参与者作为节目的核心元素，记录参与者在游戏过程中的真实表现，以此来履行电视媒体教育、告知、娱乐大众的使命。由于游戏本身的样式是千变万化的，所以游戏类真人秀的节目形态也具有多样性，但规则和娱乐一直是游戏类真人秀创作中的两个基本原则。

在游戏类真人秀中，游戏环节的展开构成了节目的主体。节目嘉宾在轻松愉悦的氛围中，带领观众一起体验游戏中的乐趣，通过节目中的娱乐元素引导观众释放压力。美国节目《真心话大冒险》（*Moment of Truth*）就来源于现实生活中的社交游戏。节目参与者在 50 万美金高额奖金的驱动下，愿意在镜头前回答让他们难以启齿甚至可能导致“众叛亲离”的问题。在西方社会的语境下，一些问题的设计极其露骨。在游戏类真人秀节目中，不少节目与《真心话大冒险》类似，是人的隐私行为在大众媒体上的曝光，以及隐私心理活动的直接呈现。诚然，窥私欲是电视观众的天然特征，但此类节目带来的伦理道德问题早已被学者关注并热议。由于和我国国情及社会主义核心价值观背道而驰，因此在我国的电视荧屏上未曾出现过类似的游戏类真人秀节目。

第四节　真人秀节目的本土化

电视节目形态的跨国流动是一种客观存在的现象，这是"地球村"时代全球政治经济文化交流所不可避免，也是大量存在的现象。跨国流动是实现电视节目形态重构的基础。

从1936年坐落在匹兹堡的KDKA电视台开播第一档电视节目，西方学者就对电视节目展开了研究，经过半个多世纪的研究，学者们发现，电视节目的国际流动具有明显的规律性，即从欧美国家流入世界其他地区。《晏子春秋·内篇杂下》中记载："橘生淮南则为橘，生于淮北则为枳，叶徒相似，其实味不同。所以然者何？水土异也。"对于中国电视节目而言，电视真人秀作为一种完全的文化舶来品，虽然母版节目源自欧美等西方国家，但是在中国落地生根后，就不可能脱离中国的文化大环境而独立存在。真人秀节目的内容和形式等趋同于本民族的文化内涵，具备中华民族的文化亲和力，以此获得广大受众的认同，这是真人秀节目在本土化过程中必须要经历的与本民族精神文化的磨合。而本土化就是一个国家或民族的意识形态、文化精神和民族审美特征逐渐彰显于一类电视节目的过程。"中国电视娱乐节目形态的本土化走向，简单来说，就是依据中国本土的特殊国情，立足中国的社会现实，按照中国电视娱乐节目自身的运行规律，遵循中国电视观众的收视习惯与实际需要，策划、制作、传播具有中国民族特色、气派、风格、口味的电视娱乐节目形态。"①

中国的电视真人秀作为完全的文化舶来品，在中国民族化视角下考察

① 孙宝国.关于电视节目形态的创新[J].现代传播，2007(2):61-63.

其跨国输入形式，大致可以分为三种：第一种是直接买进国外真人秀，对其进行删减编译后在国内电视台播出，例如2000年在央视二套播出的美国真人秀节目《幸存者》；第二种是购买国外真人秀节目版权，在国内制作中国版，如《中国达人秀》和《中国好声音》，该类节目与引进节目的形态重合度很高；第三种是模仿和改编在国外获得成功的优秀真人秀节目，例如《变形计》和《你怎么那么好看》，该类真人秀在源节目的基础上克隆或改编某些节目元素，使之符合本民族语境，但这样往往具备一定的播出风险。在一个民族内部，大众传媒既是媒介市场的重要组成部分，也是本民族文化的重要传播载体。电视文化作为大众文化的组成部分，正在以其影像优势深入人们生活的方方面面，电视节目在作为民族文化的“镜子”和“传声筒”传承文化的同时，也在对民族文化进行重新建构。

一、真人秀的本土化进程

现代意义上的电视真人秀起源于20世纪90年代末期，如果说讽刺媒介社会的喜剧电影《楚门的世界》打开了真人秀制作的大门，那么蓬勃发展的社会经济和观众对娱乐信息的需求则直接推动了电视真人秀的制作播出。正如上文所说，电视真人秀主要通过购买节目、引进版权、克隆改编三种形式进入中国，在中国的荧屏上开枝散叶。在引进该类节目的前几年，国内的媒介市场上虽然也出现过《交换空间》《开心辞典》等知名真人秀节目，但是真正令电视真人秀“飞入寻常百姓家”的，却是2005年湖南卫视制作推出的音乐选秀节目《超级女声》。该节目延续了普通人作为真人秀参与者的传统，以在平民百姓中“选秀造星”的节目形式，掀起了一阵全民娱乐浪潮，引得国内各大电视台在体量还不大的真人秀媒介市场中争夺观众。短短几年时间内，主打平民选秀概念的《梦想中国》、以男性选秀为节目看点的《加油好男儿》相继推出，大量类型相同、模式相仿的真人秀节目充斥着电视荧屏，在推动真人秀节目在中国快速发展的同时，也把真人秀节目推向了同质化、泛娱乐化的发展误区。至2007年，以选秀节目为代表的真人秀霸占了各大电视台的黄金时段播出表，随着节目数量的增加，媒介市场的竞争也日益激烈。一些节目制作方为了在同质化的选秀节目中博出彩，不惜剑走偏锋，以低俗的节目内容换取收视率，在产生不良社会影响的同时，也倒逼着观众的审美品位日益提高。国家广电总局及时从政策方面进行了宏观调控，出台了一系列相关政策规约，对选秀节目的批准条件、节目内容、播出形式等进行严格把控，要求“每场时长不超过 90 分钟，活动环节设计必须紧扣选拔内容，主持人主持词、评委点评、选手感言等内容要大量删减，总时长不得超过整个节目的 20%，选拔内容本身必须占整个节目的 80% 以上”[①]。这些政策规定从源头上遏制了选秀类真人秀的疯狂生长，在净化媒介环境的同时，也促使真人秀节目迅速度过在中国落地后的野蛮生长期。

国内早期的电视真人秀缺乏版权意识，多数靠照搬国外节目的创意存活，从《幸运 52》《快乐大本营》到《超级女声》《智勇大冲关》，节目概念无一不是来自欧美国家已经成熟的真人秀节目。2010 年出现的《中国达人秀》将中国真人秀节目带入了转型发展的新纪元——从引进概念到引进模式。“引进海外节目模式，不仅仅是一个简单的模式引入，更是一套娴熟管理操作系统的引入，一个成熟制作流程的引入，激发了本土原创的能力。”[②] 在对节目进行本土化改造的过程中，以国外节目的先进制作理念和完善的运作模式为基础，不仅能够大大降低节目的播出风险，而且能够提升节目的文化内涵。

在这一阶段，中国真人秀的发展走上了一条模式化制作之路。在国家经济持续繁荣的社会背景下，文化产业的运营带有更加显著的商业气息，电视节目作为文化产业的重要组成部分，制作播出日益标准化、程式化。由于节目模式是在长期实践中总结出来的一套成熟的制作方案，具有极强的可复制性，它所包含的“节目运作流程、游戏规则、生产程式等核心生产要素，节目生产的所有细节安排，脚本写作的风格，拍摄和剪辑的风格，后期制作风格及制作安排，对目标受众的预设和收视率指标的预设”等元素都可以直接应用于同类型的节目制作中。除这些可“移植”的节目要素外，驱

① 王大鸣.《绝对唱响》拿到选秀“绿卡”[N]. 北京娱乐信报，2009-03-12(14).

② 谢耕耘.2011 年中国电视综艺节目的特点和趋势[J]. 传媒，2012(2):38-39.

使国内各大电视台纷纷引进海外节目模式的原因主要有以下两点：第一，模式化生产的节目成本较低，生产回报率高。欧美国家作为真人秀节目的原产地，在节目形态传播到中国以前，就已经制作出诸多成熟的真人秀节目，经受住了市场的考验。引进这样的节目，能够在短时间内吸引观众，获得高收视率。第二，电视节目作为一种文化产品，需要新颖的节目创意来吸引观众的眼球。引进国外优秀节目能够为我国电视行业注入新鲜血液，让观众保持新鲜感。开播于 2010 年 7 月的《中国达人秀》的节目模式是东方卫视斥巨资从英国 Fremantle Media 公司购入的，经过本土化改造后成为一档结合本土观众的收视心理诉求进行民族化叙事的才艺达人选秀节目。在节目制作前期，版权方特意派来专业的工作人员对节目组的工作进行现场指导，并且向东方卫视提供了包含所有细节的节目制作手册，从片头制作、海选、后期剪辑，到主题音乐的选择、选手镜头次数的分配、主持人仪容的风格等，都进行了异常严谨的设置。《中国达人秀》节目组在节目制作手册的基础上，融入民族化的叙事，讲述“小人物”顽强拼搏，靠着自强不息的民族精神实现人生“大梦想”的故事。《中国达人秀》作为一档娱乐真人秀节目，不仅具有趣味性，而且体现出强烈的人文关怀，通过参赛选手背后的动人故事传递了坚强乐观、勇敢逐梦的民族价值观。虽然第一季“达人秀”受到节目评判不公、过度煽情的批评，但是仍不可否定该节目在媒体版权意识形成以及真人秀民族化觉醒中所起的重要的推动作用。

二、真人秀的本土化特征

真人秀在中国落地成长已经有二十多年的光景，在经历了野蛮生长期和民族化觉醒之后，真人秀在本土化的过程中按照本民族的意识形态、文化背景、审美习惯进行了一系列立足现实的改造。虽然国内真人秀节目仍然存在大量从海外引进的节目模式，但是在进入中国市场之后，这些节目的叙事元素多多少少都经过了本土化的改造。与节目形态输出国相比，中华民族具有五千年历史的文明积淀，在时代的风云变幻中形成了中华民族独特的精神风貌和民族性格。真人秀节目在形态重构的过程中，受到本民族政府政策、社会文化、受众习惯等多方面的作用，形成了区别于源节目的民族特征。

第一，弱化矛盾冲突，强调情理法则。在西方语境下，真人秀中的矛盾冲突是作为节目的重要叙事元素来呈现的，节目制作方很乐意将嘉宾之间的不和谐画面甚至直白的言语攻击展现给观众。但是在中国，电视媒体的国有性质使电视节目更加注重社会教化作用，制作人不能只考虑市场，更应该“立足中国的社会现实，按照中国电视媒体自身的运行规律，遵循中国电视观众的接受习惯与实际需要，组织、制作与传播具有中国民族特色、气派、风格、口味的电视节目”[①]。以《中国达人秀》为例，这档以嘉宾才艺比拼为节目看点的选秀节目，在残酷的晋级淘汰中，大大弱化了节目叙事文本中的矛盾冲突，代之以温暖的情理关系，在发挥官方主流话语权的同时，体现了社会习俗和意识形态在节目形态重构中的强大影响力。另一档跳水竞技节目《星跳水立方》也大量运用选手之间交流互助的镜头来彰显中国传统观念中的人情味，选手之间更像是战友、好朋友，而不是竞争对手。可见，以情动人、和谐共处的民族情理观念已经成为真人秀本土化过程中的重要情感依托。

第二，对边缘题材和边缘群体的处理更加谨慎。在中国本土化视野下考察真人秀节目的形态重构，就是探究在本土化语境中，能够促使真人秀节目诸元素发生变化的重要作用力。在中国，意识形态在节目形态的重构过程中是重要的影响因素。这里所说的意识形态主要是指“代表国家利益与社会利益的国家主导世界观与价值观，表示节目形态本土重构过程中‘自上而下’的驱动力”[②]。广东电视台公共频道播出的电视整形真人秀《美丽新约》，因为节目画面血腥恐怖、格调低下，在 2007 年 8 月 23 日被广电总局通报停播，政府管理部门站在国家立场，对不符合本土语境下叙事要求的节目内容进行了一次过滤。另外，社会大众也会对节目内容进行“自下而上”的把关，不符合大众审美要求的真人秀会遭到社会舆论的抨击。在《中国达人秀》的舞

① 胡智锋 . 电视的观念：胡智锋自选集［M］. 北京：北京广播学院出版社，2004:107.

② 陈欣钢 . 跨国流动中的电视节目形态重构：基于中国真人秀节目的文本分析［J］. 电视研究，2011(3):60-62.

台上，“孔雀哥哥”蒋仁瑞、“鸭脖夫妇”周彦峰和许娜在“达人展奇才”环节本该被淘汰，却因他们背后催人泪下的故事而一路晋级。因为选手的群体属性而忽视选手本身的才艺水平，这大大降低了节目的可看性，诱发“达人秀”的舆论危机。许多观众认为节目过度煽情，才艺比拼沦为了公开“卖惨”，收视热情也有所减退。在公共舆论和政府监管的双重筛选下，电视真人秀的叙事内容和叙事元素在本土化过程中应遵守的底线逐渐清晰。

第三，民族文化作用日益增强。真人秀在我国本土化的过程中从来不是孤军奋战，而是与中国的社会大背景和审美文化密切相关，具有与时俱进的时代特征。由于中国本土的社会文化语境并非一成不变，所以国内的电视节目也一直在审时度势地求新求变。所谓此一时彼一时，在与民族文化的互动磨合中，彼时遇冷的节目内容，在此时仍然有可能进入真人秀节目的叙事话语体系中。在国内真人秀节目发展的早期，率先被引进国内市场的竞技冒险类真人秀虽然在国外一直占据着黄金时间播出表，但是湖南经视的《征服》、广东电视台的《生存大挑战》作为率先被引进国内的同类型真人秀，却在国内迟迟打不开市场。究其根源，这种冒险竞技类的真人秀虽然在悬念感和刺激性方面有着独特的魅力，但是节目中呈现的嘉宾与自然对抗、与他人竞争等内容，和中国人内敛、温良的民族气质是不相符的。从文化根源来看，与西方人爱冒险的天性不同，作为典型的“大陆民族”，中国人不崇尚个人英雄主义，而是以团结、谦恭作为道德追求，对大自然的敬畏之心也使大多数观众认为，对于自然我们应该欣赏、顺从，而不是征服和抗争。所以，日后出现的趣味性更强、安全系数更高的《勇往直前》更能俘获国内观众的“芳心”。从文化属性来讲，电视真人秀作为民族文化的媒介载体，在动态发展中也积极传承和建构着民族文化。不少知名真人秀在广泛的社会传播中，在充当民族文化“传声筒”的同时，也在潜移默化地影响着受众的观念，成为社会思想文化变革的风向标。《爸爸去哪儿》引发的关于亲子教育的社会性讨论，“超女文化”对女性审美传统观念的颠覆、对“草根文化”崛起的助推，以及近些年不断推陈出新的相亲真人秀对传统婚恋观和家庭观的回归，都体现着民族文化对真人秀乃至其他电视节目类型的强大影响力。

三、真人秀：不断出新的老话题

现代意义上的电视真人秀从20世纪90年代末进入中国市场，经历了落地新生和版权引进两个发展阶段。伴随着“数字革命”的浪潮，中国电视传媒业进入新的发展阶段，依托新的经济文化环境，对现有的节目模式进行拆分和重构。这个过程的主要任务就是解构原始节目中的民族文化和意识形态，建构本国主流文化和意识形态，也就是电视节目的本土化。从《中国达人秀》到《爸爸去哪儿》再到《奔跑吧兄弟》，中国电视真人秀在版权引进热潮中一步步走向成熟，在短时间内迅速提升了国内真人秀节目的制作水准，推动了制播理念的革新，但是也暴露了节目同质化严重、创新能力不足等弊端。在此之后，中国真人秀的本土化改造和创新渐入佳境，节目题材走向多元化，制作思维中的“拿来主义”也逐渐被原创热潮所代替，真人秀从文化舶来品走向了主流电视节目的位置。对2013年之后的中国真人秀节目进行考量发现，关于节目形态创新，真人秀节目仍在以下方面进行着努力。

第一，版权引进地从西方欧美国家向东亚地区转移，愈加重视本国观众的审美心理诉求。早年的中国真人秀节目有着明显的西方的影子，《超级女声》《非诚勿扰》等知名真人秀节目模式的来源无一不是欧美国家。但是从2013年开始，一档明星亲子户外体验真人秀《爸爸去哪儿》将节目版权引进地从西方拉回了亚洲。这档从韩国引进的电视真人秀，在荧屏一经亮相便成为同时段的收视冠军。素以娱乐立台的湖南卫视在引进节目版权之后，对其进行了积极的本土化改造和创新，在对源节目模式的二度创作中，《爸爸去哪儿》给奉行“拿来主义”的真人秀市场注入了新鲜血液，在一定程度上打破了我国真人秀娱乐元素匮乏、观赏性不强的僵局。韩国作为我们的近邻，与西方各国相比，在文化根源上同属于东亚文化圈，与我们的民族文化更具有贴合性。韩国本身也高度重视文化产业的发展，凭借其经济影响力一度成为综艺节目生产大国，节目版权输出地区从亚洲辐射至世界各国。文化圈层的一致性使两国观众有着相近的审美心理，中国观众对韩国电视节目的接受程度要高于对西方电视节目的接受程度。2018 年 7 月在湖南卫视热播的《我家那小子》的节目版权便是来自韩国 SBS 在 2016 年播出的《我们家的熊孩子》。在节目中，三位情感观察员陪同五位妈妈在演播室观看儿子们的独居生活，在交流中发现问题，思考“好好生活”的核心概念，映射出新时代中国家庭的社会群像，引发社会的强烈共鸣。中韩两国源远流长的文化交流可以追溯到千百年前，现代意义上的文化交流自 20 世纪 90 年代开始，也有了二十多年的历史，韩国的电视文化产品已经在我国积累了大量粉丝。“韩流”的频频来袭，让我国电视人看准时机，不惜花费重金购买韩国优秀真人秀的版权，也为中国真人秀的本土化开启了新的篇章。

第二，从平民秀转向明星秀。尹鸿在 2005 年的一篇文章中关于真人秀节目的定义是这样描述的：“对自愿参与者在规定情境中，为了预先给定的目的，按照特定的规则所进行的竞争行为的记录和加工。”[①] 他还将真人秀节目的共同基本要素总结为“自愿参与、规定情境、给定的目的、特定的规则、竞争行为、记录和加工”。在尹鸿看来，真人秀的“真”体现为节目的纪实形态，“人”是自愿参与的非演员群体，他们在节目中体现着人性，而不是故意作秀，而真人秀的“秀”是节目的制作手段。但是在真人秀本土化的过程中，尹鸿教授所理解的节目参与者由“自愿参与的普通人”进化为“自愿参与者”，节目中的“竞争行为”也逐渐演变为参与者的“自愿行为”。只要在相应的节目环节中，自愿参与者的行为能够以一种纪实的方式保留下来，皆不违背真人秀的内涵。因此，让明星回归普通人参与节目录制，体现其真性情，正成为各档明星真人秀的制作宗旨。而前些年的知名真人秀皆以“草根”群体作为节目的消费中心，《超级女声》《非诚勿扰》《中国好声音》等节目都是以明星为辅，力捧普通人，知名艺人通常以评委或主持人的身份出现在节目中。“这类草根变艺人的综艺节目泛滥已久，受众群体对这种缺乏创新的节目产生了免疫力。”[②] 而《爸爸去哪儿》等节目的走红则把真人秀的舞台重新归还给了明星。节目组邀请了五组明星父子（女）参与节目，观众对五位明星父亲的关注度间接提高了节目的受关注度，由此产生的“晕轮效

① 尹鸿．解读电视真人秀［J］．今传媒，2005(7)：14-18.
② 何倩．电视真人秀节目的发展与创新［J］．中国广播电视学刊，2019(11)：63-64，134.

应”使节目的收视率大大提高，节目播出后便获得了同时段收视冠军。这种打破常规模式的真人秀使平日里“高高在上”的明星们在镜头前释放天性，既保留了真人秀节目的叙事特点，又满足了观众对明星真实状态的好奇与期待心理。

第三，原创真人秀依托传统文化发力。在全球化的浪潮中，没有一个民族可以无视其他国家文化的存在。作为舶来品，真人秀在中国的发展起步晚、时间短，在很长一段时间内都是依靠对西方真人秀的模仿而得以在市场中生存。在国内真人秀节目的新生阶段，这种盛行的“拿来主义”对其在媒介市场中站稳脚跟发挥了很大作用，但是单纯追随西方节目模式，使国内真人秀节目陷入低俗化、原创性缺失的尴尬境地。作为文化大国，中国博大精深的民族文化正在成为真人秀节目新的创意源泉。将适合镜头化呈现的文化元素用于电视真人秀的研发制作，正在成为真人秀原创力量的爆发点。天津卫视推出的首档现代戏曲真人秀《国色天香》，开启了中国戏曲的复兴之路。该节目大胆创新，邀请演艺界的明星选择流行歌曲进行戏曲化的改编，将中国戏曲和流行歌曲相结合，赋予流行歌曲以中国传统戏曲的韵味，在诸多音乐真人秀中开辟了现代与古典相碰撞的新模式。对于看惯了唱歌跳舞、益智亲子路线的电视观众来说，《国色天香》呈现出一道与众不同的风景，传承了中国文化经典，让观众领略到中华曲艺之美，刮起了一阵“中国风”。虽然节目也暴露出部分选手唱功不足，不能体现中国传统戏曲精髓等弊病，但是在电视荧屏被选秀类、相亲类节目瓜分之际，《国色天香》以传统曲艺赋予了中国真人秀新的活力，以文化自觉的态度让观众见识到了中国戏曲文化的光辉，更让中国的电视制作人看到了真人秀本土化的更多可能性。之后出现的《中国成语大会》和《中国诗词大会》在承担文化传承作用的同时，更是引领中国真人秀进一步走上本土原创之路。

真人秀节目的本土化过程会受到我国政治经济环境、社会文化氛围等多方面的影响。在几十年的发展中，真人秀节目遇到过不少市场难题，陷入过发展误区，但是在受众和政府的双重监管之下，真人秀的本土化趋势整体向好，在文化传承、社会教化、娱乐休闲的媒体功能之间不断寻找着平衡点。改革开放四十多年来，随着国家经济的持续走强，以及人们物质生活水平的不断提高，群众对精神生活提出了更高的要求。真人秀作为中国电视家族的新成员，目前仍处于成长建设时期，伴随着电视媒体机制的革新和创新人才队伍的日益壮大，电视真人秀定能够在反思中成长，在曲折中前行，为观众提供优质的文化盛宴。

第五章

网络时代的综艺娱乐节目

人对娱乐的需求与生俱来，古罗马诗人玉外纳曾说过："有两样东西是人们极欲得到的——面包和娱乐。"在人们极力追求"丰衣足食"的物质需要之余，娱乐作为工作、劳动的减压阀和补偿剂，对人类生存的整体需求起着不可或缺的作用。综艺娱乐节目的出现，正是依托经济社会的蓬勃发展以及人之需要的本质驱动。[①] 观众渴望获取综艺娱乐节目中趣味性强的信息，因为他们可以借此获得情绪的宣泄与情感的释放。

随着影像技术的日新月异、受众审美观和价值追求的转变，综艺娱乐节目迎来了内容与形式上的一次次推陈出新，对国外节目模式简单地"照搬"和"模仿"已经不能满足观众的多样化娱乐需求，越来越多的中国原创节目模式的综艺娱乐节目应运而生。从电视春晚的扬眉吐气到后起之秀网络综艺的兴起，综艺娱乐节目的播出掀起了一次次的收视狂潮，发展势头不可阻挡。可以说，综艺娱乐节目不仅是一种崭新的电视节目样态，而且开创了中国电视时代的新纪元。

网络综艺娱乐节目是互联网时代的产物，经过几年的"跑马圈地"，"爆款内容"频现，逐渐有了与电视综艺娱乐节目平起平坐之势。近几年来，电视综艺娱乐节目虽然依旧占有较大的市场份额，但是面对高效率抢夺市场

---

① 项仲平．电视栏目与频道策划研究［M］．北京：中国广播电视出版社，2007：119.

份额的网络综艺节目，传统媒体也开始意识到：电视综艺娱乐节目的转型与创新已经刻不容缓。无论是电视综艺娱乐节目还是网络综艺娱乐节目，两者各有千秋、各有所长。如何让综艺娱乐节目在竞争中共同发展，获得双赢，是我们要思考的问题。电视综艺娱乐节目经过多年的发展，已经逐渐形成标准化、产业化的制作流程以及较为完善的节目审查制度。而网络综艺娱乐节目是在短时间内崛起的，制作经验不足，审查制度尚不完善，因此不乏一些肤浅、低俗、博眼球的节目混杂其中，但网络综艺娱乐节目胜在观看时间地点的随意性、内容的丰富性与形式的多样性，也因为处于相对包容的互联网大环境中，网络综艺娱乐节目在内容创作上相对更大胆。所以，无论是电视综艺娱乐节目还是网络综艺娱乐节目，都应该打造自己的品牌效应，精耕细作，坚持价值引领，创作出观众喜闻乐见又寓教于乐的优质节目，这才是一个节目生存的长久之道。

第一节　综艺娱乐节目的发展与变迁

相较于从 20 世纪 40 年代就起步的美国综艺娱乐节目，我国的综艺娱乐节目产业起步较晚。以春节联欢晚会为代表的综艺晚会类节目是我国综艺娱乐节目发展的开端，算起来，我国综艺娱乐节目发展至今也不过短短三十几年。国外成熟的节目发展模式与丰富的市场运作经验，对我国综艺娱乐节目的发展具有很强的指导意义，对我国的综艺娱乐节目产业的发展起着明显的推动作用。

一、综艺娱乐节目的出现及其界定

“几乎所有的国家、地区，早期电视中都由综艺节目来唱主角。”[①] 世界上第一个综艺节目在美国出现。“1948 年，美国全国广播公司（NBC）和哥

① 苗棣 . 美国经典电视栏目［M］. 北京：中国广播电视出版社，2006：14.

伦比亚广播公司（CBS）借鉴广播开办娱乐节目的经验，网罗娱乐艺术界的明星，将他们的各类形式的表演移入电视中，加以串联、解说、组合、安排”①，使得美国电视史上两个具有开创性意义的综艺节目“《德克萨科明星剧场》和《小城大腕》得以诞生”②。而我国电视娱乐节目出现较晚，真正走入观众的视野是从 1983 年 2 月 12 日中央电视台举办第一届春节联欢晚会开始的。

娱乐节目是指以电视或网络等为媒介，以娱乐性活动为主要节目内容，通过节目自身娱乐功能的实现而使观众身心愉悦的节目类型。综艺节目是指以电视或网络等为媒介，将音乐、舞蹈、杂技、戏曲等多种艺术形式通过综合性的手段进行表达的具有综合艺术性的节目类型。我国早期的综艺节目形态更注重节目内在思想的深刻性，偏重节目寓教于乐的功能，对于娱乐的供给较少。而随着观众对娱乐需求的日渐增长，我国综艺节目的娱乐属性也逐渐增强。综艺节目和娱乐节目在内容上重合的部分越来越多，越来越难以将两者完全区分开来。因此，我们将综艺节目和娱乐节目并称为综艺娱乐节目，以此来展开下述讨论。综艺娱乐节目，是综合运用各种艺术手段进行表演，使观众能从中得到艺术审美和娱乐享受的节目类型。③ 亦有学者对其做了更详细的界定：“娱乐综艺节目即指通过综合性（歌舞、戏剧、小品、杂技、魔术）的表演，以受众的娱乐需求为制作目的，营造欢乐气氛、感染观众的节目，通常由主创人员设计单元，在主持人的调度和串接下，与嘉宾、现场观众、电视机前的观众在互动交流中收获欢笑。”④

综艺娱乐节目与真人秀节目由于节目内容和形式上相互夹缠，所以对于两者的区分，在电视生产业、研究界以及观众中都比较混乱。值得注意的是，综艺娱乐节目与真人秀节目是两个并举的不同类别。综艺娱乐节目是当前节目市场中常见的一种节目形态，是虚构类节目的一种子类型，虽然综艺娱乐节目的整个过程都是真人真事，但这种真实不等同于生活本身，

① 赵淑萍 . 综艺节目：独放异彩的电视娱乐艺术奇葩——美国电视综艺节目的创意、风格、模式及其主持人个性、素质分析［J］. 现代传播，1991（3）：83-92.

② 陈虹 . 电视节目形态：创新的观点［M］. 上海：复旦大学出版社，2013：235.

③ 金俊荣 . 综艺节目与真人秀节目的关系探析［J］. 今传媒，2015，23（1）：106-107.

④ 尹鸿 . 解读电视真人秀［J］. 今传媒，2005（7）：15.

是一种经过设计的真实。[①] 若根据纪实追求来划分节目类型，则综艺娱乐节目的审美需求向纯粹的艺术性倾斜，而真人秀位于纪实追求的“中轴线”上，在追求艺术性的同时更要求展示真实性。真人秀的“‘真’指的是真实环境、真实记录；‘人’指的是以真面目出现，展示自我和人性；而‘秀’指的是竞争的目的、过程和规则都是预先设计的”[②]。

在进行综艺娱乐节目与真人秀节目相关概念的讨论时，应注意区分二者。

二、我国综艺娱乐节目的发展脉络

我国综艺娱乐节目的发展，大致经过三个主要阶段：第一阶段，央视领衔推出的以中央电视台春节联欢晚会和《正大综艺》为代表的综艺表演类节目霸占荧屏，热度居高不下；第二阶段，各省级卫视争相发力，后来者居上，最典型的是湖南卫视播出的《快乐大本营》，从 1997 年诞生之日起常青不凋；第三阶段，从被称为网络元年的 2014 年起，一批形式新颖、融合互联网思维的网络娱乐综艺节目正式亮剑，发展势头不可小觑。

我国的综艺娱乐节目发展不过短短几十年，在其不断探索创新的过程中，因其内容多元、形式活泼、寓教于乐、雅俗共赏，逐渐成为我国视听节目类型中一道亮丽的风景线。

（一）第一阶段（1983—1996）：央视霸屏一枝独秀

央视领衔我国综艺娱乐节目的自主发展，是我国电视综艺娱乐节目当之无愧的开拓者。我国电视娱乐节目以 1983 年 2 月 12 日中央电视台举办的第一届春节联欢晚会为肇始，此届春晚也被视作中国综艺娱乐节目发展的里程碑。从此，春晚成为中国人民欢度春节的一个重要文化事件。一批从春晚走出来的明星以及他们所演绎的经典作品在全国家喻户晓，成为人们茶余饭后的谈资。1984 年春晚，喜剧演员陈佩斯与朱时茂表演的小品《吃面

① 朱羽君 . 对电视的生命感悟：朱羽君自选集［M］. 北京：北京广播学院出版社，2004.
② 张梦新，李琴 . 传播学视野中的娱乐综艺节目主持人［J］. 视听纵横，2004(1)：91.

条》(见图 5–1)一时间风靡全国，自此，小品因其诙谐幽默、通俗易懂、针砭时弊、寓教于乐的特点，成为群众喜闻乐见的一种新的艺术形式，活跃于各大文艺晚会中。①

图 5–1　1984 年第二届春节联欢晚会小品《吃面条》节目画面(图片来源：节目截图)

1990 年 3 月，中央电视台创办了《综艺大观》栏目。它高举“综艺性、娱乐性、观赏性”的大旗，包括“开心一刻”“音乐星空”“请你参加”“天南地北”“综艺快车”等一系列小板块，集歌舞、小品、相声、杂技于一体，编排新颖，构思巧妙，俨然“小型春节晚会”。从 1990 年开始，中央电视台又相继推出了《正大综艺》《曲苑杂坛》等综艺节目。《正大综艺》是一档综艺益智栏目，由“世界真奇妙”“五花八门”“名歌金曲”三部分构成，以世界各地的旅游文化为切入点，围绕“看”做文章，通过猜谜的形式向观众介绍世界各地的风土人情。总的来说，这一阶段的综艺娱乐节目的内容以传统的歌舞、相声、杂技为主，节目形式比较单一，通常是主持人串联明星表演，观众以“看客”或“他者”的身份进行观看，互动性不强，被当作舞台表演的电视版本。

随着人们生活水平的提高、社会审美趣味的变迁以及节目样态的老化，以晚会为主的综艺娱乐节目逐渐让观众产生审美疲劳，部分观众开始对电

① 刘习良 . 中国电视史[M]. 北京：中国广播电视出版社，2007:516.

视化舞台表演的单向传播模式表现出排斥倾向。①2004 年 10 月 8 日，留下无数经典瞬间的拥有 14 年历史的王牌综艺节目《综艺大观》正式下岗，宣告了一个旧的综艺时代的落幕。

（二）第二阶段（1997—2013）：省级卫视百花齐放

在央视享受着综艺娱乐节目带来的高收视率福利之时，各省级卫星频道对开办自己的综艺娱乐节目跃跃欲试。各大电视台将工作重点向综艺娱乐类节目上倾斜，综艺娱乐节目逐渐成为各大省级卫视的收视重头戏。1997 年，湖南电视台借鉴港台综艺娱乐节目制作的经验，筹备制作了《快乐大本营》。《快乐大本营》一改往日国内综艺娱乐节目的严肃、庄重，以休闲、娱乐的新风尚在全国刮起一阵游戏娱乐的快乐旋风，收视率曾高达 37%。此后，借鉴湖南电视台的成功经验，各大电视台纷纷摸索着推出自己的游戏类综艺节目。江苏电视台推出《非常周末》，北京电视台开播《欢乐总动员》，各大省级电视台都想在我国综艺娱乐市场上抢占自己的一席之地，同质化严重的游戏类综艺节目霸占着荧屏，一些特色不强的节目不久便消失于竞争激烈的游戏类综艺节目的洪流之中，而《快乐大本营》时至今日，依旧是湖南卫视最受欢迎的综艺娱乐节目之一（见图 5–2）。

图 5–2　湖南卫视《快乐大本营》节目标志（图片来源：湖南卫视官网）

① 陈虹 . 电视节目形态：创新的观点［M］. 上海：复旦大学出版社，2013:235.

与初期的综艺娱乐节目不同的是，游戏类综艺节目开始注重节目的互动性。观众不再是单纯的“看客”或“他者”，而是被赋予了参与节目的权利。不但场外观众可以通过电话连线场内主持人与嘉宾，场内观众更是可以直接参与到游戏中，综艺娱乐节目形成了“主持 + 明星表演 + 观众”的新模式。

尽管此时央视独霸荧屏的旧时风光已不再，但《幸运 52》与《开心辞典》等益智类综艺节目的推出，仍为我国综艺娱乐节目的多元化发展开辟了一条崭新的道路。益智类综艺节目在游戏元素的基础上，加上知识竞答等内容，真正赋予了综艺娱乐节目寓教于乐的功能，但最终也因节目模式老化、制作理念过时等原因被央视停播。此外，央视创办的晚会类节目《同一首歌》以系列大型演唱会和各类主题、公益演唱会为主要节目内容，赢得了观众的喜爱和好评，收视率在央视三套节目中一直处于领先地位，并且屡创新高。

（三）第三阶段（2014 至今）：台网融合竞争合作

2014 年被称为网络自制节目的元年，《奇葩说》《你正常吗》《隐秘而伟大》以及《Hi 歌》等一批优秀的网络自制综艺娱乐节目在电视综艺当道的节目市场中突出重围，进入观众的视线。自此，一批形式多元、特色鲜明的网络综艺娱乐节目以更开放、更自由的态度表达新内容，以“井喷”之势“野蛮”生长。其实网络综艺娱乐节目起步很早，早在 2007 年，搜狐视频上线的脱口秀节目《大鹏嘚吧嘚》就以其犀利幽默的节目风格给观众留下深刻印象，成为我国网络综艺娱乐节目的开山鼻祖。但是，2014 年之前的网络综艺娱乐节目蹒跚起步，发展缓慢，无论是数量还是质量，都远远不能与当时的电视综艺娱乐节目相媲美。

2014 年，一档融入辩论元素的说话达人秀节目《奇葩说》引爆网络，成为中国网络综艺娱乐节目发展的一道分水岭。据统计，2014 年共有 150 个网络综艺娱乐节目上线，比之前增长了 200%。自此，我国的网络综艺娱乐节目驶入快车道，在数量与质量上完成了第一次升级，实现了“大投入、精制作”，开始逐渐掌握在综艺领域的话语权。2016 年优酷的美食脱口秀节目《穿越吧厨房》成为我国首档从纯网综转为上星平台与网络平台双渠道联播的综艺节目。而芒果TV的网络自制益智类综艺节目《明星大侦探》的姊妹篇《我是大侦探》也被搬上湖南卫视的播出平台，真正实现了网络综艺娱乐节目的反向输出，实现了综艺领域里传统媒体与新兴媒体的深度融合与双向共赢（见图5–3）。

图5–3 《明星大侦探》节目标志（图片来源：芒果网）

在网络综艺娱乐节目加速跑马圈地的同时，一批优秀的电视综艺娱乐节目也不甘示弱，力图进一步巩固其在综艺娱乐节目市场的地位。浙江卫视推出的室内游戏节目《王牌对王牌》在游戏的欢乐氛围中，深度挖掘明星情感，通过“怀旧重聚”的方式引发观众的情感共鸣，恰好到处的情绪触发引爆了一个不同于任何常态综艺节目的混搭新款。湖南卫视推出的竞演类综艺节目《歌手》通过实力歌手之间的演唱比拼，重新对“歌手”二字做深度注解，借音乐还原人生百态，传播积极能量。

三、海外综艺娱乐节目产制概况

国外许多国家的综艺娱乐节目的发展先于中国多年，许多成熟的节目模式跨国流通，输入中国，强化了我国综艺娱乐节目产业的创新意识。其中，美国、英国、日本、韩国的节目产业对我国乃至全球综艺娱乐节目的产业发展都产生了巨大影响。

（一）英美综艺娱乐节目发展历程

美国作为广播电视业最为发达的国家，是全球综艺娱乐节目产业的绝对“领头羊”。美国的综艺娱乐产业起步较早，早在20世纪40年代，美国电视人就开始探索综艺节目模式。1948年，美国全国广播公司和哥伦比亚广播公司将娱乐界与艺术界的众多明星的表演引入电视，“并对镜头场景进行组合、加入解说，使得美国电视史上两个具有开创性意义的综艺节目《德克萨科明星剧场》和《小城大腕》得以诞生”[①]。这一创举不仅为美国电视综艺娱乐节目的繁荣奠定了基础，而且在促进世界电视业的蓬勃发展上功不可没。

1955年，《小城大腕》更名为《埃德·沙利文秀》，依旧延续多元化的表演景观，演出内容丰富多彩，涵盖了马戏团表演、喜剧小品、音乐剧、摇滚乐等一系列表演形式。《埃德·沙利文秀》以新颖独特的节目风格，连续多年荣获“全美二十大节目”的称号，成为美国电视史上运行时间最长的综艺娱乐节目（见图5–4）。无论是1954年推出的学界公认最早的谈话类节目《今夜秀》（*The Tonight Show*），还是斩获33个日间艾美奖的《艾伦秀》（*Ellen Show*），经过五十多年的发展，谈话类节目已经成为美国电视业的主力军，在美国的综艺娱乐节目市场上占据了相当大的比重。

图5–4　《埃德·沙利文秀》节目画面（图片来源：节目截图）

① 陈虹．电视节目形态：创新的观点［M］．上海：复旦大学出版社，2013:235.

另外，游戏类节目也是美国综艺娱乐节目的一个重要类型。1975 年，美国哥伦比亚广播公司播出的游戏类节目《幸运转轮》虽然内容简单但极具悬念感与吸引力。节目让选手根据旋转的轮子来猜测信件中隐藏的词语，猜对即可赢得奖品。节目的精髓是“一切皆有可能的游戏”，利用人们对未知结果的好奇心赢得全世界观众的青睐，使得节目模式成功“出海”到 50 多个国家。

从 20 世纪 90 年代开始，英国政府为扶持英国电视创意产业发展，相继出台了一系列的政策，为致力于创新原创节目模式的英国综艺从业者提供舒适的创作环境。世界节目模式巨头 BBC、Fremantle、All3media 等公司总部均设在英国。①

《谁能成为百万富翁》(*Who Wants to Be a Millionaire*)是英国 1998 年生产的一档游戏类综艺节目，节目给正确回答问题的参与者以诱人的巨额现金奖励，通关的选手最高可得 100 万英镑。这档节目因其戏剧性与悬念性，不仅在英国电视市场上取得了令人瞩目的成就，随后还风靡世界，其成功的节目模式与创意被一百多个国家购买引进。除《谁能成为百万富翁》之外，英国还向全世界输出了《舞动奇迹》《以一敌百》《百万富翁》《卧底老板》等综艺娱乐节目创意与模式。

(二)日韩综艺娱乐节目发展历程

日本是亚洲乃至世界综艺娱乐节目的开拓者，日本综艺节目把日本文化、生活资讯等元素与搞笑娱乐元素完美地结合在一起。日本综艺娱乐节目的内容包罗万象，“电视平民意识”是其一直以来的追求，普通大众是节目的主要参与者。20 世纪 50 年代，一批优秀的游戏类综艺节目开始在日本电视上崭露头角。《搞笑三人组》《55 号节目》《八点大集合》都是这一时期的代表性节目，节目中主持人与嘉宾通过互动游戏、插科打诨来逗趣观众。1979 年，被称为“日本综艺常青树”的《超级变变变》播出，此节目集游戏、益智与表演元素于一身，参赛队员充分发挥想象力和创造力，在三分钟内利用一

① 陆浩 . 浅析英国综艺节目模式研发技巧［J］. 北方文学，2017(15)：167-168.

些辅助工具或手段，用自己的肢体伪装成各种物品，以此来逗乐观众。《超级变变变》每年举办一至三届，时至今日依旧被视为日本电视的年度盛事，其节目模式还被中国香港和台湾引进。1997 年，日本东京广播公司（TBS）制作的室外闯关竞赛类游戏综艺节目《极限体能王》（*SASUKE*）开播，参赛者通过克服重重关卡获得奖金，开创了体能闯关节目的先河，其节目模式与创意广销至全球 165 个国家及地区，先后授权 18 个国家制作本土化版本。

1998 年的亚洲金融风暴引起了韩国政府对本国文化产业的高度重视，此后韩国政府将“文化立国”作为治国理念，韩国综艺娱乐节目也借此迅速发展。韩国广播电视台（KBS）、首尔广播电视台（SBS）、文化广播电视台（MBC）以及后来者居上的有线电视综合娱乐频道 TVN 推出了各具特色的综艺娱乐节目。

SBS 于 2003 年推出游戏类节目 *X-Man*，节目以“抓卧底 X-Man”为线索，穿插了诸多让人印象深刻的游戏环节，比如“那是当然了”环节，参加游戏的一方向另一方提问，无论什么问题，另一方只能回答“那是当然了”。该环节被世界上多个节目所借鉴、改编。2004 年，KBS 制作播出的《明星金钟》（*Star Golden Bell*）与一般的益智类综艺节目有所不同，它颠覆了“普通人答题赢奖金”的节目模式，以明星为主要参赛对象，是一个考验明星脑力的节目。2006 年，MBC 隆重推出了户外综艺节目《无限挑战》，七位各具特色的固定 MC（Microphone Controller 的缩写，即主持人）之间产生奇妙的化学反应，为观众带来了无数笑料和看点（见图 5-5）。《无限挑战》的特别之处在于，由于叙述主题的多变性，不能简单地将其划分为某一节目类型，游戏类、娱乐访谈类、综艺晚会类或是益智类等各种节目类型都可以在此节目中找到相应的特辑。[①]

韩国的综艺娱乐节目成功将饮食、音乐、影视等各种元素渗透其中，在展示韩国风土人情的同时，全景化呈现韩国文化与价值观。虽然韩国综艺娱乐节目发展不过短短十几年，但却在中国、日本等亚太地区有着重要的影响力。

---

① 崔志惠．谈韩国 TV 艺能节目的类型创新：以 real variety 节目《无限挑战》为例［J］．今传媒，2012（6）：84-86.

图 5–5 《无限挑战》节目宣传照（图片来源：节目宣传片截图）

第二节　综艺娱乐节目类型

根据节目内容设置的不同，我国的综艺娱乐节目类型可以分为综艺晚会类、娱乐访谈类、竞演类、游戏类、综艺益智类和娱乐资讯类六大类。

一、综艺晚会类

综艺晚会类节目是我国最早出现的一类综艺娱乐节目，相对于其他类型的综艺娱乐节目，其发展时间较长。综艺晚会类节目的演出形式多样，舞蹈、杂技、歌唱、相声、器乐演奏以及朗诵等都可以包含其中。主持人利用娴熟的主持技巧活跃现场气氛，对于晚会流程进行“穿针引线”式的连接，将独立的节目串联成一台完整的综合性文艺晚会。现场观众对于综艺晚会类节目来讲是不可或缺的一部分。现场观众在近距离观看演出的同时，能够面对面地对演员的表演给予鼓掌、欢呼等回应，这种回应与节目效果好坏有着直接的关系。

代表性节目：《中央广播电视总台春节联欢晚会》《元宵晚会》《综艺大

观》《天猫双 11 狂欢夜》《艾美奖颁奖典礼》

节目案例:《中央广播电视总台春节联欢晚会》

1983 年，中央电视台创办春节联欢晚会，时至今日，观看每年除夕之夜的春晚已经成为中国人不可或缺的文化活动。春晚的节目内容包含相声、小品、戏曲、歌唱、舞蹈、杂技、魔术等多种艺术形式，采用现场直播的方式播出。因为是现场直播，所以对主持人的台词功底和临场应变能力有着较高的要求。除晚会开场及结束的部分需要全体主持人集体亮相外，在晚会的其余部分，主持人通常以一男一女搭配的形式，根据事先准备好的主持词串接节目（见图 5–6）。随着多媒体技术的发展，越来越多的新兴技术被应用到春晚当中，比如 VR 全景直播、8K 超高清技术、5G 网络等，技术的革新为春晚观众带来了拥有极致享受的视听盛宴。

图 5–6　2020 年春节联欢晚会主持人阵容（图片来源：央视网）

节目案例:《艾美奖颁奖典礼》

艾美奖（Emmy Awards）自 1949 年举办至今，一直致力于挖掘具有最高艺术水准与思想内涵的电视作品，被公认为“世界广播电视业界的奥斯卡金像奖”。艾美奖颁奖礼通常会邀请脱口秀主持人或喜剧演员来串联主持颁奖典礼。从开场秀到颁奖环节再到经典致敬环节，妙语连珠、跌宕起伏的段子贯穿于整个颁奖礼，让艾美奖颁奖晚会俨然成为一场长达三小时的精彩绝伦的脱口秀。

二、娱乐访谈类

娱乐访谈类节目是由主持人邀请相关嘉宾，围绕公众普遍关注的问题，以对话为载体，加入较多的综艺娱乐设计，在感性幽默的氛围中展开对话的一种节目形态。这类节目的嘉宾通常是明星、名人或是网络红人，通过嘉宾对个人生活、工作甚至涉及隐私的话题讨论，来满足观众的窥私欲，或因相似的生活体验而引发观众的共鸣。

代表性节目：《超级访问》《天天向上》《奇葩说》《今晚 80 后脱口秀》

节目案例：《超级访问》

《超级访问》被业内人士誉为“中国最具原创风格的娱乐谈话节目”。节目采用周播的形式，每期时长 50 分钟左右。李静和戴军作为主持人，用“最家长里短的主持风格”结合“最意想不到的妙语连珠”，组成“最有品牌效应的黄金组合”。两人一捧一逗，配合默契，不仅拥有深厚的群众基础，更拥有广泛的明星人脉。节目每期邀请一位观众耳熟能详的明星担任嘉宾，或是娱乐明星，或是体坛名将，又或是时尚领域的名人。节目通过嘉宾场外亲友的大胆揭秘、现场主持人循循善诱的追问，从多角度挖掘明星鲜为人知的故事，展现明星鲜活真实的一面，在全方位展现明星魅力的同时，还可以近距离、深层次地了解明星们的内心世界和成长历程。

节目案例：《今晚 80 后脱口秀》

《今晚 80 后脱口秀》是东方卫视打造的一档高端文化脱口秀，首播于 2012 年 5 月 13 日。节目以 80 后新锐相声演员王自健为核心，李诞和王建国为助演演员，通过脱口秀的方式讲述当代年轻人的生活，展现当代年轻人对社会热点、文化事件、时尚潮流的态度与思想（见图 5-7）。节目的创新之处在于巧妙地将中国传统相声与欧美脱口秀有机融合在一起，形成一种新颖有趣的表达方式，幽默风趣却又不失智慧与锐度。

图 5-7 《今晚 80 后脱口秀》节目画面（图片来源：腾讯网）

三、竞演类

竞演类综艺娱乐节目与选秀类真人秀在节目目标的呈现上有异曲同工之妙，都是通过专业技能的比拼，层层筛选，决出优胜者。与选秀类真人秀中素人参赛者进行角逐不同，这里所说的竞演类综艺娱乐节目，指的是通过举办某一类别的比赛活动，以具有较高认知度的明星为节目的参赛者，经过演技、歌唱等专业角逐比拼，决出最终获胜者的节目。可以看出，选秀类综艺娱乐节目能够给明星提供一个平等切磋、打磨成长的舞台，"用专业发声"是对当下演艺圈颜值当道现象的一次拨乱反正。

代表性节目：《我就是演员》《歌手》《中国梦之声・我们的歌》《乐队的夏天》

节目案例：《我就是演员》

《我就是演员》是浙江卫视推出的演技竞演类综艺节目，"演技对决"是节目的一大特色（见图 5-8）。节目的第一赛段采用"1vs1"PK 赛制，两名演员互相配合搭戏，完成对经典影视剧中经典片段的再次演绎。三位节目导师以其专业的态度，对选手的演技进行点评，并通过对表演的解构和可视化呈现，让选手和观众对表演有更深层次的理解。导师点评、打分过后，胜出的演员依次通过导师分组赛、团队赛、半决赛以及总决赛，最终争夺年度总冠军。演员尽管在年龄、外貌以及知名度上存在差异，但在《我就是演员》这档节目中，演技是检验演员好坏的唯一标准。节目对演员行业的重新审视，推动影视行业向风清气正的方向发展。

图 5-8 《我就是演员》节目画面（图片来源：节目截图）

节目案例：《乐队的夏天》

《乐队的夏天》于 2019 年 5 月 25 日在爱奇艺首播。节目集结了 31 支最具代表性的、具有不同音乐风格的中国原创乐队，以“乐队现场表演”为主要呈现形式，通过不同主题单元的内容设计和音乐表演，展现乐队原创音乐的魅力与创造力。节目不设置评判性的“导师”席位，而是把投票权交给观众乐迷、超级乐迷以及专业乐迷，将大众喜爱作为最重要的评判标准。节目通过第一轮淘汰选拔出十六强后，再经过十六晋八、八晋七的层层角逐，最终决出 HOT5 乐队席位。

四、游戏类

游戏类综艺节目顾名思义，是以游戏为主要内容的节目类型。此类节目邀请明星嘉宾或素人嘉宾进行小型游戏的脑力或体力比拼，强调游戏的参与感和互动性。随着观众对同质化的游戏逐渐产生审美疲劳，越来越多新颖、有趣的小游戏被应用到游戏类综艺节目中。

代表节目：《王牌对王牌》《快乐大本营》《开心 100》《饭局狼人杀》

节目案例：《王牌对王牌》

《王牌对王牌》是浙江卫视推出的一档原创室内竞技游戏节目，2016 年播出至今，热度依旧不减（见图 5-9）。节目每期围绕一个主题，邀请两支王牌队伍在固定主持人的带领下进行才艺比拼、游戏竞技等，决出王牌中的王牌。节目中的游戏内容丰富多彩、趣味十足，比如“禁语游戏”中，两支队伍互相禁止对方使用某个词或某个动作，如果一方说出这个词或者作出这个动作，则需要接受惩罚；“你比我猜游戏”中，两人通过肢体动作表现词语，队友根据动作联想词语，猜对词语多的队伍获胜。节目以游戏、互动的形式满足了观众对竞技感与比拼感的追求。

图 5-9 《王牌对王牌》第四季宣传海报（图片来源：浙江卫视官方网站）

节目案例：《饭局狼人杀》

《饭局狼人杀》的节目创作灵感来源于时下流行的多人互动推理竞技游戏——狼人杀。节目中一局狼人杀游戏由十名玩家组成，他们将分属于游戏中两个对立的阵营：狼人阵营和好人阵营。人数较多的好人阵营需要消灭所有隐藏在人群中的狼人以获取最后的胜利；而人数较少的狼人们则隐匿于他们之间，依靠夜晚猎杀好人和白天诱导好人错误投票来获取最后的胜利。节目以“狼人杀”和脱口秀为节目基石，由马东担任法官，奇葩辩手颜如晶、肖骁、邱晨等 10 位能言善辩的嘉宾端坐一堂，在真假难辨的游戏中抽丝剥茧，杀场过招，继而找出真相。

五、综艺益智类

综艺益智类节目旨在“益智”，“益智”即增益智慧。节目将知识性的内容以游戏娱乐的方式呈现，可以使观众在收看节目的同时收获知识，真正达到综艺节目寓教于乐的目的。综艺益智类节目主要由主持人、答题者、一定知识范围内的问题以及观众等元素构成，答题者通过回答主持人提出的问题获得一定的奖励。

代表节目：《中国成语大会》《开心辞典》《中国诗词大会》《一站到底》《SK 状元榜》

节目案例：《中国成语大会》

《中国成语大会》是央视于 2014 年 4 月 18 日推出的一档文化类综艺益智节目，节目提倡全民参与、全民互动，游戏规则为：两人合作完成猜成语游戏（见图 5–10）。描述者只能用题目成语的释义、典故或者使用情状对题目进行提示，直到猜词者正确猜中题目。描述过程中不能出现题目中的任何一个字，如果选手因为某道题目而陷入答题瓶颈，描述者或猜词者可以选择“过”。选手答题过后，现场会有专业学者对选手表现或者成语典故进行点评讲解。这样一来，在兼具互动性和竞争性的游戏过程中，成语所承载的厚重的人文内涵就以一种轻松活泼的解读方式呈现在观众面前。

图 5–10 《中国成语大会》节目画面（图片来源：节目截图）

节目案例：《SK 状元榜》

《SK 状元榜》诞生于 2000 年 1 月，由北京电视台青少节目中心精心制作，是一个面向中学生的全国性知识竞赛节目。节目不单纯以答题来决胜负，而是采取分组对抗赛等形式，注重发掘学生提出并解决问题的能力、创造天赋以及团队协作精神，旨在激发青少年的学习热情。节目时长 50 分钟，每年有近 260 名选手参加，在中学生中产生了广泛影响，也引起家长和老师的热切关注，收视率持续攀升。

六、娱乐资讯类

娱乐资讯节目主要是对与综艺娱乐内容相关的新闻资讯进行盘点播报，这一类节目的受众主要是关注明星动态的年轻人，所以节目主持人通常以活泼幽默的形象呈现在观众面前。

代表节目：《娱乐星天地》《娱乐乐翻天》《影视同期声》

节目案例：《娱乐星天地》

《娱乐星天地》是东方卫视推出的一档日播娱乐资讯节目，侧重对娱乐圈、时尚界各类资讯的集中梳理和报道，全方位呈现中国内地、港台，以及欧美等各类影视明星、歌手作家、时尚名人、文化名流的最新动态（见图 5–11）。

图 5–11 《娱乐星天地》节目画面（图片来源：节目截图）

节目案例：《娱乐乐翻天》

东南卫视推出的娱乐资讯节目《娱乐乐翻天》开办于 2002 年 1 月 5 日，是国内开办最早的娱乐资讯节目之一，节目以为大家制作最好看的娱乐资讯节目为宗旨，几乎所有当红明星都接受过《娱乐乐翻天》的专访。到 2013 年，《娱乐乐翻天》已经成为福建省内收视率最高的一档娱乐资讯节目，位列全国电视娱乐资讯节目的第一阵营。

第三节　我国对综艺娱乐节目模式的探索

电视节目模式译自英文 television program format，是基于一类或几类节目形态，依据具体的节目载体呈现出来的可供复制的节目样式。① 它包括一套完整的节目制作流程：对节目中参与人、流程、节目脚本等的内容要求，有音乐设计、后期、灯光、摄影棚等技术支持，还有财务预算、节目制作进度以及法律保险等方面的文本。② 可以说，节目模式不仅是节目流程与元素的呈现，而且是节目构思与创意的凝练。

据统计，全世界推出的娱乐类节目中，22% 改编自国外节目模式。目前最著名的几个节目模式便出自美国、英国、荷兰这三个国家。中央电视台率先引进了国外成熟的综艺娱乐节目模式。早在 1998 年，中央电视台就购买了英国拥有 30 年历史的博彩节目 *GO BINGO* 的版权。对于当时的综艺娱乐节目创作环境来说，海外版权引进并不是主流，观众对于节目模式的概念理解还比较抽象模糊。但近几年来，随着我国真人秀节目与综艺娱乐节目的火爆，"节目模式" 不仅在业内受到广泛关注，对于中国观众来说，许多富有创意的节目模式也早已深入人心。

纵观中国综艺娱乐节目的发展与成长，相较于欧美综艺娱乐节目七十多年的成熟发展，我国的综艺娱乐节目起步较晚。从最初对国外节目模式的购买与模仿起步，经过对国外节目模式的创新与发展，最终实现中国原

① 王昭钧 . 中国文化益智类电视节目的本土化创新策略研究［D］. 济南：山东大学，2015.
② 上海文广新闻传媒集团中心 . 2006—2007 节目模式报告［M］. 上海：学林出版社，2007：1.

创节目模式的“出海”，中国综艺娱乐节目经历了从无到有、从有到精的过程。

一、对国外节目模式的购买与模仿

从我国综艺娱乐节目的发展轨迹可以看出，我国向国外成熟节目模式取经已经屡见不鲜。我国综艺娱乐节目起步比较晚，成长期不长，而国外成熟的节目模式珠玉在前，因此我国综艺娱乐类节目逐渐趋向“师夷长技”，大批国外优秀综艺娱乐节目模式漂洋过海，登陆中国。国外成熟的节目模式生成可复制的“模板”，已经经过观众与市场的检验，对于我国的综艺娱乐节目的发展来说是一种减少创新试错、规避市场风险的有效途径。因此，许多电视台选择直接借鉴国外成熟的综艺娱乐节目模式。

节目模式是一种“文化”产品，并不能完全按照工业生产标准化的流程进行机械复制。综艺娱乐节目的本土化，顾名思义就是在引进国外综艺娱乐节目模式之后，本国的节目制作团队需要通过再创作，使陌生的海外节目模式契合本国社会的主流价值观，满足本国观众的娱乐审美，避免因为节目的“水土不服”而使本国观众产生排斥心理。我国各大电视媒体以“情感融合”和“延续发展”为节目模式本土化的目标。

我国很多电视媒体对国外综艺娱乐节目模式本土化的改造准备不足，使得在国外颇受欢迎的节目模式到中国以后“水土不服”；或者直接照搬西方审美价值，导致节目的价值观与我国社会主流价值观大相径庭；或者过度地添加“中国特色”，使得原本特色鲜明的节目模式变得不伦不类。很多具有发展潜力的节目还未崭露锋芒就变成“炮灰”，草草收场。其中的典型案例就是优酷的脱口秀节目《周六夜现场》，它源自美国电视史上最长寿的节目之一 *Saturday Night Live*（缩写为 SNL）。原版节目采用直播的方式，通过客座主持人和固定卡司的共同表演，以喜剧小品的形式来讽刺时事政治与文化热点。恶搞和大尺度是原版节目的一大特色。而中国版的《周六夜现场》虽然未对原版节目模式进行照搬照抄，而是根据我国国情向节目添加“中国特色”，讽刺效果大大弱化，但在喜剧节奏的把握与表现手法的使用等方面显然没有做足功课，强行将一档节奏轻快却又寓意深刻的脱口秀变成一档明星嘉宾的尴尬才艺展示秀。观众拒绝为其买单，使这档引进版权的节目不可避免地从高调启动走向了惨淡落幕。

中国版的《周六夜现场》虽然未取得预期的理想播出效果，但确实已经意识到“中国特色”的重要性。中国综艺娱乐节目的恶搞和大尺度要有底线，应符合中国人追求“和谐、圆满、包容”的传统。受国情影响，国外很多综艺娱乐节目追求个性与大尺度，以展现人性弱点、讽刺政治博取关注，这些内容显然不适合中国的节目。可以说，湖南卫视的《我是歌手》在节目模式本土化处理的尺度上把握得恰到好处。湖南卫视在引进韩国版音乐竞技类节目《我是歌手》时，秉持“以和为贵”的态度，有意弱化了原版节目中的竞争和冲突感，强化了对人与人之间情感描述的投入。《我是歌手》节目除了展示歌手与歌手、歌手与经纪人的关系之外，还尝试展示歌曲的原创者与翻唱者之间的联系。可以看出，中国综艺娱乐节目模式在本土化的过程中，对国情与社会大环境的考量至关重要。

二、对国外节目模式的创新与发展

对国外成熟节目模式的购买是一种典型的模仿创新方式，通过学习先进的节目模式制作理念，完成对原版节目的模式化创新。随着我国综艺娱乐节目资源的丰富与发展，购买和模仿国外节目模式这种初级的模仿创新方式，已经越来越难以满足观众日益增长的电视娱乐需求，这就要求我国电视人在寻找我国综艺娱乐节目模仿与创新之间的新的平衡点上发力。以国外综艺娱乐节目模式为基础，以“模仿—发展—创新”为递进式路径，以规避创新风险为前提进行节目模式创新，是我国对综艺娱乐节目模式的一次全新尝试。

在对国外综艺娱乐节目模式的创新与发展上，中央电视台一直扮演着领路人的角色。央视制作、播出的《幸运 52》可以说是最具有代表性的国外节目模式创新案例。《幸运 52》开播于 1998 年 12 月 16 日，源自英国的益智博彩节目 *Go Bingo*。为了适应中国电视观众的口味，《幸运 52》在保留原版节目的益智精髓的基础上，对节目内容和形式进行了大刀阔斧的改造，剥离了原版节目的“博彩”特性，旨在考察选手的创造性和发散性思维，以及手脑协调能力等。节目邀请素人担当选手嘉宾，以智力竞猜和趣味竞赛的方式进行智力比拼，获胜选手会获得丰厚的实物奖品。在场内选手激烈角逐的同时，场外观众也可以通过热线电话及时地参与节目，并获得相应的奖励。《幸运52》将一档集游戏性、互动性与竞赛性于一体的全新益智类节目呈现在全国观众面前，成功地在国外节目模式的基础上进行了本土化的创新和发展，使得这档源自资本主义国家的博彩类节目在中国成功立足，并包揽了2000年的“年度电视节目”“最佳游戏节目”“最佳游戏节目主持人”三项大奖。

除中央电视台以外，各大省级卫视以及网络媒体也在综艺娱乐节目模式创新与发展的道路上发挥着各自的优势。《明星大侦探》是由芒果TV播出的首档大型情景类益智互动推理综艺节目，从2016年3月27日播出之日起，就受到年轻人的追捧。《明星大侦探》的节目模式源自韩国JTBC电视台的“韩国国内首个RPG”推理游戏节目《犯罪现场》，该节目将场景设定为面对神秘的“杀人”事件，每期参与录制的明星需要在“案件现场”寻找证据，并推理出真正的凶手。《明星大侦探》一改《犯罪现场》过于严肃、压抑与恐怖的推理氛围，在延续推理元素的同时，以嘉宾诙谐的谈话“中和”压抑的推理氛围，向观众交出了一份推理益智节目的高分答卷。

近年来我国的综艺娱乐节目以近乎“野蛮”之势高速发展，对原有节目模式进行初级模仿创新再升级，以期生产出创新成本小、创新风险低的半原创节目模式。我国当下的电视娱乐产业竞争激烈，发展迅速，这种“模仿—发展—创新”的递进式路径兼具合理性与现实意义。

三、中国原创节目模式的“出海”

购买或模仿海外成熟的节目模式，减少创新试错环节，是投入最低、风险最小的尝试；在原版节目模式的框架基础上进行本土化改造创新，也是一种规避创新风险的有效方式。但长此以往，我国节目对国外节目模式的依赖不断加深，将导致我国综艺娱乐节目的原创能力下降，也让电视节目的“中国制造”变得模糊而抽象。国外节目模式在中国综艺娱乐节目市场的本土化改造不到位而导致水土不服的现象，让我国电视人逐渐意识到“原创”才是我国综艺娱乐节目的长远发展之计。

2016年6月，新闻出版广电总局发布《关于大力推动广播电视节目自主创新工作的通知》，从版权备案、时段编排、评议监管以及节目评价等层面对自主创新节目予以明确鼓励，强调要支持鼓励自主原创节目，在播出安排和宣传评奖等方面给予优先考虑。[①] “创新是国家和民族的灵魂。作为智力密集型产业，创新对电视媒体的发展具有重要意义。”[②] 在国家政策的引导下，我国的电视业逐渐将资源倾斜到电视节目原创内容的研发当中。“电视节目的原创化、模式化发展，正在成为中国对外发声的重要介质。”[③]

近几年，我国的综艺娱乐节目市场上涌现出一大批特色鲜明的原创节目，在取得市场收益的同时还获得了不俗的社会效益，其中不乏一些在国际电视市场崭露头角的佼佼者。《中国好歌曲》从模式到赛制均由灿星独立创作完成，其节目模式被英国国际传媒集团ITV订购，并由ITV负责其国际发行权和英国播出权；优酷在戛纳秋季电视节上与福克斯传媒集团正式签署合作协议，福克斯传媒买下优酷原创综艺节目《这！就是灌篮》的模式版权，将在中国内地以外的地区和国家进行模式的本土化开发；浙江卫视就原创节目《我就是演员》与美国IOI（Is or Isn't Entertainment）公司签署模式销售协议，授权IOI公司及其合作伙伴HMP（Hollow Men Productions）公司在美国、英国、加拿大等诸多英语地区制作《我就是演员》的国际版*I Am the Actor*。这些原创节目的“出海”无疑成为我国国产综艺娱乐节目的一大突破，越来越多的中国原创电视综艺娱乐节目模式在国际电视市场生根发芽、开花结果。中国原创综艺娱乐节目的生产与输出呈现出良好的发展态势。

---

① 国家新闻出版广电总局．关于大力推动广播电视节目自主创新工作的通知［EB/OL］.（2016-06-20）［2020-09-30］. http://www.nrta.gov.cn/art/2016/6/20/art_113_31062.html.

② 李岭涛，吴秀娥．品牌中国电视［M］．北京：中国广播电视出版社，2006：148.

③ 何天平，张榆泽．现状、路径、挑战：中国原创电视节目模式“出海”［J］．当代电视，2019（7）：31-33，83.

我国原创文化类综艺益智节目集结了传统益智类节目、游戏类节目等多种节目类型的特征，并恰到好处地加入中国传统文化元素，融合成一种新的节目模式——中国文化类综艺益智节目。节目流程主要包括主持人提问、选手作答、评委点评以及决出优胜者等，文化类综艺益智节目创造性地将具有中国特色的知识性内容作为考题融入游戏之中，实现寓教于乐的功能。除上文所提到的《中国成语大会》外，《中国汉字听写大会》也是我国典型的原创文化类综艺益智节目。节目中的题目来自《辞典》《字典》《词库》《水经注》《红楼梦》等，内容涵盖了天文地理、生化名词、方言术语以及生僻地名等，汉字这一记录中华历史的文化符号融入趣味性十足的游戏竞技当中，使得节目具有浓厚的文化属性与娱乐属性，充分彰显了汉字书写的真谛与魅力，直击当下科技飞速发展所导致的“提笔忘字”现象，呼吁人们回归传统的汉字书写，是对全社会书写汉字、保护汉字的有力倡导。《中国汉字听写大会》采用三级赛制，邀请全国学生组队参加，初赛获胜的160位选手，组成32支代表队，每4个队为一组进行8场复赛。复赛产生40位选手，组成8支代表队进入半决赛。两场半决赛产生进入决赛的10位选手。所有未进入决赛的选手通过附加赛争夺最后五个进入决赛的名额，决赛中的胜出者即为听写大会的全国总冠军。

我国成功向海外输出原创综艺娱乐节目模式表明，在节目内容的生产之中充分运用经典的传统文化元素，以文化自觉和文化自信讲好中国故事，为节目模式打上“中国制造”的烙印，使节目模式具有较强的辨识度，能够为其在日益成熟的国际综艺娱乐节目市场上获得差异化关注赢得更大的可能性。詹姆斯·W.凯瑞曾指出，“在现代化转型的过程中，人们往往会遭遇现代价值与传统价值、现代文化与传统文化之间的‘断裂’，对传统文化和民族文化的追溯、描述、解释，有助于弥合这种断裂感，营造民族文化认同，重振发展民族文化的信心”①。

原创综艺娱乐节目模式的“出海”为我国优秀传统文化“走出去”提供了机会，这也随之带来新的思考：原创节目模式作为一种文化产品，要在跨

① 张爱凤.原创文化类节目对中国“文化记忆”的媒介重构与价值传播[J].现代传播，2017，39(5):85-90.

文化传播中找到文化交流的落脚点，需要重视通过阐述文化所蕴含的精神来增强电视节目对受众的感染力与影响力[①]，要考虑其他国家社会现实、文化语境、观众欣赏习惯等因素，思考如何消除跨文化带来的陌生感与隔阂感，尽最大可能地规避节目模式在“出海”过程中存在的不确定性风险，让拥有不同文化的受众都能够无障碍接受。

第四节　我国综艺娱乐节目的现实与未来

新媒体时代，传统的电视综艺娱乐节目由于节目模式陈旧、节目风格固化等原因，热度早已大不如前。而网络综艺娱乐节目颠覆了传统电视综艺娱乐节目富有仪式感的收看方式，它不仅利用大数据有针对性地对用户进行节目内容推送，借助移动设备的便携性实现了节目的随时随地可观看，还凭借其内容的包容性、开放性与多元性，逐渐取得了综艺娱乐节目市场的话语权。意识到自己不容乐观的处境之后，传统电视媒体为谋求更长远的发展，在媒介融合的推动下，开始尝试与网络新媒体平台形成联动，开展台网合作，逐渐形成“先台后网”“网台同步”“先网后台”三种节目播出形式。视频网站不仅仅是电视综艺娱乐节目的播出渠道，更摇身一变，拥有了节目制作方的身份，并逐步实现了综艺娱乐内容从网络平台到电视平台的反向输出。在媒介融合背景下，新旧媒介之间相互交流融合是我国综艺娱乐节目永葆生命活力的必经之路。

一、“超级网综时代”的来临

我国网络综艺娱乐节目的发展最早可追溯到2007年搜狐视频上线的脱口秀节目《大鹏嘚吧嘚》。经过“粗制滥造”的摸索阶段，我国迎来了网络综艺娱乐节目的爆发年——2014年。这一年被业界公认为是“网络综艺元

① 陈卓.《国家宝藏》：中国原创电视节目的元素解构及启示［J］. 中国记者，2018(6)：95-97.

年”，一批形式多元、特色鲜明的网络综艺娱乐节目如雨后春笋般在网络上爆发，以新态度表达新内容。2014 年，由爱奇艺出品、米未制作的融入辩论元素的说话达人秀节目《奇葩说》闪亮登场，节目的生命力经久不衰，至今仍保持着每年推出一季的更新速度，每一季节目的赛制和规则都有创新和变化。该节目将选手冠以“奇葩”的称谓，旨在寻找华人圈中“最会说话的人”。节目每期话题以辩论的形式展开语言的交锋，选手幽默的“夹叙夹议”式的驳斥，稀释了专业辩论的严肃性，让节目更具娱乐性和可观赏性。选手们采用独特的角度表达独特的态度，不仅能放大语言的魅力，而且能引起观众的共鸣，甚至在一定程度上能够直接影响观众的人生态度。因此节目上线之后，立即赢得了大批年轻粉丝的追捧，收视率屡创新高，节目热点话题层出不穷，在网络社交平台上引起大范围的讨论。

视频网站综艺娱乐节目的生态位宽度远远大于电视综艺节目①，相较于传统电视综艺娱乐节目，网络综艺娱乐节目拥有更广阔的生存前景。首先，网络平台不同于电视平台，它不是单向输出的载体，具有鲜明的“去中心化”特征，观众有着极强的参与感，能够参与网络综艺娱乐节目生产、传播乃至反馈的全过程。《吐槽大会》每期节目邀请一位话题名人接受吐槽、进行自嘲。节目以网络独有的“吐槽文化”为切入点，融合弹幕文化、表情包文化以及鬼畜文化等青年亚文化元素，构成综艺娱乐节目中一道亮丽的年轻化网络文化景观。《吐槽大会》创新了节目与观众之间的互动方式，观众通过录制吐槽视频发送给节目组来获取被“主咖”翻牌的机会，实现观众的“隔屏吐槽”。此外，《吐槽大会》还创新了观众与观众、官方弹幕主与观众、官方弹幕主与嘉宾的弹幕互动方式，实现了对节目优缺点的实时反馈，对节目的后续制作有着重要的参考意义。此外，网络综艺娱乐节目无论是节目内容，还是广告植入都能够精准地定位目标人群，这是对电视节目的一大超越。相对于电视观众，网络综艺娱乐节目的“网生代”观众更年轻，对节目中的广告植入有着更高的消费热情，这也是网络综艺节目的广告冠名费水涨船高的原因。此外，相较于电视节目中插播的一板一眼的硬性广告，网

① 赵钒妤 . 纯网综节目的特点及其对传统电视综艺节目的启示［J］. 聊城大学学报，2017(1)：17.

络综艺娱乐节目中的广告不再是枯燥无味的硬植入，而是往往与其内容和叙事上的起承转合相一致，构建了内容和广告之间的良性关系。[①]网络综艺娱乐节目通过妙语连珠的口播广告，赋予广告产品十足的网感与综艺感，有效地避免了受众的抵触情绪，在真正意义上实现了节目与广告品牌的有效融合，成为节目中制造笑点、吸引观众的不可或缺的一部分。《吐槽大会》中，各种广告的花式植入是节目本身的一大亮点。比如结合节目特色与品牌特色，为每个品牌量身定做标语："人生充满段子，记录每个样子"，"自黑是门艺术，变美就用英树"。

网络综艺娱乐节目经过积淀成长，在数量与质量上突飞猛进，"现象级"节目层出不穷。从 2017 年开始，我国迈入超级网综时代，《一本好书》《乐队的夏天》等一批独具匠心的网络综艺娱乐节目获得收视、口碑双丰收，以爱奇艺、优酷、芒果 TV 和腾讯为首的视频网站在综艺娱乐节目的打造上竞相发力，聚焦小众节目市场的长尾效应，引导我国的网络综艺娱乐节目向精耕细作、垂直细分的方向发展。

二、电视综艺娱乐节目的积极应战

众声喧哗的新媒体语境之下，电视综艺娱乐节目迎来了前所未有的市场契机与挑战，新媒体的发展激发了传统电视综艺娱乐节目的活力，促使传统电视综艺娱乐节目的制作理念迎来了新一轮的升级与转型。

（一）创制符合本土语境的历史文化类综艺节目

网络综艺娱乐节目的市场价值与社会价值的实现，成为促使电视综艺娱乐节目加快在内容与形式上创新变革的动力。电视人重振旗鼓，投入到内容的精耕细作中，致力于打造自己的原创品牌，以此来实现价值的引领。一批优质电视综艺娱乐节目逐渐进入观众的视野，形成领跑综艺娱乐节目行业的优质内容矩阵。

① 董梦娣．解析网络综艺新时代［J］．视听，2017（7）：11.

我国电视人在原创文化类电视节目领域着重发力，选择向传统文化复归，让传统文化以综艺娱乐节目的形式和大众亲密接触①，消除观众与传统文化间的隔阂感，促使当代人对传统文化进行新的解构与意义重建，从而重塑中华民族集体的“文化记忆”②。《见字如面》从书信这一承载个体记忆的形式出发，通过对怀旧情感的渲染引发观众共鸣，进而建构起关于书信的集体记忆，通过“仪式化传播”实现良序化社会、传承优良传统文化的目的。《中国诗词大会》以“古诗词”为内容，以“赏中华诗词、寻文化基因、品生活之美”为宗旨，助力国人重寻流淌在血液里的“诗性基因”③。《经典咏流传》则以“追寻五千年文化、三千年诗韵”为宗旨，通过悠扬的曲调向观众展现“诗言志，歌咏言”的情怀，引领观众重赏诗词经典。

我国电视人精心打磨的电视综艺娱乐节目不只在我国叫好又叫座，更有一批出色的节目模式被国外引进或购买版权，成为对外传播过程中消弭不同国家间文化屏障、进行文化交流的重要载体。对电视综艺娱乐节目的精心打磨创作，已经逐渐成为电视人的“文化自觉”。

（二）节目内容开拓多元视野

为满足受众多元的文化审美诉求，电视综艺娱乐节目从单一性、传统性向多元化、年轻化转变。电视综艺娱乐节目的多元化发展成为各大电视台的共同追求，这是电视节目走向市场化、产业化的必然途径。

《今晚80后脱口秀》是东方卫视打造的一档欧美风格脱口秀节目。80后新锐脱口秀演员以脱口秀的形式，展现年轻人对社会热点事件与时尚潮流的态度。脱口秀演员幽默风趣又不失个性，斩获一大批年轻人的喜爱。《明星大侦探》瞄准推理悬疑类综艺节目潜在的巨大市场，从各种侦探小说、悬疑故事及经典影视剧中汲取灵感来源，明星嘉宾即兴表演，搜集证据，推理出“谋杀案”的凶手，让观众产生身临其境的“代入感”。湖南卫视推出的音乐竞演

① 闫嘉欣.《经典咏流传》：原创文化类电视节目的传播生命力再造[J].北方传媒研究，2019(1)：73-75.

② 张云航.原创文化类节目：消除传统文化的“陌生感”[J].戏剧之家，2019(24)：76.

③ 张诗逸，陈瑞娟.《见字如面》中的个体记忆与集体记忆：基于“仪式观”的视角[J].戏剧之家，2019(27)：85.

类节目《歌手》，在专业歌手的竞技对抗之中，让许多沉寂已久的实力唱将的演艺事业枯木逢春，为偶像当道的流行音乐生态注入一股“新”力量。

一档现象级综艺娱乐节目常常会引来若干个内容大同小异的“姊妹篇”节目，使观众产生审美疲劳。为避免电视综艺娱乐节目屡屡陷入“同质化”的泥潭当中，紧跟时代审美和市场潮流，对受众市场进行细分进而吸引不同代际的用户群体，是电视综艺娱乐节目多元化发展的有效策略。

（三）节目生产借鉴“互联网 +”理念

伴随着网络综艺娱乐节目的渗透影响，“互联网 +”的理念也逐渐应用到传统电视综艺娱乐节目的创作当中。电视综艺娱乐节目开始树立用户思维，注重对用户节目需求的调研，有针对性地进行内容生产和运作运营。

从电视综艺娱乐节目在后期制作上的变化可以看出，电视节目借鉴了网络综艺娱乐节目在后期制作上的丰富性与趣味性。以字幕元素为例，传统电视综艺娱乐节目中的字幕只起到解释说明的作用，而在“互联网 +”思维的影响下，电视综艺娱乐节目中的字幕经过包装和美化，成为丰富多彩、生动形象的“花字”，不仅具有解释说明画面的功能，而且具有审美功能和感情色彩，使节目在情感表达与态度传递上更为直观。之前的视频网络平台只是辅助电视节目播出的一种渠道，观众在视频网站上对电视综艺娱乐节目进行点播操作，能够满足他们补充性观看的需求。近年来，网络综艺娱乐节目向电视媒体的“反向输出”也是电视综艺娱乐节目网络化发展的积极探索。比如网络视频平台芒果 TV 的《我是大侦探》将节目内容改造为台播节目的结构之后，成功登陆湖南卫视。

网络综艺娱乐节目凝聚了大量年轻用户，而电视综艺娱乐节目中渗透的“互联网 +”理念，在一定程度上能够实现对年轻观众的引流，达到重聚电视观众的效果。

三、对综艺娱乐节目的思考与展望

在当今社会，媒介渠道多样化趋势明显，传统电视媒体传播方式单一，远远不及网络平台多样的互通互动方式。虽然电视综艺娱乐节目还占有较大的市场份额，但网络平台播出的现象级综艺娱乐节目层出不穷，迅速抢占了综艺娱乐节目市场和观众资源，使传统电视综艺娱乐节目受到不小的冲击。在网络综艺娱乐节目的重压之下，传统电视综艺娱乐节目想要打赢翻身仗，就需及时发现问题，找出自身竞争力下降的原因，并针对问题进行科学、合理的改革。

一方面，电视综艺娱乐节目要基于自身品牌优势和观众资源，精耕细作节目内容，不能一味地盲目照搬外国综艺娱乐节目模式，毕竟引进的目的是学习和完善自身，从而明确文化主体意识，增强节目的原创意识，推出更多具有民族性、艺术性与时代性的精品节目。只有在引进中提升本土化的创造能力，才能达到促进中国电视产业升级转型的目的。① 另一方面，电视综艺娱乐节目要积极结合新兴媒介，借助网络平台移动化、社交化等特点，树立互联网思维，将互联网的媒介逻辑融入电视综艺娱乐节目的实践中，综合运用大数据、AR、VR 等媒介技术，开拓出电视综艺娱乐节目生态的新格局。

而后起之秀——网络综艺娱乐节目的问题在于内容管理上。网络综艺娱乐节目的管理相对宽松，生产较为混乱，一些以娱乐化方式呈现的网络综艺娱乐节目如果叙事表达尺度拿捏不当，就会沦为恶意吸引眼球的工具。网络综艺娱乐节目的主要受众是年轻的“网生代”群体，因此，网络节目应该对年轻受众起正确的引导作用，充分考虑节目自身的社会价值和意义，保持独立的文化品格和思想内涵，避免庸俗的网络综艺娱乐节目在市场中泛滥。同时，国家有关部门也不能忽视对网络综艺娱乐节目的管理，应尽快将网络综艺娱乐节目纳入传统广电管理的框架之中，健全“事前审核、事后追责”的网络综艺娱乐节目管理制度，确保我国网络综艺娱乐节目走上良性、可持续的发展轨道。

① 黄烨．新媒体背景下慢综艺节目成功原因及发展建议［J］．媒体观察，2017(22)：59.

第六章

媒体融合与微视频节目

“融合”一词与“媒介”结合在一起，得追溯至20世纪。20世纪初，美国的一些媒体已经进行了“融合实验”[①]，将报纸、无线电广播、电视综合到一起，传达信息资源。1978年，美国麻省理工学院媒体实验创始人尼古拉·尼葛洛庞帝（Nicholas Negroponte）提出“融合”概念，认为“在数字化空间，时空障碍完全消失，人类可以随时随地，完全按照自己所需获取更加大量、更加清晰的信息”[②]。此后40年，“媒介融合”概念在科技的推动下越发清晰，许多中外学者对“媒介融合”进行了探讨。如，西方有美国密苏里大学新闻学院教授布莱恩·布鲁克的“媒介融合是一个新闻学上的假设”[③]，我国有华南理工大学朱剑飞教授“媒介融合并不是简单通过行政命令将不同形态的媒介融合在一起”[④]的言论。

在西方，大约出现在19世纪末20世纪初的“media”（媒介）是“medium”的复数形式，指“事物之间发生关系的介质或工具”[⑤]。从广义上看，“媒介即万物，万物即媒介”[⑥]，媒介是人体的延伸；从狭义上看，“媒介可代指大众

---

① 陈映．媒介融合概念的解析与层次［J］．北京邮电大学学报，2014，16(1)：1-7.

② 尼葛洛庞帝．数字化生存［M］．胡泳，范海燕，译．海口：海南出版社，1997：203.

③ 高钢，陈绚．关于媒体融合的几点思索［J］．国际新闻界，2006(9)：51-56.

④ 朱剑飞，秦空万里．融媒≠出路：对我国传媒数字化生存的再思考［J］．现代传播，2012(12)：1-5.

⑤⑥ 操慧，等．新闻评论教程：原理、方法与应用［M］．成都：四川大学出版社，2019：24.

传播媒介，它区别于符号、形式、渠道而存在”[①]。“媒介融合”之所以在我国掀起大范围探讨的浪潮，与传统媒体受到新媒体冲击有直接关系。数字化信息时代，传统媒体只有适应新媒体的传播策略，并合理运用不同的传播方式，才有可能不被淘汰。由于媒介边界渐渐模糊，从媒介融合到媒体融合，从全媒体到融媒体的探索便兴起了。

当前，我国学者对融媒体的关注与研究大致可以分为四种：

第一种是对融媒体发展现状、嬗变的研究。此类研究从媒介融合的背景、电视新闻语言的中立态度和电视新闻语言播报的形式三个方面来介绍媒介融合背景下电视新闻语言现阶段的发展情况；第二种是关于县级融媒体的研究；第三种是对融媒体背景下相关业务能力的探讨，大多从语用学视域对融媒体产品进行探讨；第四种是对融媒体新闻语态的研究，不过此类研究文章还较少。

2013 年 11 月，习近平总书记在党的十八届三中全会上提出“整合新闻媒体资源，推动传统媒体和新兴媒体融合发展”[②]，“媒体融合”首次成为党中央重大决议的重要内容。2014 年 8 月，习近平总书记主持召开中央全面深化改革领导小组第四次会议，审议通过《关于推动传统媒体和新兴媒体融合发展的指导意见》，媒体融合正式上升到国家战略层面。此后五年间，习近平总书记在不同场合对我国媒体融合之路作了指引。而“微视频”便是媒体融合之路上的重要一环。

作为媒体融合重要构成部分的微视频的崛起，与中国经济发展水平、科技进步有着紧密关联。

随着互联网的高速发展，各大网络媒体呈现出井喷式的发展，受众对新闻传播速度的要求不断提高，传统媒体与新媒体的优势互补成为热议话题。人们在忙碌的工作中利用碎片时间来阅读，于是以公众号为代表的“碎片化阅读”渐成常态；单向性的传播不再适合正与世界接轨的中国人，互动性便成了媒体创作的关键词；物质上的压力转换为精神上的浮躁，网络舆

---

① 操慧，等．新闻评论教程：原理、方法与应用［M］. 成都：四川大学出版社，2019:24.

② 管洪．构建引领时代的全媒体传播生态：深刻领会习近平总书记“1・25”重要讲话精神［J］. 新闻战线，2019(5):2-4.

情“神翻转”的案例不是少数……“中国速度”不仅仅体现在实业上，也成为当代中国城市人的常态、传播行业的常态。简短、紧凑、有趣、立体、创意、互动被压缩在一起，在舆论环境、媒体格局、传播方式深刻变化的互联网时代，微视频的井喷式发展可谓是“时势造英雄”。当融媒体时代到来，人们对可一口消化的视频需求越来越多，在市场的倒逼下，“微视频”诞生了。科技的日益进步、经济的迅速发展、城市生活的忙碌，促使微视频登上历史舞台，进入我们生活的方方面面，成为传播必不可少的组成部分。

在探索媒体融合、微视频传播的过程中，有的媒体杀出血路，笑傲江湖；有的则不敌市场残酷，黯然落幕。融媒体时代，作为融媒体产品生力军的微视频需兼顾内容与互动。微视频要想得到挑剔的大众的肯定，既要“时长短”，也需“内容深”，“说人话”是关键，“爆金句”增亮点。在纪实追求的“中轴线”上，微视频题材不一，时而真实性的比重更大，时而艺术性占比相对较高。

著名社会学家拉扎斯菲尔德就曾提出，新闻媒体通过自己的建构，为人们营造了一个“媒介现实”[①]，虽然“媒介现实”永远不会等同于“真实现实”，但它会对真实的世界产生重要的影响。微视频的重要优势之一是可以被投放到各个平台，借助移动端，实现与用户的实时交流，并对用户产生或多或少的影响。

当前，立足于中国特色社会主义新时代的“全力推进媒体融合”重大决策正在实行，那么，在媒体融合的大背景下，什么样的微视频会对社会产生舆论影响？什么样的微视频会在市场中杀出重围？微视频所必需的硬件条件、软件条件又有什么？

第一节　微视频的产生背景与概念界定

新闻人白岩松将传媒发展阶段幽默地比作“情人”。诚然，从 20 世纪

① 董天策．往返于媒介理论与媒介现实之间的学术实践［J］．新闻与传播评论，2019，72(6)：80-83.

八九十年代的“大众情人”，到21世纪初的“中重度情人”，再到如今“谁都可以当一会儿情人的时代”，单一的传播渠道的局限越来越明显。当前，基于国家加快推动媒体融合发展的大方向，如何才能在融媒体时代争当弄潮儿，需要微视频充分挖掘视听媒介的传播特点，深究互联网传播在内容、传播渠道、人才融合等方面的改革，只有这样，才不至于在激烈竞争中四面楚歌。

十九大报告中有很多金句，其中有12个字让笔者记忆犹新——不忘本来，吸收外来，面向未来。这12个字，适用于任何行业，当然也可以用它来对微视频追根溯源。微视频到底从何处来，又将往何处去？微视频究竟有什么独家价值？在媒体融合加速推进的时代，微视频已有哪些“高光时刻”，又有哪些“坑”需要避开？无论如何，微视频的市场依旧广大，当然，亟须探讨的问题也不少。创作什么，谁创作，怎么创作都是微视频创作所必须考量的。

一、从短视频到微视频

1993年9月19日，中国第一个移动电话GSM在浙江省嘉兴市开通；2009年1月7日，工信部为移动、电信和联通发放3G牌照，苹果、安卓手机迅速崛起，[①] 取代了曾经的功能机；3G时代并没有持续非常长的时间，2013年，我国正式进入4G时代；又过了5年，也就是2018年，5G登上世界舞台，虽然现在还未广泛普及，但我国的移动通讯技术建设总归是日新月异的。

从寻呼机风靡全国，到随处可见的公共电话亭，再到人手小灵通、宽带普及、智能手机入主市场，中国从2G、3G逐步走到5G，经历了数十年的辛勤建设。PC端作为主导终端在我国占据了20年左右的时间，当时，由于网络成本较高，一般家庭没有能力花费高额的话费来购买流量，因此大家最习惯使用、观看的是文图、长视频。在4G网络普及前，文字与图片是最方

① 杜文科．中国通信产业即将开启5G商用大幕［EB/OL］.（2019-05-17）［2020-03-17］. http://www.cien.com.cn/2019/0517/62274.shtml.pdf.

便传输的载体，而长视频在PC端不具备传播属性，很难沉淀用户。但视听影像所承载的场景、情绪往往会胜过文图，因此一旦移动通讯技术迅速发展，影像的传播也就普及开来。

（一）微视频发展的三个阶段

当前，不论是学界还是业界，多将“微视频”与“短视频”作为一个同义词汇替换使用，这在我们日常的视频命名中随处可见，比如新闻媒体发布了一系列5分钟左右的“时政微视频”，而抖音、快手App平台，则将自己平台上发布的时长仅仅十几秒的视频称为“短视频”。无论是“短视频”还是“微视频”，首要特性就是时间够短，内容够凝练；而“微”不仅可指代时长上的微短，也有内容上精悍凝练之意，在一定程度上拓展了“短”的内涵。

学界对微视频的含义并未有统一的界定，不过内核总归离不开“短、平、精、快”几个字，主要围绕时长、传播特质、创作特质等来界定。微视频“短、平、精、快”的特点，可以从2018年中国新闻奖融媒体短视频一等奖获奖作品《公仆之路》窥见一斑。《公仆之路》总时长5分26秒，运用一镜到底、三维投射技术和数字化形象技术创新，塑造了踏踏实实为人民办事、不忘初心、努力前行的公仆形象。此作品一经发布，就成为现象级时政微视频，引发全社会讨论。

纵观微视频在我国的发展，可以将其归纳为三个阶段。

一是微视频的萌芽阶段。2005年，一部名叫《一个馒头引发的血案》的短片将微视频正式带入大众视野。同一年，在国外，YouTube网站的成立点燃了微视频的火苗，只不过这时“微视频”在我国还是一个比较模糊的概念。到了2006年，优酷网、土豆网提供的视频分享平台率先将“拍客”“微视频”“短视频”概念带入大众的生活中，广大网民头一次由视频的接收者成为发布者、分享者。之后几年，我国互联网技术、通讯设备、数字技术、影视传播等行业的迅猛发展助推了微视频行业的繁荣。不过，在2010年之前，微视频还处于初始阶段，这时候的微视频大多以恶搞、调侃社会事件为主，制作人员大多也是用户。2010年，微视频开始逐步往正规化、商业化方向发展。不过，由于当时我国4G网络还未普及，微视频的市场主要还是在

PC 端，大众喜爱的仍是图文形式的传播、社交分享。

二是微视频的奠定用户阶段。在生活节奏越来越快的当下，简单便捷的剪辑软件、拍摄设备降低了视频制作的难度，打破了原本专业视频制作的集权，人们不再受限于硬件，随时随地可以拍摄视频传递到视频平台上。在国内，最早的微视频应用是腾讯于 2013 年推出的可拍摄 8 秒的“微视”。同年 12 月，新浪微博推出了“秒拍”功能。也就是从 2013 年开始，秒拍、美拍、小咖秀等 App 生产的 10 秒左右的微视频在市场上掀起了一阵风潮。此时，“国内短视频分发平台逐渐步入公众视野，短视频这一传播形态的用户接受度也有所提高”①，加之微信开始普及，“视频社交需求”在生活中已经有了比较明显的迹象。

三是微视频的井喷阶段。微视频发展了一段时间后，又出现了竖视频这种形式新颖、适合手机用户观看的创作形式。尤其是在近两年，对于竖视频的探索有了突破性发展，出现了长竖视频和短竖视频。除了占据农村、三四线城市市场的“快手”，2016 年前后，技术条件的成熟、市场的供给需求增长等众多因素促使互联网巨头、传统媒体人瞄准微视频的潜在商机，腾讯、微博、今日头条、传统主流媒体等相继加入微视频领域，抖音、梨视频、二更、一条等平台彻底打开了微视频在我国的庞大市场。

而今，经过多年探索，传统的视频业逐渐将硬件、技术、人才等转向手机视频的创作范畴，加之专业机构也加入微视频的制作中，微视频创作市场已经趋于饱和。与此同时，素人将更难瓜分微视频市场，垂直领域的微视频创作或成为接下来微视频的重要发展方向之一。

（二）“微”言万语

电子设备不断改良，手机信号覆盖面越来越广，手机从直板、翻盖、滑盖走向触屏，近十年时间，移动端彻底占据了中国市场。在价格、技术、基础设备等问题得到解决后，微视频的优势逐渐凸显。对于微视频的传播特质，有学者分析，微视频“不仅可以满足碎片化、移动化、社交化的阅读需

① 黄楚新 . 融合背景下的短视频发展状况及趋势［J］. 学术前沿，2017，12(上)：40-47.

图 6–1　中央广播电视总台融媒体节目《主播说联播》截图

求，其可截取、可嵌入、可重构的文本化机制，还在深刻作用于社会表达，创造新的叙事价值"①。

从时长来说，虽然微视频并没有严格的时长限制，可以短至几十秒，也可以长至十几分钟，但如果要赋予微视频一句广告语，"再短一点，更短一点"依旧是贴切的。

从创作内容来说，微视频涵盖泛生活、新闻、教育、政治、文化、经济等各个门类。

从参与创作、后期分发、宣传的人员身份来说，微视频可以是专业人员创作的 PGC 模式，可以是用户进行社交分享的 UGC 模式，也可以是专业指导下的 PUGC 模式。如 2019 年底，《新闻联播》牵手抖音、快手制作的《主播说联播》就是 PGC 模式的典型代表（见图 6–1）。

从分发渠道来说，微视频不仅可以在电视、互联网上播放，还可以在公交车、地铁上播放。除了在抖音、快手这样的短视频平台上进行分享，也能被分享至任何可分享的网络社交平台，乃至限制 10 秒以内视频上传时长的微信朋友圈。

此外，微视频与在传媒行业笑傲许久的广告、纪录片也有着千丝万缕的关系。就拿广告来说，以前我们在电视机里看到的广告，短则几秒，长则 1 至 2 分钟。若说广告是微视频的鼻祖，它当之无愧。只不过电视、互联网上播放的广告受限于经费，为了在最短时间里呈现最佳效果，而凝结了产

① 王晓红．短视频助力深度融合的关键机制：以融合出版为视角［J］．现代出版，2020（1）：007.

品、理念最精华、最高潮的部分，故而说微视频是移动端对于广告的拓展也未尝不可。

二、媒体融合环境下的微视频特征

所谓“媒介”，有学者给出的定义为“使双方（人或事物）发生关系的人或事物”[①]。媒介天然就具有沟通桥梁的作用，在融媒体时代，传播策略不再是以往的大众思维、分众思维，而是用户思维。不断强调的互动性恰恰呼应了“发生关系”的媒介属性。显然，微视频拥有“发生关系”的功用，那么媒体融合前后，微视频的发展呈现出什么新特点？微视频的个性究竟何在呢？我们将在下文逐一分析。

（一）紧抓媒体融合契机

“融媒体是充分利用媒介载体，把广播、电视、报纸、资讯 App 等既有共同点，又存在互补性的不同媒体的融媒体产品，在人力、内容、传播方式上进行全面整合，实现资源融通、内容兼容、宣传互融、利益共融的新型媒体。”[②]中国媒体融合的形成和发展，是马克思主义新闻观的中国成果，是习近平新闻舆论思想的实践硕果。

整合新闻资源，推动传统媒体和新媒体深度融合，是党中央在深刻把握时代发展大势及媒体发展规律的基础上作出的重大决策。中国媒体紧紧围绕国家政策，在探索媒体融合的过程中，有的及时拥抱市场，对内容创作、营销模式、人员聘用等进行整改转型，杀出一条血路；有的只是将媒介形式进行简单相加，而不进行真融合，最后黯然落幕。

2016 年 2 月 19 日，习近平总书记在视察时指出：“媒体融合非常重要，是下一步的工作方向。”[③]四年一晃而过，顶层设计加上基层积极行动，政策

① 董天策．往返于媒介理论与媒介现实之间的学术实践［J］．新闻与传播评论，2019，72(6)：80-83.

② 管洪．习近平新闻思想与中国媒体融合发展新格局［J］．中国记者，2018(7)：37-42.

③ 习近平．加快推动媒体融合发展　构建全媒体传播格局［J］．求是，2019(6)：1.

支持加上技术研发，媒体融合背景下的微视频也朝着更好的方向前进着。现今，中国的微视频发展虽然依旧处于摸着石头过河阶段，但在八方相助的当下，微视频的发展前景一片光明。

"媒体融合是一项复杂的系统工程，其最终任务是要解决主流舆论传播力、引导力、影响力和公信力问题"①，而微视频作为媒体融合的重要组成部分，不仅可以满足碎片化、移动化、社交化的需求，还可以"深刻作用于社会表达，创造新的叙事价值"②。在媒体融合背景下，经济增长、手机观看趋势、设备智能化等都为微视频的发展提供了更多的可能性，在如此完备的条件下，媒体更应多方探索微视频的潜在空间，发时代之声，反馈时代之期盼。

（二）融媒体微视频的特性

融媒体时代，微视频具有以下特点。

1. 内容"多、快、好、省"

社交媒体分析公司 Socialbakers 曾经对脸书（Facebook）视频观看情况进行调查，调查显示，观看视频 30 秒至 1 分钟的人占据 33%，而 45% 的人会在 1 分钟左右选择离开。③ 从以上的调查不难发现，移动端的用户更加偏爱篇幅短小、主题明确的微视频。大众阅读注意力的缩短，倒逼着视频产品越发"快餐化"。如今，微视频已经占据"C 位"，不论何时、何地、何事，传媒界一定少不了它的身影。

2020 年初，抖音可以选择创作 15 秒以内或 60 秒以内的作品，而快手则可以创作 11 秒以内或 57 秒以内的视频。字节跳动的一位负责人就曾表示，抖音视频中传播效果最好的作品就是 11 秒，不知道为什么是 11 秒，可就是 11 秒。故而视频若以长度划分其属性的话，抖音、快手 App 生产的视频当属于微视频。

---

①② 王晓红．短视频助力深度融合的关键机制：以融合出版为视角［J］．现代出版，2020（7）：54-58.

③ 庄莹，黎双．中国互联网新闻传播的媒介发展与变革历程［J］．现代视听，2019（9）：44-48.

除了时长方面的极度凝练，属于视听媒介的微视频在创作时也须考虑声画、剪辑、字幕的个性化表达。比起最初还比较一板一眼的短视频，现今的微视频越玩越大胆，乱飞的花字、表情包、搞笑的效果音，都是当前微视频吸引人们观看的制作要素。

在类别方面，当前微视频主要分为资讯类微视频、社交娱乐类微视频、电商类微视频。

2. 男女各有创作空间

微视频 App 用户黏性强的原因之一是，微视频能“记录生活、展现自己”。本来感性思维较强的女性“展示自我”的欲望就强于男性，而抖音、快手等 App 的滤镜、美颜功能确实被 20 至 30 岁年轻用户所青睐，女性成为创作主力军自然情有可原。不过有意思的是，一项调查发现，在微视频平台直播方面，男性直播的比例却高于女性，用户对男性直播的支持比率也相对高一些，如频繁登上微博热搜的“口红王子”李佳琦（见图 6–2）与“快手达人”辛有志虽然直播风格不同，但都拥有一批忠实粉丝，这背后的现象同样值得大家去探讨。

图 6–2　网络带货主播李佳琦直播截图

人们入驻微视频平台的因素有很多，分享自己的生活、得到认可、结交相同爱好的新朋友、吸引粉丝、想出名、想赚钱等都可以是人们初探微视频平台的动因。再者，由理工科出身的创始人研发的抖音，本身就有强大的科技傍身，加上又有具有敏感人文思维的工作人员把关内容质量，及时捕捉当前热点，做强有力的策划推送，自然会让抖音的用户使用满意度优于其他微视频平台。

3. 主流媒体及时拥抱微视频

1997年美国麻省理工学院教授诺姆·乔姆斯基（Noam Chomsky）阐释了西方语境下的“主流媒体”（mainstream media）概念。乔姆斯基将主流媒体划分为两种：一种为娱乐性媒体；一种是服务特权精英的精英媒体，也叫议程设置媒体，其核心是“设置新闻框架”“设定媒体议程”“主导社会舆论”[①]。

我国对“主流媒体”的界定莫衷一是，有学者表示新媒体也应纳入主流媒体的范畴。在笔者看来，虽然西方的媒体与我国的媒体在阶级属性上有着根本的不同，但若从“主导社会舆论”方面来说，中央广播电视总台、《人民日报》、新华社、《新京报》、《南方周末》、澎湃新闻及各省市党媒都可以被归类为中国的主流媒体。主流媒体运用微视频进行报道早已成为常态。从拒绝、怀疑到积极接受，新闻媒体探索微视频创作可以说是21世纪初新闻行业的历史性转折。

据不完全统计，截至2019年年底，省级电视台新闻资讯类微视频账号有近460个。在多平台分发策略下，在抖音、快手、今日头条、腾讯新闻等平台上，可观察到省级电视台新闻资讯类微视频账号累计1300多个[②]，播放量位于前列的不少是纸媒、广播、电视等传统媒体账号，传统媒体成为微视频头部竞争中的一极。近年来，中央广播电视总台、《人民日报》、新华社、《南方周末》、澎湃新闻、《新京报》、北京电视台等主流媒体生产了一批涉及时政、焦点、民生等各层面的质量较高的微视频。其实，早在2013年，《新京报》便开始将新闻视频化，及时进行了转型。2016年9月，“我们视频”正式上线，其口号为“新闻视频看我们”。“新京报我们视频”微博号也于2017年4月正式上线。2019年年底，中央广播电视总台旗下首个国家级5G新媒

① 陈力峰，左实．主流媒体的价值与要素解析[J]．今传媒，2008(7)：55-56.

② 周逵，金鹿雅．竖屏时代的来临：融媒体短视频类型前沿和趋势研究[J]．电视研究，2018(6)：11-14.

体平台“央视频”正式上线，其主要的作品形式是微视频和长视频。新华社对于重大主题、重要新闻的微视频报道增加了通俗性和趣味性，并用高度凝练的叙述，在短时间内表现主题，如《红色气质》《初心》《东方风劲》等微视频。

4. 立体的商业模式

相关统计表明，大众为微视频付费的驱动力主要为：原创视频、精品、良好的参与感。例如网络投票、试穿游戏装备、个性化服务、舞蹈、乐器等内容的微视频。这与平台的用户群年龄和受教育程度密切相关，从抖音、快手的古典音乐达人、舞蹈达人受欢迎程度也可以看出一二。

抖音和快手在完成前期流量积累之后，也开始加速商业化变现进程。这些平台发力的领域主要是直播打赏、电商带货、广告、游戏等，以期进一步提升用户黏性，从而充分利用用户价值。

5. 行业探索步履不停

当前视频行业规模的增长，当以微视频最为突出，这也就带动了全行业微视频的发展。当然，在增速快的行业当中，不仅有巨头增长拉动，其模式红利也可以带动新力量的崛起，如背靠大流量厂牌孵化的 App 也成下载黑马，例如字节跳动的美颜软件“轻颜相机”、快手的剪辑 App“快影”、百度的“全民小视频”。

另外，从百度、阿里巴巴、腾讯推出的覆盖移动视频、移动社交、手机游戏、实用工具等领域的 App 也可以看出，三家巨头公司并没有停止多元发展路径，而是在多个行业谋划着自己的商业蓝图。

6. 创作探索仍有空间

互联网的迅速发展、手机的普及、媒介的融合探索丰富了网民获取信息的渠道，促进了微博、抖音、快手等发布“轻体量”内容的平台的繁荣，使媒体人从“受众思维”转为“用户思维”，不断探索新闻语态的互动性、趣味性、娱乐性，追求叙述语言更加精练，删掉多余的表述，使主题更加集中，紧紧抓住人们的眼球。

但与此同时，“娱乐至死”、粗制滥造的话题屡见不鲜，当前微视频内容良莠不齐，尤其是一些快手达人创作的微视频，虽说十分接地气，但也会出现过于接地气、没有任何视听美感的情况。因此，对“微视频”与“长视频”交汇点的探寻不能止步。当然，不论是融媒体，还是微视频，其内涵、规范、艺术性必定会随着时代的发展而不断丰富。

第二节　微视频节目类型与案例分析

对于微视频节目类型，依据不同的标准，会有不同的分类方式。微视频主要为录播，经后期剪辑包装后再上线；微视频有横视频，当然就有竖视频；从视频的题材来看，微视频可以划分为资讯类微视频、文艺类微视频、泛生活类微视频；从叙述语言来看，微视频可以平铺直叙，也可以评论时事；从制作人员来看，微视频主创人员鱼龙混杂……微视频虽然时长微短、内容微少，但作用并不微弱。虽然微视频创作内容庞杂、包罗万象，但从宏观上来看，在市场上占据半壁江山的还是资讯类微视频、泛生活类微视频。在上一节，我们已经讨论了微视频的发展，在这一节中，我们通过对时长在200秒左右，获得过主流评价机制肯定、市场检验、粉丝买单的微视频节目的分析，研究融媒体微视频背后的现象。

一、作为节目的微视频

微视频既是一种表达方式，又是一种表达思维。“微”，不仅可指代时长上的微短，也可赋予内容上精悍凝练之意。微视频是融媒体时代媒体创作的风口，但微视频、短视频、Vlog、直播毕竟只是内容的外衣，一种形式罢了。

（一）题材万象

在节目题材方面，微视频有资讯类微视频、文艺类微视频、泛生活类微视频。毋庸置疑，资讯一直以来就是世界传媒行业的重要组成部分，我国的主流媒体，如中央广播电视总台、《人民日报》、新华社、《新京报》、《南方周末》、澎湃新闻等经过初期摸索后，已经生产了一批质量高、口碑好的微视频。《新闻联播》的融媒体微视频《主播说联播》口碑上扬，《环球时报》总编辑评论时事政治的微视频《胡侃》吸粉无数（见图 6–3），《新京报》“我们视频”、澎湃新闻主打国内资讯的“七环视频”以及主打国际资讯的“World 湃”都保持着每日盛产的状态。

图 6–3　胡锡进时评微视频《胡侃》截图

文艺类微视频的兴起，与我国的民族文化自豪感分不开，从前些年的“国学潮”“汉服潮”，到现今对古典音乐、民族艺术的重视，都刺激着以前“默默无闻”却又身怀绝技的国内外艺术人才在我国微视频平台上发光发热。抖音、快手、B 站上不乏古典文化素养深厚的意见领袖，例如，B 站的古筝 UP 主“墨韵 Moyun”、钢琴 UP 主“Vinheteior”。而从微博短视频起家的李子柒，在微视频平台风靡后，也在快手开通了账号，不定时发表与微博短视频角度不同的微视频。除了以上提及的对传统文化的挖掘外，文艺类微视频题材还涉及影评、乐评、历史等。

大家是否还记得 2015 年，那个操着“洋泾浜英语”的 papi 酱的横空出世？如今，“papi 酱的周一放送”已经成为粉丝固定收看的泛生活类微视频节目。泛生活类微视频是在互联网时代，尤其是如今通讯设备越发先进的背景下兴起的。这类微视频与生活的方方面面相关，囊括了网络 K 歌、在线音乐、手机游戏、日常生活等话题。在 papi 酱的带动下，虽说出现了很多幽默风格的博主，但影响力、号召力、引流力都要比她弱一些。

除以上题材外，在教育、服务行业，当前对微视频的利用与探索也进入了轨道。此外，结合中国国情，还可以将微视频按照“一般时间”与有“仪式感”的节点进行归类。不管是传媒机构还是其他企业，总擅长因时策划：在春节时围绕拜年、阖家欢乐的主题制作微视频，在教师节一窝蜂似的送祝福给老师，在灾难突袭时引导众志成城的舆论。

（二）竖屏微视频的勃兴

近年来，适应手机纵向观看需要的竖屏视频（vertical video）成为新常态，展现了不同制式下的画面叙事策略。Socialbakers 发布的 2019 年第四季度社交媒体趋势报告显示，Facebook 上约 70% 的视频是横屏拍摄的，但竖屏视频比横屏表现得更好。[①] 比如，短于 30 秒的视频中有 29.9% 的竖屏视频被看完，22.2% 的横屏视频被看完。国际上从 2015 年就开始探索竖视频在各行各业中的运用。

而国内近几年也将竖视频引入了传媒业。国内早期令人印象较深的竖视频节目是《和陌生人说话》，该节目是 2017 年 7 月腾讯推出的首档竖幅采访节目。《和陌生人说话》选取人物的上半身进行构图，放大访问者与受访者的面部表情，让观众的注意力集中于人物的情绪、情感上，率先探索了竖视频与访谈节目的结合。在宽高比为 9∶16 的竖幅屏幕中，在 10 分钟的时长内，《和陌生人说话》对竖视频访谈做了有益的尝试。

但在另一方面，竖视频节目由于构图的局限，并不擅长拍摄远景、全景景别，更适用于近景、特写的拍摄。这种摄影构图上的局限相应会限制创作的内容，一些有震撼力的场景难以通过容纳度较小的竖视频来表达。而对于手机端的用户来说，竖屏视频比横屏视频更能够捕捉人物的细节变化，丰富节目内容信息。《和陌生人说话》的主创陈晓楠就曾表示这档节目是专门为手机端用户设计的。近几年，不少主流媒体也在积极尝试采用竖屏模

① SOCIALBAKERS. 2019 年第四季度社交媒体趋势报告[EB/OL].（2020-02-21）[2020-03-01]. http://www.199it.com/archives/1008583.html.pdf.

式做报道，如国务院 App 数次采用“竖屏视频 +H5”的方式，探索传播党和国家政策的新方式；“我们视频”“梨视频”等新闻平台也尝试使用竖视频制作新闻。在商业领域，电商、广告商也在竖视频直播卖货中分到了一杯羹。

纵然先前有那么多尝试，但要说竖视频真正在中国，乃至世界烧起一把火，还有赖于现已成为大家生活一部分的抖音、快手的快速发展。另外，抖音、快手对时长的限制，也让视频创作呈现出新的面貌。当然，对于竖视频，我们还须保持理智，客观分析，至少在一段时间内，横视频仍然是市场主流。

（三）制作方多元化

经过多年的发展，以往传统的视频业开始逐渐将硬件、技术、人才等资源转向手机视频的创作领域，专业机构也开始加入微视频的制作中，生产出大量符合市场营销爆点、内容优质的产品，令短小精悍的微视频的发展未来可期。

微视频的生产模式也从一开始的 UGC 模式、PGC 模式，过渡到了 PGC+UGC 和 PUGC（专业指导下的用户内容生产）模式，或 MCN（Multi-Channel Network，多渠道网络机构）模式。例如，多方主流媒体进驻了抖音、快手、梨视频等微视频平台。

不过，即便进入了“全民微视频”的时代，从网络公开运营数据上看，抖音 90% 的流量依旧来自头部内容生产者，而头部内容生产者往往是网红、意见领袖、专业创作人员等具备创作能力的人群。也就是说，普通人在抖音上发布的内容很少能引起广泛关注。快手的流量分布则相对均匀，全平台的流量支撑来自中间部分的大量内容生产者，内容生产者的门槛较低，鱼龙混杂。

二、传统媒体衍生的微视频节目

尼葛洛庞帝在其代表作《数字化生存》中曾经预言过，后信息时代，人们的生活会更加数字化，大众传播媒体的观看者仅仅是个体，信息的传播比较闭塞，观看群体变得越来越小，直到最后只供给某个人。作为一名传媒人，如若在面对纷繁的现状时，无法建立自己全面、客观的价值观，来辨别舆论的真伪，那就会和大多数人一样，陷入“乱花渐欲迷人眼”的境地。在舆论环境、媒体格局巨变的移动端时代，面对“反转”频出的网络世界，媒体人在内容生产时就应该把好第一道关，结合大众喜欢的形式，从一开始就占据舆论制高点。

融媒体时代的受众对新闻的诉求表现为趣味性、生动性、接地气。据媒体报道，中央广播电视总台旗下首个国家级5G新媒体平台“央视频”在2019年年底正式上线，央视频一共有30个一级内容品类，253个二级内容品类，主要的表现形式是微视频和长视频。5G微视频平台的上线，标志着中央广播电视总台的媒体融合迈出了关键性步伐，是主流媒体在媒体融合路上的积极实践。近年来，中央广播电视总台、《人民日报》、新华社、《南方周末》、澎湃新闻、《新京报》等主流媒体已经生产了一批涉及时政、焦点、民生各层面的质量高、口碑好的微视频。如人民日报社新媒体中心出品的系列宣传微视频《中国一分钟》《中国24小时》，《新闻联播》融媒体微视频《主播说联播》，央视新闻推出的“康辉Vlog”，《环球时报》总编辑评论时事政治的时评微视频《胡侃》……

那么，在初期探索之后，媒体该如何将舆论引导、焦点报道做得深入人心呢？在这方面，可以通过《主播说联播》系列案例进行深入探讨。

《新闻联播》已播出几十年，对于大众来说早已不是一个新闻节目那么简单。从播音员层面讲，几代主播也在不断改进着播音风格，朝着生活化、口语化方向探索，语气词和方言、网络词汇也逐渐进入播音稿中。即便《新闻联播》具有不可撼动的地位，在融媒体时代，节目也同样面临着怎样才能有效地将信息传达到基层的困扰。

2019年，《新闻联播》迎来又一次转折节点。在媒体融合背景下，《新闻联播》推出《主播说联播》，在抖音、快手等平台开通账号，使用第一人称，用一些别有意义的语言、表情、动作来展现主播们对新闻事件的态度、观点。主播们结合当天发生的重大事件和热点新闻，用一分钟以内的竖屏微视频，评论一个新闻热点，这是时政微视频的一次有益创新。

截至2020年3月初，抖音上显示《新闻联播》的粉丝有2707余万人，快手显示粉丝人数为3460余万人。以前，《新闻联播》的主播们大多采用“一本正经”的话语风格，可在《主播说联播》中，主播们根据微视频传播特点，转变自己的话语风格，使其有了鲜明的个人特色。《新闻联播》此番在社交App上投放独家定制的节目，既巩固了节目的权威地位，又将《新闻联播》“足够的理智与情感，分明的事实与言论，看到真正的中国与中国人”的理念展现得淋漓尽致。

2019年8月31日，主播欧阳夏丹针对广大网友对“人民币的颜值”与“生态文明建设”的关联发表评论，既有新闻性，又有老百姓的口语表达，将“时事”与“生活”、“多上心”与“多上新”联系起来（见图6–4）。从这期节目可以看到，语言的艺术魅力是抵挡不住的，但如何将新闻讲述得不普通，就需要媒体人锻造“新闻故事化，故事细节化”的能力了。

又如，在新冠肺炎疫情期间，海霞在2020年2月1日的《主播说联播》中戴上了口罩，引出话题“面对疫情，上班的时候该注意些什么”，提出需要做“三个少”与“三个多”（见图6–5）。在这期节目中，海霞像家人一般，用叮咛的语气发表感悟，得到了361.7万的点赞数，引发了大家对特殊时期上班安全性的广泛讨论。除此之外，对“汶川地震送菜卡车跨越时空的感动”“疫情重点地区收到的现金也要消毒隔离14天，决不能大意失荆州”等话题的评论，主播们都以较高的专业素养、“接地气”的风格，让《主播说联播》更有人情味。

“新闻本身就是一种社会性的产物，新闻评论自然也是社会性的。读者所关心的问题，是有关社会公共利益的问题，所以新闻评论应该以有关社会公益的问题为主要着眼点，它绝不是为某一个人讲话，亦非专为一件事而发言。”[①]《主播说联播》本身就带有新闻评论的性质，而新闻评论的新闻性、政论性、群众性、指导性等特点，都要求《主播说联播》说得通俗易懂、深入浅出。《主播说联播》在内容上依旧是实打实的新闻“干货”，只是对表达方式做了微调，因此就有了不一样的面貌。

---

① 操慧，等. 新闻评论教程：原理、方法与应用[M]. 成都：四川大学出版社，2019:9.

图 6-4　2019 年 8 月 31 日
《主播说联播》节目截图

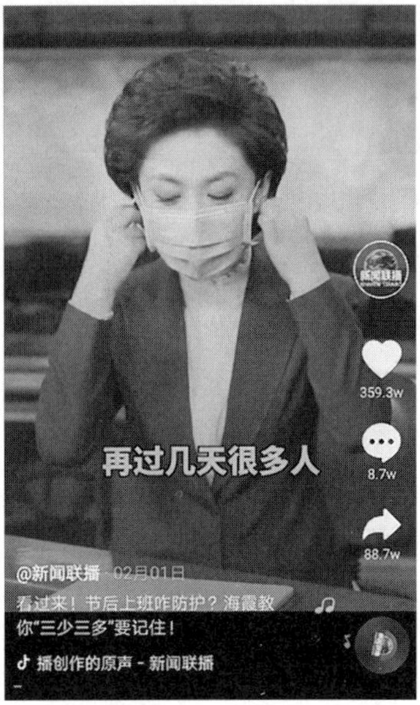

图 6-5　2020 年 2 月 1 日
《主播说联播》节目截图

三、"老媒体新平台"的微视频

《媒介形态变化：认识新媒介》一书提到，新的传播媒介往往是从以往的传播媒介当中慢慢进步演变而来的，每当新的传播方式诞生的时候，以往的传播方式顺应时代的需求也在进化。[①] 媒体的深度融合，在一定程度上推动着传统媒体，尤其是纸媒顺势而为、因势而变。据不完全统计，2018 年在腾讯视频、秒拍、今日头条、新土豆 4 个平台上，播放量位于前列的不乏纸媒、广播、电视等传统媒体账号，传统媒体内容成为微视频头部竞争中的一极。

近些年，传统媒体为应对媒体格局变化，不断整合资源、扬长避短，变革体制机制、完善理念，吸引人才、不断创新，研究融媒体微视频的报道策略，生产高质量的内容，增强用户黏性，以在媒体融合时代博得一席之地。

---

① 菲德勒．媒介形态变化：认识新媒介［M］．明安香，译．北京：华夏出版社，2000:93.

中华人民共和国成立70周年之际，主流媒体就推出了不少微视频献礼新中国，其中以《壮丽70年奋斗新时代》《歌唱我和我的祖国》《70人70秒》系列微视频作品为代表。但与此同时，也不乏一些媒体在媒体融合之初“剑走偏锋”，误解了“融合”的概念，只是把新媒体与传统媒体在形式上进行简单相加，往往无法达到预期的效果。

（一）传统媒体转战新媒体

被称为“媒体融合元年”的2014年，是微信公众号“二更”诞生的年份。2014年，传统媒体人丁丰转战新媒体行业，打着“发现身边不一样的美”的口号，开办公众号“二更”，意为每晚二更时发布一条原创视频。此后，“二更”发布的涉及人文、艺术、生活等题材的系列微视频受到了用户的广泛好评，“二更”的粉丝规模也日益扩大。不过短短一年，“二更”微信公众号的粉丝就超过了400万。如丁丰这样从传统媒体转战新媒体并创业成功的案例，还有大众熟知的“一条”创始人——《外滩画报》前总编徐沪生，以及“梨视频”创始人——澎湃新闻前CEO邱兵。

几年来，“二更”颠覆了传统媒体的视听制作形式，保留细腻画面，围绕深刻的主题内涵，生产了一批形式新颖的原创视频。发展至今，“二更”的代表作有“二更视频”“隐藏菜单”“更城市”等系列微视频。其中，“更城市”系列微视频以北京、上海等城市为创作素材，每集设有一个主角，将拍摄素材中最精华的部分呈现给观众。前期良好的选题策划、科技应用的把关加上后期精良的制作，将传统媒体对内容的精致要求、严格把控与新媒体的创意和非线性思维结合起来，兼顾视听语言之美，考虑声画、特效诸多元素的适当搭配，使得“二更”在融媒体时代话语权的争夺中分得一杯羹。

（二）主流媒体打前阵

在融媒体新闻微视频探索方面，新华社对科技的运用一直走在前沿。2016年，新华社把“现场新闻”打造成产品，优先创造出了全息直播的报道形式。“现场新闻”简便的微视频直播呈现方式，不仅帮助记者发挥自己的业务能力，而且使观众对微视频报道更能感同身受。2019年全国“两会”期间，大家对新华社记者戴着“AR 直播眼镜”报道展开了热烈讨论；另外，新华社的两位 AI 合成主播 24 小时在岗，也减少了对报道人力的浪费，可以让记者去做更加需要人的报道。而对于内容的融合创新，新华社将趣味性、互动性充分运用到严肃、重大主题的报道、宣传中，如当年爆红的时长 5—10 分钟的微视频《红色气质》《东方风劲》《初心》《品格》《草木之声》等。新华社的常规新闻报道也在逐渐微视频化，力图在 200 秒左右完成一个生动又富有深意的报道。例如，2017 年党的十九大期间，新华社在快手上发布的《300 秒预览十九大报告》微视频，就通过关键词提示、快节奏的剪辑方式，用最直白的方式向大众展示了十九大报告中的新变化、新亮点。

在纸媒探索融合微视频报道方面，当然少不了《新京报》的“我们视频”的身影。2013 年，《新京报》就开始了新闻视频化的探索。2016 年 9 月，“我们视频”正式上线，其口号为“新闻视频看我们”。“新京报我们视频”微博号也于 2017 年 4 月正式上线。“我们视频”最初更多的是挑选热点新闻事件发布视频微博，并未突破传统视频新闻的思维模式。随着更专业的运营人才的加入，从线索监控、话题运营到文本制作、与平台的深层次沟通，“我们视频”有了专业级的提升。不过，“我们视频”成为主打传播渠道后，即使会以直播和微视频的形式来报道新闻，也不意味着它要一味迎合“浅阅读”。《新京报》只是在当前媒介融合的背景下，因势而变，拓展自己的报道手段，在质量上则依旧坚持内容为王，坚持报道的深度性。

媒体融合是习近平新时代中国特色社会主义思想的重要组成部分，是马克思主义新闻观在新时代的创新与发展，也是新时代开展党的宣传思想工作的行动指南。传统媒体的微视频探索，任重而道远。

四、县级融媒体平台产出的微视频

十九大的召开，给我国融媒体发展提出了新的要求。进入新时代，人们在精神层面的诉求更加多元，国家提速降费政策的实施、手机通讯手段的多元、社交 App 的便捷化拓宽了网民获取信息的渠道，也丰富了基层民众的生活。眼下，各大平台、话语权拥有者在抢夺流量的同时，不约而同都在打造更好的内容，传播速度和渠道的比拼也进入白热化阶段，这对于大多时候“温水煮青蛙”的县级媒体来说，既是挑战也是机遇。但基层群众的媒介素养水平参差不齐，致使所接收的信息出现“封闭圈层”，这便给基层的舆论引导、基层治理提出了新的要求。

县级融媒体中心是“将原来由广电行政部门设立的广播电视台、由县委宣传部设立的内部报刊、由县政府设立的政府网站整合起来，设立的统一法人机构……中心是县域唯一的官方媒体，根据试点经验，基本业务模块主打‘新闻 + 政务 + 服务’”①。2018 年底，中宣部提出了部署目标，要求于 2020 年底基本实现县级融媒体中心在全国的全覆盖。2019 年 1 月，随着广电总局《县级融媒体中心建设规范》和《支撑县级融媒体中心省级平台规范要求》的发布，我国媒体融合进程再次提速。

我国县级融媒体中心建设刚刚起步，近两年还属于摸着石头过河阶段，但已取得了一些成绩，不少地方的县级融媒体中心实行运作流程一体化，最大限度地实现新闻资源整合，生产出了一些老百姓爱看、会主动通过自己的社交账号传播的新闻。例如，西部网打造的“五味什字”系列微视频聚焦西安本地人的群体生活状态及城市面貌，已推出几十部微视频作品。在战疫报道中，《五味什字 · 一同战“疫”》记录了西安防控疫情的真实状况，为奋斗在疫情防控一线的工作者加了油、鼓了劲儿（见图 6-6）。

图 6-6　抗疫微视频《五味什字 · 一同战“疫”》节目截图

① 邓若伊，向凡洋 . 县级融媒体中心建设的核心与思路［J］. 新闻与写作，2019（5）：96-99.

习近平总书记明确提出，县级融媒体中心建设的任务是“引导群众、服务群众”[①]。云南瑞丽“芒市云”将云南的传统媒体和新兴媒体深度融合，面对每一次常规报道，都举全中心的智慧，挖掘新闻事件中的亮点，对内聚合平台、对外融合同级媒体，才生产出传播效果好，百姓爱读、愿意看的作品。

在抗击新冠肺炎疫情期间，县级融媒体中心生产了一批优质的新闻报道。如，全网刷屏的“河南硬核村长广播防疫”就是基于县级融媒体报道引爆的热点话题，而少数民族众多的云南省的县级融媒体中心也结合当地实情，运用彝语、藏语等当地少数民族语言做好疫情科普、辟谣工作。浙江广电集团与索贝联手打造的“中国蓝云”在全国县级融媒体中心中表现一直优异，在抗疫报道中，入驻“中国蓝云”的兰溪、龙游、嵊泗融媒体中心创作了不少微视频，在当地产生了良好的传播效果。

除了以上案例，天津“津云”、江苏“荔枝云”、江西“赣云”、云南德宏“芒市云”、贵州“多彩贵州宣传文化云”、陕西“秦岭云”、广西“广西云”等融媒体中心遵循“一次采集、多种生成、多元传播”[②]的核心理念，在探索融媒采集、内容汇聚、指挥调度、内容发布、大数据等多项云服务中的表现不俗。

同时，也应该看到，即便县级融媒体中心也在因势而变，但成效基本反映在对文字、短视频的探索中，目前，县级融媒体中心还很少有引起广泛关注的微视频报道。

对于县级融媒体中心的建设，有学者谈道：“并不是简单地将原有各个媒体单位和资源整合为一个宣传机构，更深层的本质是在这个过程中，重新找到自己在当下信息传播环境中的新定位，解决我是谁、为谁做、做什么、怎么做的问题。”[③]只有这样，县级融媒体中心才能更好地引导群众、服务群众。当前，去中心化传播趋势明显加强，微信、微博、抖音、快手、媒体客户端等新媒体平台能够让公众充分参与到话题新闻中，在融媒体建设过程中，新闻人应该以习近平总书记有关新闻舆论的论述为指引，不断磨炼脚力、眼力、脑力、笔力，增强新闻敏感，深入基层，回应民众关切，创新传播形式，在媒体融合大背景下加强传播力、引导力、影响力、公信力。

---

① 邓若伊，向凡洋 . 县级融媒体中心建设的核心与思路［J］. 新闻与写作，2019（5）：96-99.

②③ 赵敬，赵茁 . 供需视角下县级融媒体的定位与策略［J］. 新闻战线，2019（3）：42-44.

第三节　重大主题的微视频报道

“历史是昨天的新闻，新闻是明天的历史。”在舆论格局已发生变化的今天，哪怕是最权威的媒体，也不能自娱自乐，走单向传播路径。融媒化、碎片化、交互化的传播现状，在逐渐改变重大主题的报道形式。

重大主题报道，即“围绕当前国家的重大理论观点、重要战略思想和重点工作部署，新闻媒体所进行的集中式、系列式的大规模新闻报道活动”①。重大主题报道属于宣传报道的一部分，从前那种大篇幅的报道在现今不再受欢迎，严肃话题的亲民表达如何借助微视频得以最优化呈现、最大化传播需要媒体人细细琢磨。

一、大格局与小切口

传统媒体时代的视频播放时间长，对于重大主题报道，媒体更倾向于完整的叙事逻辑与框架。然而在融媒体时代，微视频的时长很短，几秒到几分钟的时间里只能容纳最精华的内容，这就要求媒体在对宏大主题的叙述中，在“大格局”的统筹下，找准“小切口”，将内容进行垂直化细分，将重大主题对应具体的人、具体的事。

（一）大主题“小细节”

报道大政方针等国家议题时，易落入“说大话、说空话”的窠臼，导致常规报道“激不起一点儿水花”。因此，针对重大主题的微视频报道对各级媒体的融合报道水平和功力提出了挑战。

庆祝新中国成立70周年是2019年中国的一件大事，对于中华人民共和国成立70周年的报道，从上到下的媒体都拿出了自己的看家本领。新华社、

① 刘诚．重大主题报道的创新策略：以党的十九大报道为例［J］．青年记者，2018(11)：46-47.

人民网、央视网等央媒均在其官网以及客户端推出“热烈庆祝中华人民共和国成立70周年”的专题页，板块清晰、内容丰富，突出了融媒体报道特色，制作了大批优质报道。各大主流媒体也纷纷推出微视频献礼新中国，其中以《70人70秒》《歌唱我和我的祖国》《1分钟带你尽览6300余公里长江之美》《壮丽70年奋斗新时代》系列微视频作品为代表。

在重大主题微视频报道创新中，人民日报社走在前列。人民日报社新媒体中心对叙事视角的运用一向得心应手，近两年已经将“一分钟”“24小时”打造为亮眼品牌。值改革开放40周年之际，人民日报社新媒体中心、中央网信办移动网络管理局共同推出《中国一分钟》微视频特辑（见图6–7）；在庆祝新中国成立70周年时，人民日报社以新思想为根本遵循，把传播新思想贯穿始终制作的《壮丽70年奋斗新时代》系列微视频为国庆营造了良好的舆论氛围；在我国海军成立70周年之际，人民日报社选角独特，借助短视频平台发布了《每秒都热血！一镜到底纵览海军70年装备库》《燃！90秒速看中国海军五大兵种》《超燃！看海军战士用旗语表白祖国》等一系列关于中国海军的微视频，引起国人转发、刷屏。

图6–7　人民日报社《中国一分钟》微视频截图

2018年10月23日，举世瞩目的港珠澳大桥正式通车。10月24日，新华社便推出微视频《90秒带你回顾港珠澳大桥“诞生记”》，向大众展示了港珠澳大桥在建设过程中获得的各项创新成果，激发了群众的民族自豪感。

为纪念马克思诞辰200周年，上海广播电视台将关注点放在马克思和上海的关联上，由此推出一系列微视频产品。其中《384 个字跨越 145 年》选取了上海从清代以来出版翻译的马恩著作，通过后期制作保留了史料文献原有的质感，以动画形式生动地展现出来（见图 6-8）。

图 6-8 上海电视台制作的《384 个字跨越 145 年》微视频截图

（二）弱水三千，只取一瓢

每当春节、中秋节等节日，中考、高考等重要考试，“两会”、国际峰会等政界大事时节，铺天盖地的新闻就会霸占大家的屏幕。因而，这时候的报道只有选择最亮眼的题材、形式，才能在竞争中突围。

新闻报道通常会采用三种叙事视角，即内视角、外视角、全知视角。[①] 内视角让故事的主角或参与故事的人物作为叙事者；外视角指的是故事叙述者和故事本身没有任何关系，观察位置处于故事之外，适用于就事论事的新闻报道，特别是灾难性新闻，多以外视角报道灾难的最新情况、伤亡人数。全知视角指的是叙述者没有固定的观察位置，因没有视角限制而获得充分的自由，这种叙事视角适用于具有重大意义和深远影响的新闻，可以从全方位、以全景方式对其进行全程描述。重大主题报道更得选择合适的叙事视角，将报道做到极致。

2019 年高考期间，一则《安徽考生考点外跪谢母亲》的资讯微视频出现

① 魏莉 . 应用语言学在融媒体时代新闻采编写方面的创新与发展［J］. 采写编，2018(1)：94-95.

在微博热搜中。视频中，身着黄色T恤的小伙儿一走出考场大门，就径直走到母亲面前跪下，并高声说："妈，谢谢您，这些年您辛苦了。"小伙儿的母亲看到孩子的行为，流下了感慨万千的眼泪。紧跟视频热度，人民日报社、安徽卫视等多家主流媒体纷纷制作了新闻微视频进行推送传播，引发了人们的广泛关注和热烈讨论。

还有一则微视频报道说的同样是亲情。这则来自连云港市的微视频被多家主流媒体转载，引起网友的广泛讨论和转发。视频里，105岁的母亲给74岁的女儿发压岁钱，虽只有短短几秒，但依旧触动了广大网民的泪点。2018年，云南鲁甸县一名男孩因满头冰霜引起全网关注。男孩的故事被报道后，在相当长一段时间里一直被大众关注着。这时候，媒体将"男孩父亲已回乡""男孩受到了社会各界的捐助"等后续进程以微视频、文字等形式予以报道，及时回应了社会关切。"少年强则国强"，对"白头男孩"的关切，体现了社会对于祖国花朵的守护、对青少年寄予的期望。

2019年，值"五四运动"100周年之际，共青团中央官方微博与微信公众号推送了一段以雨花英烈为主题的微视频《致敬，永远的青年》。视频里众多雨花英烈年轻的面庞一一闪现，极具视觉冲击力，加上饱满、蕴含感情的解说，不禁让人热泪盈眶。也是2019年，"新湖南"在"两会"期间创作的《20秒微视频！看代表委员说了什么》只用了几十秒，就将代表委员们的愿景、体会呈现得淋漓尽致，最终，这期既有"干货"又有"网感"的采访获得了人们的喜爱、认可。

细看以上引起热烈反响的案例，其成功与微视频的切入角度、视角以及引发的情感共鸣无不紧密相关。

（三）来自"自来水"的活力

除了主流媒体，各大传媒公司也应合作方要求，为重大主题报道推出了一系列角度新颖的微视频作品。

在新中国成立70周年主题宣传月，各大微视频平台及时推出了相关主题宣传活动。如，快手制作了《我是祖国建设者》等近百部反映祖国70年变化的微视频作品，让用户产生了强烈的代入感，提升了用户体验。此外，各大视频平台还发起作品征集活动，鼓励用户积极参与微视频的创作，展现70年来日新月异的变化。如，抖音“我们的70年”专题频道就办得很成功，不仅让大家展现了自己生活中的巨变，满足了人们的社交需求，而且对新中国成立70周年做了有效宣传；梨视频自主策划的“红色记忆”“少年中国”“大国边境”等微视频专题也获得了很好的社会效应。

2019年，关于垃圾分类的话题热度居高不下，相关微视频在网络传播中异军突起。导演邱泽楷策划的4条主题为“杭州垃圾分类，必须认真”的“病毒微视频”，覆盖了生活的主要场景：办公室、教室、公园、理发店，让观者更有代入感。这些微视频与推文相结合，富有趣味性，高效有效地入脑入心，多条微视频观看量超过10万，被众多媒体转发。

（四）科技元素为报道增色

故事是“骨架”，细节是“血肉”，技术是“营养品”。随着我国科技日新月异的进步，许多从前没有见过的科技“神器”为重大主题报道注入了新的活力。

2019年国庆期间，中央广播电视总台搭建了新中国电视史上规模最大、设备最先进的直播系统，“天鹰”亮相，1个总系统、6个分系统共91个机位以及34个微型摄像机“成团”，通过15个电视频道、15个广播频率向全世界直播了新中国成立70周年阅兵仪式，保证了在直播基础上，一系列抒发爱国情怀的微视频的诞生。另外，央视新闻首次使用4K超高清技术全景直播阅兵盛典，带来了5G时代新气象。在强有力的科技的支撑下，阅兵期间中央广播电视总台推出了数百条微视频。在剪辑方面，中央广播电视总台也纳入了人工智能技术，其中一部分微视频就是由人工智能剪辑完成的，这是AI剪辑师的首秀。据报道，这些AI剪辑师在阅兵仪式前已经被“训练”了一个多月。

此外，中央广播电视总台在活动主办方建立全程仿真系统的基础上，由直播团队自主研发，叠加直播机位进行建模，对机位设置的合理性进行了验证，从而最大限度地还原了阅兵现场的真实场景。而新华社使用的5G+8K超高清转播车，首次实现了8K全链条实战直播报道，并调用数颗国产卫星从60万米的高空拍摄了珍贵的长安街全画幅卫星阅兵图和阅兵视频。

又如，2019年以来，新华社AI合成主播新小萌的身影开始出现在每一次重大主题报道中，“两会”少不了她，新中国成立70周年少不了她。中央广播电视总台也有以主播撒贝宁为原型研发的AI主播“小小撒”。除了AI主播，2019年“两会”上新华社记者配备的AR眼镜也一跃成为重大主题报道的利器。

放眼全国，各传媒集团也都在为适应新媒体技术变革而纷纷出招，努力探索，在力所能及的范围内，购入融媒体报道的器材，无人机航拍、全景VR的运用让微视频画面更加多元。同时，各传媒机构还重构了“策、采、编、发”流程，推进“报、网、微、端”互动，为传媒事业添砖加瓦。

二、重大主题报道如何突围

习近平曾说“治大国如烹小鲜”“我们都是追梦人”，李克强曾说经济增长像“武僧翻跟头”，王岐山曾用“顺历史潮流者昌”形容中美关系发展，王毅把朝鲜与韩美局势比作“迎头相撞的列车”……这些话语本身就蕴含着中华民族传统文化的睿智，本身就是可供微视频烹饪的精美食材。

重大主题报道的难点在于，不少思想理念、大政方针看似与我们的生活距离太过遥远，老百姓模模糊糊知道，却又说不清、道不明。因此，在对重大主题的挖掘中，必须切中肯綮，从看似无关的信息中寻找联系，提炼要点，顺应时代发展的步伐，积极调整，以合乎大众接收习惯的表达方式进行有效传播，有的放矢地发挥微视频舆论引导的作用。在国际传播语境下，重大主题报道更需要把握好时代脉络，作出符合中外发展规律的体裁选择，在题材上挖掘与重大主题紧密相关的人物、故事，通过创新表达方式，让重大主题不再“大”。

微视频对创作者的考验在于，要在最短的时间内，使微视频既五脏俱全，又主次分明。微视频一般篇幅都比较短，叙述语言更加精炼，对于重大主题报道的选题，可根据新闻热点和宣传任务进行提前策划，对于近期社会热点新闻，则可紧密结合重大主题，将微视频做得好看、好玩，并进行多渠道分发，精准传播。毕竟，“兵无常势，水无常形”，大屏和小屏不是非此即彼、此兴彼衰的关系。都说时尚是一个轮回，现今流行的在几十年前就已经大行其道，节目创作亦是如此。小屏的轻快和活泼，既是技术手段使然，也是当下观众观看习惯的反映。创作者若能立足自己所在的时代，感知时代脉搏，紧跟时代步伐，传播载体不过就是那一袭“换汤不换药”的外衣。

无论如何，打铁还需自身硬，无论互联网未来的走向如何，传播方式如何多变，未来如何日新月异，都需严谨把控创作内容，坚守“内容为王”这一创作根本，千万不能无中生有、捏造事实，或夸大事实。在五花八门的传播渠道中，真正优质的内容总会屹立于传播之林，在传播历史上成为浓墨重彩的一笔。

第四节　微视频的国际化传播

上海国际问题研究院学术委员会主任杨洁勉在一次接受媒体采访时表示，他在同国外政界、学界的权威人士交往时，立足点首先是“向对方学习”。“越是中国地位和实力提升，越是在中国有更多发声机会的时候，我们越需要谦虚谨慎。善于倾听和学习，一方面能增加我们自身的智慧，也能让对方对我们更加尊重。”① 这一观点和表述在国际传播中也同样适用。

近些年，我国在越来越多的国际平台上发声，如 APEC（亚洲太平洋经济合作组织）会议、G20 峰会、上合组织峰会等。特别是党的十八大以来，中国主场外交出现了高潮。而在这些发声中，微视频对于连接政府与民众、连接中国与外国起到了至关重要的作用。但同时，我们也发现，在西方一些固有的偏见之下，对外讲好中国故事、对外传播真实的中国仍然任重而道远。

① 参见《中国新闻周刊》2019 年 11 月 11 日刊。

曾有一篇题为《麻风村有了王老师》的报道，截取了“两支牙刷”这个细节来表现麻风村的贫穷闭塞。[①]一个看似感性的、平凡的细节，对于传媒人洞悉内情、判断全局，往往有着叶落知秋、见微知著之效。在国际报道中，也只有将报道的目光投向世界，把脉全球的进程，并结合各国不同的国情、风情，找准那些能够引发共情的细节，才能找到“讲好中国故事”的关键。

一、微视频国际传播概况

当前，我国的国际新闻传播仍以 CGTN、新华社、中国日报社、环球时报社、凤凰卫视等主流媒体为主。

2000 年，中国中央电视台英语国际频道开播。而《中国日报》在这之前就已经创办了国际版。2019 年初，《中国日报》宣布发行海外通行版本《中国日报国际版》。2016 年底，“CCTV-NEWS”频道改名为 CGTN，搭建了一个多语种、多平台的融媒体传播机构，包括英、西、法、阿、俄、记录国际 6 个电视频道，北美、非洲、欧洲 3 个海外分台，1 个视频通讯社和 1 个以移动新闻网为主的新媒体集群。在社交媒体运营方面，CGTN 运营了全球 12 大平台 23 个官方账号，入驻 Facebook、YouTube、Twitter、Instagram 等全球主流社交媒体平台。[②]

对于国际时评报道，当前我国比较突出的国际短评栏目有 CGTN 的 *Ask China*、《刘欣观点》，《环球时报》总编辑胡锡进对世界话题进行评论的节目《胡侃》，中国网打造的英语时事短评节目《中国 3 分钟》等。

“有句中国古代名言说得好，己所不欲，勿施于人。一场疾病可能因为各种原因在世界上任何地方出现，世界可曾要求过这些城市、村庄或者国家道歉？洗心革面吧，拯救生命才是王道。”2020 年 3 月，针对新冠肺炎疫情爆发以来仇视亚裔的行为，主播刘欣终于忍不住发声（见图 6-9）。其实，人们对于《刘欣观点》的关注在 2019 年春天以前并不算多，直到主播刘欣与 Fox 女主播“跨洋辩论”，这档节目才引起了全网的关注。在节目中，刘

---

① 陈永庆，等 . 现场报道：电视新闻的重器［M］. 北京：人民出版社，2019：308.

② 江和平 . 新时代新战略新探索　CGTN 重新定义融合传播［J］. 电视研究，2018（1）：43-45.

欣会就国内外人们关注的话题进行评论。刘欣在节目中睿智大方、切中肯綮的评论，得到不少外国友人的肯定。值得借鉴的是，这档节目本身是一档电视节目，时长并不短，但 CGTN 没有丢掉移动端的特点，在电视节目的基础上，选择最能触达网民“痛点”的部分进行重新剪辑，使之变成微视频，在互联网平台发布，进而强化了节目的传播效果。

图 6–9　中央广播电视总台英语主播刘欣在做抗疫报道（图片来源：节目截图）

Ask China 则将关注点放在外国人感兴趣的中国文化、少数民族、经济、饮食、艺术、文化等方面，以竖视频的形式，用每期 5 分钟左右的时间，回应外国人关于本期话题的疑惑，并引入第三方专家访谈。对于 *Ask China* 这个竖视频节目来说，5 分钟显得有些拖沓，虽说是为了节目深度，但仍有观众反馈有些“费精力”。微视频 200 秒法则，此栏目或可尝试。

在自媒体对外讲好中国故事和传播好中国声音方面，我国原创 App 抖音海外版 TikTok 近年来风靡全球，从一个侧面说明了我国微视频产品在国际传播中的巨大作用和潜力。除了 TikTok 外，外国大 V、博主、中国留学生、外国留学生也通过 B 站、微博、Facebook、YouTube、Twitter、Instagram 等不同渠道、不同方式架起了中国与世界沟通的桥梁。例如，外国微博达人司徒建国、Noel 苏诺伊、杰里德 Jared 创作的关于中外文化的各种有趣故事的微视频，不仅在中国的社交平台发布，而且会同步发送到 YouTube 等国外社交平台。

二、国际传播与中国文化

回望过去，在国际电影舞台上占有一席之地的中国电影有李安的《卧虎藏龙》与侯孝贤的《刺客叶隐娘》等。这两部电影的共同之处在于影片中都蕴含着浓浓的中国意境。曾有一篇影评明言，《卧虎藏龙》之所以获得了西方观影人的肯定，是因为在西方人的想象中，中国就应该充满神秘的隐士精神。

从《卧虎藏龙》看当今李子柒火到国外，也就不难理解李子柒的生活为什么会被外国人所追捧。与《卧虎藏龙》的精神内核十分相似，李子柒展示的生活贴合了外国人想象中的中国美学，陶渊明笔下“田园将芜胡不归”的意境在李子柒的视频中展现得淋漓尽致。那么，为何不能从这些在国际上受到认可的艺术内核来探讨中国该如何展示自己的国际形象、报道外国人想看的中国故事呢?

传统的单向度传播阻隔了信息的沟通，而沟通在融媒体时代就不是问题。网上诸如“不再是以前强制性的内容灌输”“无心插柳柳成荫”的言论是对李子柒的国际民间文化传播的恰当评价。纪录片代表人物约翰·格里尔逊曾犀利指出，纪录片不仅是反映现实的一面镜子，还是敲打现实的一把锤子。李子柒的系列微视频能受到海外用户的喜爱，为我们探寻中国文化与世界文化的交叉点，探索中国文化的国际传播路径提供了一个成功案例。

英国学者柏拉威尔在《马克思和世界文学》一书中谈到，马克思曾明确表示对那些用华丽的辞藻掩盖着陈腐的思想感情，甚至纯粹无知的“美文学”感到厌烦。不仅是马克思，大家都讨厌那些无病呻吟之作，厌烦那些宏大叙述。无论是限制性视角，还是内视角、外视角，如果能够如李子柒的微视频、刘欣的“欣观点”一般，形式与内容相契合，风格与呈现相契合，追溯“美人之美、美美与共”的文化底蕴，那么中国文化的思想、中国精神的内涵也会慢慢打动那些有偏见的人吧。

三、国际传播中的情感因子

在国际交往和交流中，如果抱着教育别人的想法，有时候会适得其反。讲好中国故事，要知道是跟谁讲。是跟政要讲，还是跟农民讲，是跟学者讲，还是跟商贾讲？讲的对象不一样，讲的重点也就不一样。我们总在说“一带一路”“人类命运共同体”这样大的选题，可要想报道好这些主题，恰恰要通过最小的故事，通过每一个因大政方针而切实受益的老百姓来讲述。也只有那些生动的人、事，才能让新闻报道触动人心。

2017 年 3 月，新华社以外籍记者海伦·本特利看“两会”的角度，制作了系列创意微视频，虽然内容有关政治、经济等重大主题，但因为出彩的切入角度、记者表达，中英文版报道在全平台上线后，得到了热烈反响。2019 年大阪 G20 峰会期间，中央广播电视总台前方团队及时拍摄适合融媒体播发的现场报道，发回大量图片、音视频内容，后方团队发力移动客户端，第一时间推出了多组反映中日民众关注峰会的“微系列”报道。

针对影响了数国发展的“一带一路”倡议，2017 年，新华社发布微视频《神曲：“一带一路”世界合奏》(*Let's Go Back and Road*)，将中国传统京剧与流行音乐相结合，生动讲述了“一带一路”倡议的渊源。而他国的文化精髓也是我们学习的亮点，中国网将目光放在他国优秀文化上，推出了特别策划“‘一带一路’上的友谊”系列视频作品，其中包括《土耳其：绽放在丝路两端的青花瓷》《斯里兰卡：海丝路连起千年佛缘》《缅甸：胞波情谊》《尼泊尔：阿尼哥穿越历史的见证》等通俗易懂、短小精悍的微视频，为中外文化交流注入了活力。

四、微视频的国际化探讨

曾有调查显示，一个美国大学生竟然会有“中国的女孩从小就被教育要做贤妻良母”“中国没有肉吃”这样的观念，可知信息壁垒带来的偏见之深。面对“国际化干预”挑动国际舆论，“泛政治化”炒作加大对华施压，要想切实提高对外传播的效果，就要保证传播内容的精准触达，触摸“集体情感”。[①]由于国际传播的主体和对象处于不同的国家，因此需借助对象国的电台、电视台等播出渠道进行本土化的精准传播。另外，要在融通中外的表达上下功夫，秉持“学习、融合、交流、互鉴”的原则，在微视频节目的策划、制作环节学习国内外经验、智慧，实现精准传播，保证传播效果。

当然，中西方思维、文化的不同必然会带来创作切入角度的不同，但那些关于生命、环境、文化的共鸣，也会得到全世界的认同。孔德就曾在20世纪70年代提出“集体情感”[②]之于社会结构的基础功能，指出集体情感是在社会成员中形成一种相同的情感类型，这种情感反过来又作用于社会成员，使其思想和行动具有较高的相似性。况且，对外传播中，中国一直采用正面新闻、建设性新闻的叙事策略，这与批判性新闻“坏消息就是好新闻”的原则有所不同，从某种角度看，这种报道策略会与西方的报道策略构成信息上的平衡。

因此，在向世界报道中国时，我国的媒体更应从被动防御转为主动出击，做中国价值构建者，实现弯道超车，生产出经得住批判眼光检验的微视频，以权威声音及时消解杂音、噪音，为实现“两个一百年”奋斗目标、实现中华民族伟大复兴的中国梦提供强大的精神力量和舆论支持。

①② 郭景萍．孔德：社会秩序视野中的情感研究［J］．湖南师范大学社会科学学报，2007(1)：75–78.

结语　视听功能转型与生活方式变迁

从古埃及人在莎草纸上记录文字和图像开始，媒介就已经具有社交性。伴随互联网和移动技术的发展，社交媒体（Social Media）异军突起，成为人们媒介化社会交往方式之一。近年来，短视频与即时通讯、部落格、朋友圈相结合，出现了移动直播、微视频、视频博客（Vlog）等具有社交性的视听新媒体形态。从媒介变迁的脉络来看，影像开始超越长期以来以“提高清晰度”为主的发展方向，“社交性”成为其融合创新的主导特征。

作为一种影像形态，短视频有效实现了视听传播的移动化、碎片化、轻量化目标，快速成长为人们日常生活中重要的媒介表达方式。它建立了个人和社会的新关联，通过红绿蓝三色重构了社会与日常生活，显现出结构性意义。

一、社交化：视听节目的功能转型

“社交”作为一种具有一定公开性的人际交往活动，主要指人的信息、思想以及感情的交换与传递。[①] 我国亦有学者将社交媒体看作是互动的价值观的传播。[②] 从这一角度出发，社交媒体的使用行为在本质上可以视为人们在信息交流和情感沟通过程中实现的认知结构调整，从而自由拓展或强化线上的社会关系。移动网络视频回应了互联网用户自我展演与话语表达

① 赵云泽，张竞文，谢文静，俞炬昇.“社会化媒体”还是“社交媒体”?：一组至关重要的概念的翻译和辨析[J].新闻记者，2015，33(6)：63-66.

② 张洪忠.社交媒体的关系重构：从社会属性传播到价值观传播[J].教育传媒研究，2016，1(3)：28-30.

的诉求，以一种原生态、片段式的对生活现实的影像化再现，在线上交流中营造出更为活跃的信息场，在以视觉符号为载体的互动中实现用户之间关系的建立和相互影响。Vlog 所搭建的视频化博客、抖音话题形成的垂直细分的可视化网络社区等，赋予了用户更大的参与空间，使新的网络化生活方式在其自身逻辑下逐步建立起来。

基于视听媒体、移动传播、时长特征和社交功能等属性，可以将社交视频界定为：基于移动互联网设备，由简单化的独立叙事单元组成，以用户自创内容为载体，赋予用户更大参与、对话、联通的可能，满足用户自我发展与情感需求，并在传播过程中形成价值认同或重塑个体社会关系的一种流动的新影像形态。

以保罗·莱文森关于“新新媒介”的观点审视影像，不同形态的影像之间呈现出明显的分野。[①] 按照其观点，电影、电视这样的电子化影像形态属于依照时间运行的“旧媒介”，受众对这类影像媒介的使用受到专业生产与物理时空的严格限制，在传播过程中处于被动地位。随着流媒体技术和视频网站的成熟，数字化的网络流媒体视频成为人们使用最为广泛的影像形态。这种“新媒介”赋予了网民对视听内容一定的选择权，可以随时抓取和观看网络上的内容，而非受限于媒介确定的时间表，但是在具体影像内容的生产上依旧受到生产者的约束。

2009 年，伴随着新浪微博上线，社交媒体这一概念开始进入主流大众的视线，并在 2011 年即时通信工具微信上线后掀起中国社交媒体的发展大潮。社交媒体社区化、对等性、参与性等特征，使得用户能够以一种更为自由和简便的方式参与到网络内容创造及个人意见表达中。基于人际关系的信息传播方式使其在公共事件和政治参与中产生重要的影响，同时也凸显了媒体社交功能潜在的经济效益以及广阔的市场前景。越来越多的网络新媒体围绕用户的社交关系进行业务布局，衍生出“社交 + 电商”“社交 + 服务”“社交 + 直播”等细分领域。“社交 + 短视频”模式在市场的流行，使得影像的生产与传播带有强烈的关系指向，在网络社会的关系连接中发挥重

① 莱文森．新新媒介［M］．何道宽，译．上海：复旦大学出版社，2011.

要的纽带作用，“影像会友”成为影像在新的媒介生态中突出的社会功能。社交视频的出现打破了内容生产者对影像的垄断，每个用户在享受由他人提供的内容和服务的同时，也参与到影像生产中。自上而下的生产组织形式被一种扁平化、去中心化的新范式所取代。

媒体的社交性并非社交媒体所特有。就视听媒介而言，社交功能就作为影像的基本功能之一，贯穿于它的历史演进中。20世纪初，卢米埃尔兄弟将电影的雏形拿到人们日常休闲社交的特定空间——咖啡馆放映，形成了观众之间以及观众与影像之间特定的关系场。《工厂大门》《火车进站》等早期电影均是以片段的形式捕捉现实生活中的细节，竟与当下的社交视频颇为相似。即便是通过电波传输进入家庭的电视，也是在客厅空间中实现家庭成员共享时光的媒介形式。移动媒体时代的社交视频，以直观的影像化方式实现了身体在场，并把处于不同时空的人们带到线上公共空间进行交流互动，创造出更多关系连接。

二、全民参与的知识社会化进程

1. 知识生产的主体迁移

克莱·舍基认为，当拥有不同知识背景及可支配时间的人群汇聚在一起进行知识分享时，将产生可观的社会效应。[①] 社交视频较低的准入门槛及扁平化平台，赋予用户既是“学生”又是“老师”的双重身份，鼓舞着普通大众无差别地参与到社会知识的创造与传递中，深入挖掘认知盈余的潜在社会价值。公众由沉默的接收者转变为社会知识创造中充满活力的庞大主体，在社交视频的网络空间中抽离出现实体制限制，以一种突出个体异质性的方式参与社会文化的生产协作，打破自上而下的文化垄断，推动社会文化从精英主义走向平民主义。截至2018年12月，抖音平台知识类短视频累计播放量超过3388亿。[②] 普通用户的参与积极性得以充分激发，在不同兴

① 舍基．认识盈余：自由时间的力量［M］．胡泳，译．北京：中国人民大学出版社，2012.

② 字节跳动平台责任研究中心，清华大学新闻与传播学院，中国科学报社．知识的普惠：短视频与知识传播研究报告［R］．北京，2019.

趣领域发挥所长，分享交流来源于自己知识背景的智慧。如知识网红“辣妈艾小鑫”主要面向用户分享日常养生与育儿知识，抖音近560万粉丝跟着体重管理师“仲昭金Adam”学习健身技巧，“坤哥玩花卉”在社交视频平台成为花卉种植领域的“专家”。与此同时，谙熟社交媒体的学者也开始改变自身的话语形态，通过社交视频“上课”，从象牙塔“走入”更广阔的媒体空间进行知识互动，如北大心理学教授魏坤琳、华中师范大学中文系教授戴建业、复旦大学哲学系教授陈果等。

2. 知识内容的通俗视听化

海德格尔曾预言“世界图像时代”的来临，并指出对于世界的认知将被把握为图像。[①] 社交视频正在改变人们的认知习惯和认知方式，推动人们通过更加视觉化的形式进行知识学习。相比抽象的文字语言符号，图像在信息传递与解码中有着先天优势，形象具体的特征使其能够直接作用于视觉感官。社交视频将知识传播置于日常生活场景之中，以通俗化、趣味化的表现方式消解晦涩生硬的专家范式，降低普通用户在学习过程中的认知负荷，广泛激发了用户的学习兴趣。2018年，一首关于汉语生僻字形和读音的歌曲《生僻字》在网络大火，使“躞、耄、耋、饕、餮”等70多个生僻字进入人们的视线，进而掀起识读生僻汉字的全民学习热潮。有网友将其改编为方言版本进行二次传播，也有网友在视频创作中加入文字释义。截至2019年1月，该话题累计播放量超过5.4亿次，用户投稿视频接近3万条，相关话题总播放量已突破20亿次。一段不到4分钟的社交视频，成为推广汉语学习的强大的社会动员力量。

在社交视频平台中，知识类视频往往比其他类别视频更具流量吸附能力，在抖音粉丝过万的知识类视频创作者中，单条视频的平均分享量是平台整体水平的2.4倍，所发布视频的平均播放量是整体水平的近1.6倍，创作者的人均粉丝数达到154,107人，是平台整体水平的2.5倍。[②] 社交视频

① 海德格尔．世界图像时代［M］// 孙国兴．海德格尔选集．上海：上海三联书店，1996.

② 字节跳动平台责任研究中心，清华大学新闻与传播学院，中国科学报社．知识的普惠：短视频与知识传播研究报告［R］. 北京，2019.

生动、立体的知识传播模式，将学习延伸至碎片化的非正式学习时间和空间，让用户在轻松愉快的交互过程中收获新知，完成了对知识习得仪式性、神秘性的去魅。学习这项传统的知识活动被还原到日常生活之中，课堂上的被动接收正在转化为日常的主动搜索和选择。

3. 知识传播的全民化普惠

在传统的知识传播体系中，人们获取知识需以身体在场的形式通过语言、文字等高度概括的抽象化符号，实现经验与意义的习得。而社交视频所具有的更为灵活丰富的表现形式以及平民化、生活化的语态表达，将学习过程还原到面对面的口语传播之中，即使是晦涩艰深的概念理论，也能通过实验、动画、表演等相对具象化的影像手段进行解读，从技术、经济以及文化等多个维度降低了学习的成本和门槛，打破了时间和空间的限制，为社会成员提供了更多接触知识教育的机会。如"人类观察所"以30秒情景剧的方式，将社会心理学理论融入具体故事情境中阐述解读；"超星名师讲坛"将高等院校的课堂搬上了社交视频平台，用风趣幽默的语言开启一个个知识点的讲解，为线上学习提供了便利。同时，社交视频短小精悍的影像特点更适合单个知识单元的呈现，因此社交视频能够帮助用户对核心知识点进行提炼，避免单线长时间学习中不必要的铺陈和信息冗余，将知识的传播单元由理论、文章以及书籍等为代表的文献进一步拆解为以单个独立知识节点为主的知识元。从这个角度看，也应警惕过度碎片化带来的知识肤浅化、快餐化、割裂式等弊端。

三、文化资本的社会变现

1. 主播：新兴传媒职业角色

网络直播、视频博客等形态以影像化手段完成主播在网络空间的再现，以个人魅力作为供他人消费的商品进行交换，在"看"与"被看"中实现价值变现。视频作品成功与否，并非完全受限于知识背景与专业技能，这就给未经专业训练的内容生产者提供了平等机会。网络直播这一新型劳动形态逐渐成形，并带来“网红经济”。主播作为一种新的社会职业渐成气候，为更多元的社会成员包括无固定工作人群和低收入群体提供了新的职业选择。贵州女孩袁桂花高考落榜后通过快手分享自己的在家务农日常，成为拥有300万粉丝的网红，并通过视频打赏、发展电商获得了可观的生活收入；头条号“欢子TV”的作者曹欢辞掉自己的保安工作后做“三农”视频，收入从月薪3000元跃升至年入50万。受社交视频“网红”效应的鼓舞，许多新生代农民工开始返乡创业，专职做视频博主，也有许多人在自己的工作岗位上用手机展示自己的工作状态，将工作转为一种表演，以争取更多的关注。一个全新的跨地域、跨年龄、跨性别、跨教育背景的新兴职业阶层正在形成。

2. 打赏：传统市井模式的线上运行

“打赏”是根植于中国历史和文化土壤的独特消费赢利模式。打赏文化在中国古已有之，在《史记·平津侯主父列传》中就有汉武帝“古者赏有功，褒有德”的表述，《三国志·王粲传》裴松之注引《魏略》也记载“黄初初年，邯郸淳为博士给事中，作《投壶赋》千余言奏之，魏文帝以为工，赐帛千匹”。可见统治者往往将打赏作为一种对品德、功劳以及知识的奖励。在民间，人们在勾栏瓦肆观戏听曲，或者在街头巷尾围观卖艺要把式，对于精彩的表演和精湛的技艺，人们也习惯于“捧个钱场”。互联网打赏指用户为表达对内容及作者的肯定与支持，通过在线上平台充值购买虚拟礼品或使用微信、支付宝等直接支付的方式向内容提供者进行赠与的行为。在社交网络时代，这种传统社会习俗被平移到了线上，“卖艺者”与“围观者”的物质互动在新场景中表现出更强的活力，成为社交视频经济中的一项重要的赢利来源。“打赏”以认可度、接受度更高的灵活方式，实现了用户从对观感体验的情感认同向实际赠与的物质奖励的变现，以“奖赏”的方式完成了视频内容的付费。一方面，创作者依靠自己的表演满足了用户的消费需求；另一方面，用户自主选择赠送“豪车”“游艇”“飞机”来表达赞赏之情，在社交网络所创造的一种想象的情感联系的基础上，双方以“真情流露”的方式完成了自愿交换，从而构成了一种新型的网络消费模式。

企鹅智库的相关数据指出，除自媒体的广告收入外，打赏收入占比14.3%，高于电商收入（9.1%）、会员付费服务（4.5%）等其他收入来源。[①]用户的打赏将成为流量变现的重要支柱之一。从当前情况看，打赏经济仍处于野蛮生长阶段，对其的法律定性仍有争议，相应的管理与规范也有待完善，“天价打赏”“捏造事实骗赏”以及围绕打赏而引发的盗窃、挪用等乱象频生，社交视频平台的自我约束以及联合监管任务紧迫。

3. 带路：关系逻辑下的产业联动

社交视频的“网红效应”也催生了以网络人际关系为主要逻辑的新型经济模式。有学者将其定义为“一种基于互联网平台之上以传播关系为纽带，以关系产品与关系转换为核心并创造出新的商业模式的经济活动”[②]。社交视频凭借“网红”在虚拟空间中积极的符号互动，营造悬空于物理接触之上的亲近氛围，在“口碑”的意义生产中实现对商品价值判断的传递。在这个过程中，用户置身于类似熟人网络互动的商品消费场景之中，在追求与他人社会关联的同时满足社交诉求。当消费者由“需要”转向“想要”时，社交视频也不再局限于网络电商导流的“带货”模式，而是横向撬动其他平行产业，实现联动，形成“带路”模式。这一点在旅游业和餐饮业领域最为突出。在旅游产业上，社交视频“网红”通过对各地自然风光、人文表演、特色服务的“带路”，在网络上实现了对自然文化地标的建构，继而带火了一大批旅游景区，如“新晋网红”古都西安、“赛博朋克”山城重庆、茶卡盐湖“天空之镜”等。根据《人民日报》对湖北一家旅行社的采访，有不少消费者带着社交视频到旅行社询问相关的旅行产品，在旅行目的地的选择上具有很强的针对性。[③]如稻城亚丁景区、上山庄花海、黄河蛇曲国家地质公园等贫困县景区受到用户的追捧，社交视频在贫困县的文旅扶贫事业中也发挥了重要作用。

---

① “打赏”行为悄然兴起，并不仅仅是“钱多的冲动”[EB/OL].(2017-07-07)[2019-03-30]. https://www.sohu.com/a/155371092_146013.

② 谭天，邵泽宇．网红经济：传播者与内容的连接[J]．新闻战线，2018(17)：98-101.

③ 汪灵犀．短视频催生旅游“新经济”[N]．人民日报海外版，2018-11-16(8).

四、社交化影像下的社会生活流变

1. 用户生活方式的变迁

从社交视频用户的年龄结构来看，40 岁以上的中老年用户群体占比达到 15.1%，高于整体移动网络用户中同年龄段用户比重。[①] 到 2018 年 12 月，年龄超过 50 岁人群的移动互联网月均使用时间达到 118 小时，比 2017 年上升 21%，在主要泛娱乐行业的活跃渗透率达到 54.2%，仅次于在线视频的比重（68.5%）。[②] 作为中老年群体精神娱乐的新形式，社交视频正在成为其日常生活的重要组成部分，“刷视频”“发抖音”正变得和广场舞一样必不可少。作为改革开放直接受益的一代，中老年群体的经济条件更为宽裕，退休生活也使其拥有更多的空闲时间。从长期工作的集体组织中脱离，以及子女成家立业后原生家庭结构变动，使得中老年群体有着更为强烈的自我认同和社交表达的需求。中老年用户在社交视频使用中并不追求吸引用户流量或实现内容创业，而是更多地将其作为纯粹的消费和娱乐方式，在长期的陪伴之中“聊天解闷”，从而提升生活幸福感，这是主流话语形态下的传统媒体所无法满足的。

从消费场景构成来看，吃饭和睡前是社交视频用户使用最多的两类场景，中午吃饭休息、晚上到家休息以及睡觉前场景的占比分别达到 57.4%、56.6% 和 54.0%。另外在上下班的路上、等车或者等人的时段中，用户的社交视频使用也较为频繁，分别占到 37.8% 和 33.6%。[③] 社交视频作为一种新的生活方式已经深深嵌入人们的日常生活之中，浏览社交视频已经不仅仅是一种打发无聊的娱乐消遣，而是发展成为当下人们使用零碎空闲时间的

① 易观千帆．中国短视频行业年度盘点分析 2018［EB/OL］.（2019-04-01）［2020-02-18］. https://www.analysys.cn/article/analysis/detail/1001248.

② QuestMobile 移动大数据研究院．QuestMobile 银发人群洞察报告：老人到底有多爱看新闻、刷视频、躁音乐？［R/OL］.（2019-04-01）［2020-02-18］. http://www.questmobile.com.cn/research/report-new/62.

③ 知萌．短视频营销白皮书 2019［R］. 北京，2019.

相对固定的行动习惯。而从几秒到十几秒的社交视频也更容易让用户忽略其所付出的时间成本，在社交视频平台的无限下拉浏览中形成使用的无意识，继而造成过度使用，对正常的工作学习以及休息时间造成侵占。企鹅智库的一项调查显示，近 44% 的女性用户和 32% 的男性用户表示看抖音和快手明显占用了睡觉的时间。①

2. 美好生活品质优化

中国社会科学院发布的《民众美好生活需要调查（2019）》指出，利用视频、直播等形式记录生活的用户有着更好的生活体验。② 随着社交视频用户日均使用时长的增加，社交视频正在成为民众日常生活中重要的娱乐方式之一。抖音将自身定位为“记录美好生活”，快手则喊出了“记录世界记录你”的口号。它们的共同之处，在于通过对视频内容积极的话题引导与严格的把关，构建传递快乐、创意与知识的公共领域。社交视频为用户创作提供了丰富的模板素材，并通过话题挑战的方式推动一轮又一轮影像生产的集体协作，如对热播电视剧《都挺好》中主人公苏大强的吐槽挑战、《还珠格格》中紫薇挨打片段的集体模仿等，在意义的解构与重构之中收获诙谐与幽默。社交视频也满足了社交时代用户记录与分享生活片段的需求，成为点滴生活的记录及重要事件的纪念。这些来自线下生活中家庭、邻里、亲朋间的真实关系的影像化定格，更能唤起用户的情感共鸣。2019 年新年前夕，一条题为“四世同堂”的社交视频成为媒体报道的焦点，视频中一家四代人依次入镜，并转身呼唤各自的妈妈，对于温暖朴素的中国式家庭亲情的展现，跨越文化与语言火到了国外，并在全球范围内掀起模仿高潮。《纽约时报》对抖音海外版本 TikTok 的使用做出了这样的描述：“胸口的结放松了，脑袋里仿佛充满了氦气，嘴角向上蠕动，开始微笑。”③ 在人们被现代工作制度所异

---

① 企鹅智酷．热潮下的社交短视频：快手 & 抖音用户研究报告［R］．北京，2018．

② 美好生活需要调查报告（2019）在京发布［EB/OL］．(2019-03-30)［2020-02-19］．http://sociology.cssn.cn/xsdt/xsxx/xxzx/201902/t20190228_4839934.shtml．

③ ROOSE K. TikTok, a Chinese video App, brings fun back to social media［N/OL］. The New York Times，2018-12-03［2020-03-17］. https://www.nytimes.com/2018/12/03/technology/tiktok-a-chinese-video-app-brings-fun-back-to-social-media.html.

化、职业倦怠明显、幸福感普遍缺失的当下，社交视频鼓励人们回到生活的烟火气中，以一种孩童般的游戏行为，在碎片化传播中分享最质朴的快乐和感动，从而带来对美好生活的优化。

3. 农民工群体的社会支持

全网的海量社交视频汇集了全国各地亿万人不同的生活方式与生存状态，作为一个巨大的民族志资料池，展现出当前各个社会阶层真实的生活状态，也为具有鲜明特征的社会群体寻求社会支持与身份认同提供了廉价且易得的媒介。农民工群体一方面是建设与发展过程中的主力军，另一方面面临话语权缺失、身份认同困难等现实问题。社交视频为农民工群体搭建起一个比真实生活更为理想化的媒介场域，使其能够有渠道和自主权实现日常生活中的自我呈现。调查资料显示，农民工群体在闲暇时往往更喜欢看来自乡村的社交视频内容。脱离熟悉的生活环境与文化语境，使农民工群体与故乡长期处于割裂状态。社交视频中来自乡村相似环境的生活记录往往为农民工群体更为熟悉，观看这些社交视频可以使他们在心理上填补物理空间的空缺，保持跨地域的血缘或地缘关系，从而获得归属性的情感支持。同时，农民工群体在社交视频中自由展现社会现实交往中难以呈现的生活状态，从而在网络社交空间中寻求关注和理解。在基于同样身份以及相似经验的相互参照之下，农民工群体能在互联网广阔的职业群体空间中得到自身价值认同，实现相应的情感交流和支持。

4. 城乡关系的话语嬗变

随着城市化进程的深入，我国传统农村社会正处于发展转型期，但城乡二元结构依然将长期存在。① 这既造成了城镇与乡村之间突出的发展失衡问题，也导致两个空间在话语表达的权力地位上长期割裂，乡村社会的图景轮廓处于城市精英话语的建构之中。大众对于农村社会的认知，来源于以城市为中心的传统媒介的议程设置，长期的失语使其在媒体自上而下

① 曹锦清 . 城乡二元结构仍将长期存在 [N]. 环球时报，2018-06-19(15).

的审视中不断被解构与嘲弄，在报道中被贴上艰苦、落后、“土味”的标签。社交视频的出现赋予了乡村新的话语工具，也使其拥有了自我言说的充分能力，进而摆脱城市叙事所营造的景观社会，在网络话语空间中重新出场。来自河北保定的焊工耿帅放弃打工后回乡，成为村子里为数不多的“留守青年”，耿帅在家中做起社交视频，凭借着天马行空的想象力制造出一系列没有使用价值的发明，吸引了超过 300 万的粉丝，甚至引来《华盛顿邮报》的关注与报道，将其誉为“无用爱迪生”。

在社交视频中，人们发现了中国乡村这个广大平行世界所具有的更为丰富立体的形象。在农民群体的自我表达中，一个生活安逸、不受拘束，平凡生活中充满创意与乐趣的乡村图景逐渐清晰。在移动网络技术及智能手机的普及下，社交视频作为一种简单易学、能快速上手的信息传播媒介，让广大农村地区，特别是一些偏远贫困地区对互联网的媒介接触在更大程度上摆脱经济条件的限制以及对硬件设备的依赖，从而有效缩小了城市与乡村间信息化程度的差距。如今农村居民可以使用千元左右的智能手机，获取来自中国和世界各地的信息资讯。社交视频使得农村居民以一种更为经济的方式以及更为平等的姿态参与到网络信息的创造与共享之中。农村居民可以及时跟进社会热点和发展趋势，通过互联网络的广泛深入接触实现在政策知晓、生产指导、知识获得、生活优化、权益维护等方面的调整，在第一时间同城市居民共享信息网络使用的普惠成果，有力改善了其以往信息获取中存在的滞后、错位等情况，从而推动城乡信息化建设的协同发展。

五、视听节目产制的未来趋势

新媒介形态的产生会对社会组织、生产以及个人生活带来影响，并在传播实践中不断重塑社会系统。从结构功能主义的视角进行审视，社交视频作为一种全新的影像形态，在中国独特的社会语境下呈现出更为丰富多元的意义与功能。在社会知识的传播上，社交视频实现了知识传播由精英化向平民化的转变，鼓励更多人参与知识的创造与传播，并将知识的学习还原到日常生活的常态之中；在平台经济的发展上，社交视频推动了一个全新的平台经济产业快速生长成型，并在此基础上催生出社交视频博主这一新的社会职业阶层，依托其关系消费的核心逻辑实现平行产业的有效联动；在社会生活的变迁上，社交视频使用正在嵌入人们的日常生活之中，成为提升个人幸福感、优化生活品质的重要途径，而作为一种全新的话语工具，社交视频也成为农民工群体寻求社会支持的重要媒介，在城乡二元话语体系中重新书写着陌生而熟悉的乡村图景。

从本质来看，社交视频鲜明的社交逻辑与全民参与的准入门槛，推动其由技术操作的进一步开放延伸到社会生活的流变之上，从而在社会结构的多个维度实现话语的平等以及信息的普惠。与此同时也应清楚地看到，社交视频所带来的冲击也有其消极的一面。作为一种碎片化的阅听形式，社交视频正在潜移默化中消解着人们的深度阅读能力，网络文化消费越来越趋向于视觉的满足与感官的刺激，所衍生的社会文化肤浅化、庸俗化问题令人担忧；仅仅通过点击屏幕的"手指运动"就可以轻易得到快乐的满足，社交视频更容易让人们沉浸在视觉符号堆砌的乌托邦中，在无限下拉阅读中陷入上瘾式的无意识中，更模糊了机器与人之间控制与被控制的界限。我们只有将其置入社会结构功能的体系中进行综合考察，才更有可能把握互联网逻辑下新兴媒体形态对社会结构的巨大影响，在数字冲击下保持理智的头脑与冷静的认知。

图书在版编目(CIP)数据

中国故事的媒体产制 / 陈欣钢著. -- 北京 : 中国传媒大学出版社, 2020.12
（新时代传媒创新书系）
ISBN 978-7-5657-2891-4

Ⅰ. ①中… Ⅱ. ①陈… Ⅲ. ①电视节目－研究－中国 ②广播节目－研究－中国 Ⅳ. ①G222.3

中国版本图书馆CIP数据核字(2020)第270616号

中国故事的媒体产制：视听节目类型研究
ZHONGGUO GUSHI DE MEITI CHANZHI: SHITING JIEMU LEIXING YANJIU

著　者	陈欣钢		
策划编辑	王雁来		
责任编辑	王雁来		
责任印制	李志鹏		
封面设计	风得信设计·阿东		
出版发行	中国传媒大学出版社		
社　址	北京市朝阳区定福庄东街1号	**邮　编**	100024
电　话	86-10-65450528　65450532	**传　真**	65779405
网　址	http://cucp.cuc.edu.cn		
经　销	全国新华书店		
印　刷	唐山玺诚印务有限公司		
开　本	710mm×1000mm　1/16		
印　张	15		
字　数	238千字		
版　次	2020年12月第1版		
印　次	2020年12月第1次印刷		
书　号	ISBN 978-7-5657-2891-4	**定　价**	75.00元

本社法律顾问：北京李伟斌律师事务所　郭建平